烟柳倾尘

柳如是

徐佳 著

首都师范大学出版社
CAPITAL NORMAL UNIVERSITY PRESS

图书在版编目（CIP）数据

烟柳倾尘：柳如是/徐佳著. —北京：首都师范大学出版社，2018.1

（中国古代才女传）

ISBN 978-7-5656-3705-6

Ⅰ.①烟… Ⅱ.①徐… Ⅲ.①传记文学－中国－当代 Ⅳ.①I25

中国版本图书馆 CIP 数据核字（2017）第 324149 号

YANLIUQINGCHEN：LIU RUSHI

烟柳倾尘——柳如是

徐 佳 著

责任编辑 刘 冉

首都师范大学出版社出版发行

地 址 北京西三环北路 105 号

邮 编 100048

电 话 68418523（总编室） 68982468（发行部）

网 址 http：//cnupn. cnu. edu. cn

印 刷 三河市博文印刷有限公司

经 销 全国新华书店

版 次 2018 年 1 月第 1 版

印 次 2018 年 1 月第 1 次印刷

开 本 880mm×1230mm 1/32

印 张 11

字 数 213 千

定 价 48.00 元

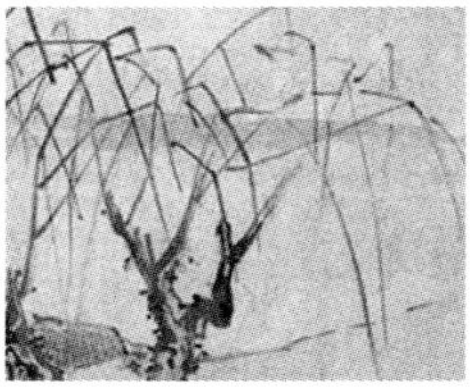

总 序

在中国古代历史上，女性大多只是黯淡而模糊的存在。作为男性社会里的弱势群体，她们常被打上附庸者的标签而愈显卑微与不幸。

然而，正史虽少见女性身影，各种笔记、诗文中仍不乏关于女性生活和创作的诸般记载。即使大多数女性早已湮没于历史的尘烟之外，依然有某些不甘雌伏者或以丰沛的生命力，或以颖异跳脱之才情个性将一己之名永远镌刻在千百年的时光记忆中，供后人感叹。比如夜奔相如的卓文君，有林下风致的咏絮才女谢道韫，以《悲愤诗》名世的蔡文姬，唐代女诗人上官婉儿、薛涛、鱼玄机，宋代著名女词人李清照、朱淑真，明季以不俗才情与识见名动士林的奇女子柳如是，等等。有清一代也是才女群出、众芳争艳，赋诗结社之外，尚有以女塾师、女画师身份自谋生计者。女性作家、作品数量之多，堪称前代未有。这些事实提醒我们，纵然数千年来女性始终处于被压抑、被忽视的境遇中，却同样拥有自己的生活、情感与文学创作。

首先，古代女性虽长年闭处深闺，但并非如后人臆想般过着一潭死水的生活。谢道韫可以与叔父及诸兄弟雪天赋诗，可以借青绫步障为小叔解围；李清照则意兴飞扬，携酒泛舟，乃至“沉醉不知归路”，亦曾与丈夫顶笠披蓑，踏雪寻诗。到了明清两代，女性的日常生活日趋丰富，传统的闺训妇德已经无法阻止她们向外探寻的渴望与脚步。《秋灯琐忆》里女词人关氏（秋芙）于溽暑与丈夫冒大雷雨同游灵隐，题诗鼓琴，水应云和间几忘身在人寰。而秋夜或放舟湖上，或登亭瀹茗夜谈，逸兴幽情使人神往不置。才女沈善宝在其所著《名媛诗话》中，不只一次记载了少女时与家人月夜泛舟西湖之乐，所谓“月明如昼，荷气袭人，清风徐来，水天一色”。成年后她常与闺友相约出游，有时探梅访竹，有时联步芳林，当中时时夹杂着飞笺唱和的诗意雅韵，从容洒落处堪与男性文人颃颉。普通女子如《浮生六记》之芸娘，非止与夫君偕游太湖，笑谈畅饮至于酩酊，甚且改扮男装，偷偷与沈复外出游乐。至于往来于名士之间的名妓柳如是、王微、李因等，因身份关系拥有更多的自由。王微曾往来西湖，遨游三楚三岳。柳如是则扁舟一叶，放浪湖山，与高才胜流相交游。初访大诗人钱谦益时，乃着男子服，“神情洒落，有林下风”；与文士尺牍往还，自称为弟，而非“妾”。性情之豪宕自负，行事之脱略不羁，鲜有人能与其相提并论。

另一方面，古代女性的闺中生活，也不尽如后人所认为的那样仿若囚笼般困顿枯槁。在有限的闺阁天地中，她们同样拥有属于一己的充满诗意的恬然时光——“轻磨翠墨，慢调银管，闲谱新词”(陈珍瑶《眼儿媚》)；“小红呼不应，知去催春茗，最好晚凉生。玉箫吹一声”(王倩《菩萨蛮》)。充满茶香书香的深静闺阁里，自有一种岁月静好的安定感、归属感。而诗书之外，女性独具的灵心慧思也折射出她们对生活的无限热爱。除本系列书中所描写的才女们，另有如董小宛于归冒氏后品香、插花、酿露，乃至腌菜、制豉，无不巧夺众意，引人叹赏。芸娘身为贫士妻，既深谙省俭便给的日常之道，又能以纱囊撮茶叶置荷花中取其香气幽绝。秋芙不仅词笔秀逸，也曾以戎葵叶汁杂云母粉制绿笺，拾桃花瓣砌字作词，遣小鬟斸春笋以盐菜煮食。种种慧巧处，至今思之犹觉可人，无怪林语堂先生说芸娘与秋芙是古代中国最可爱的两个女子。

其次，尽管文坛始终是男性的天下，尽管属于女性的声音始终微弱，但她们的创作从未停止过，她们的声音从未消失过。几千年的女性文学自有其漫长、艰难而未曾间断的发展史。她们的笔下，大多是爱与愁的咏叹，如卓文君《白头吟》、唐琬《钗头凤》等，皆能道出女性对爱情失意的伤怨与郁恨。而李清照、朱淑真两位女词人则以细腻婉雅的词笔表现种种复杂深挚的思恋与哀愁，朱淑真更大胆说出“娇痴不怕人猜，和衣睡倒人怀”(《清平乐》)这样热烈而痴迷的情感告白。同时，值得注意的是，女性的创作题材与视野并非仅局限于情爱的范畴。蔡文姬《悲愤诗》通过一己遭际描写汉末动乱给人民带来的种种不幸，情意真挚，动人肺腑。宋末徐君宝妻《满庭芳》、王清惠《满江红》，以及被元兵掳往北方的诸多南宋宫人的思念家国之作，无不流露出沉郁的故国之思与深切的爱国情怀。与其遥相应和的是明末清初的才女们，如徐灿、王端淑、商景兰、黄媛介等，亲历易代的她们往往将黍离之悲与身世之慨融为一处，无尽沧桑中寄寓着对前朝的深深追念与眷恋。此外，明清时期女性意识的滋生使得不少才女开始关注自我的独立人格，看重自身的才情与能力，从而产生对生存处境的质疑不满和性别角色的苦闷。这方面，清初的顾贞立与清中叶的吴藻是最具代表性的女作家。吴藻的意识尤为大胆激进，曾作《乔影》及《饮酒读骚图》，在臆想中化身男子以曲折地发泄对有才无命、男女不平等现实的牢骚怨恨。当然，女性文学所包涵的丰富内容不仅仅如上所述，他如题画、游情、人生感慨、亲情友情，乃至咏史怀古，都是才女们乐于表现的主题。她们笔下的情感世界，绝非今人想像的那样局促狭隘。

总之，漫长的中国文化史中，女性的存在虽然黯淡模糊，她们依然通过手中清美的词笔与天赋的颖慧才情努力留下了自己微弱而独特的声音，一如本系列原创文学传记所呈现出的文字，为我们记录了彼时彼境中那些鲜活的生命影像、美好的生活印记和幽微婉转的情思意绪。而这一切，需要我们抛开性别的偏见，静静阅读、思索与聆听。

首都师范大学文学院

赵雪沛于戊戌元旦

自　序

惟此独立之精神，自由之思想，历千万祀，与天壤而同久，共三光而永光。

——陈寅恪

第一次听说柳如是，似乎还是因为陈寅恪。

那是1999年的少年时代，读到一本关于史学大家陈寅恪的传记。读后才知道，陈先生在目盲足膑的风烛残年，竟费十年之功，口述了一位风尘女子的传记。

他视她为千古知己，甚至把书斋改名为“金明馆”“寒柳堂”，只因喜好吟诵她的一阕《金明池·咏寒柳》。

陈寅恪口述的记录者黄萱曾感慨道：“寅师以失明的晚年，不惮辛苦、经之营之，钩稽沉隐，以成此稿。其坚毅之精神，真有惊天地、泣鬼神的气概。”

这位奇女子，自然便是柳如是。

陈寅恪平生座右铭“独立之精神，自由之思想”，只曾用于二人身上，一个是王国维，一个是柳如是。

那套《柳如是别传》从此成为我的案头书。然而，关于这套书的诸多疑问却多年未曾冰释。陈寅恪为何这么做？这女子究竟有何特别之处？

这样的好奇心一直保留到念大学的时候，我在图书馆的古籍阅览室，又系统阅读了柳如是及其平生交游的著作，比如柳如是诗稿《湖上草》《戊寅草》与《尺牍》，陈子龙的《安雅堂稿》，钱谦益的《牧斋杂著》等。

读其书，想见其人。这些泛黄的文字，从那个山河破碎的乱世漂泊而来，浸染了那时的风雨飘摇，也勾勒出那些曾经灿烂鲜活的面容。我亦置身于他们的染柳烟浓，追随他们的满眼韶华，与他们一起行吟坐啸、泛舟江湖，一起酒垆酣醉、拔剑击柱……

这一众人物里，最令人动容者依旧是柳如是。在对柳如是其人、其时代抱有“了解之同情”后，我似乎明白了陈寅恪的苦心孤诣。柳如是超越了她同时代的其他男子与女子。

气质脱俗，才华横溢，敢作敢为，不羁陋俗，明于大义……这些词用在她身上，似乎都是对的，又仿佛远远不足以概括其传奇跌宕的一生起落。

很多年过去了，漂泊长安，奔波稻粱，当年读的那些书，文字大半忘却，精神、情怀、意境却在心中种下了一粒种子。渐渐，各种机缘际会，这种子自然萌发，便有了这本小书，呈现给读者诸君。

“一卷写罢头飞雪”，如果没有身边家人与朋友的支持、帮助，本书也不可能顺利写完、面世。感恩萦怀，文字难谢。

另外，虽然拙作篇幅并不长，笔端却倾注了我十余年的感情与精神，在写作过程中，我重温了陈寅恪先生的旧著，亦重新遍读了柳如是、陈子龙、钱谦益、夏完淳等人的著作，从现实世界出发，踏马疾行于漫天飞雪之中，乘舟缓行于满天繁星之下，时而山穷水尽，时而柳暗花明，终于一路追寻到了那个最难让人忘却的时代——明末清初。

本书虽只是一个“故事”，然除部分情节有文学虚构的手法之外，绝大部分是于史有凭的，依托了基本的史实和史料，力求还原明末的众生之相。

戊戌元月，简笔以序。

“垂杨小院绣帘东，莺阁残枝未思逢。大抵西泠寒食路，桃花得气美人中。”

春日渐近了，带上这本书，一起去江南看桃花吧。

作者　徐佳

2018 年 1 月

目 录

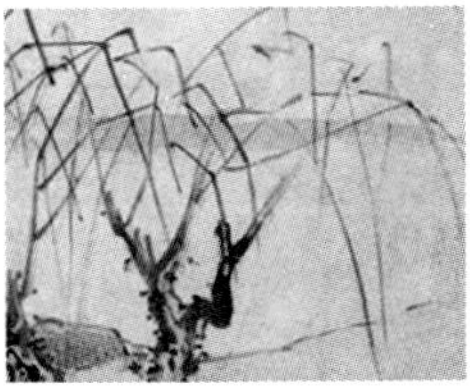

一 杨影怜

万历四十六年(1618 年)，这一年在当时的人们看来，似乎只是大明王朝历史上平凡无奇的一个年头，风调雨顺，谷物丰满，太平景象依然如故。

一个叫陈舜的书生出生在这一年，多年以后，他回忆父母讲述那时情景：

> 予生万历四十六年戊午八月廿六日卯时，父母俱廿三岁。时丁升平，四方乐利，又家海角，鱼米之乡。斗米钱未二十，斤鱼钱一二，槟榔十颗钱二文，著十束钱一文，斤肉、只鸭钱六七文，斗盐钱三文，百般平易。穷者幸托安生，差徭省，赋役轻，石米岁输千钱。每年两熟，耕者鼓腹，士好词章，工贾九流熙熙自适，何乐如之！(《乱离见闻录》)

唯一的一点儿小插曲是那一年的四月份，北风把塞外的风沙刮入京师，同时“刮”来了关外建州女真部落造反的消息。

猎猎北风，萧萧马鸣，建州女真的首领努尔哈赤以“七大恨”祭告上天，起兵反明，虽然檄文尖锐刻薄，但在朝廷看来也不过是虚张声势。这类“蛮荒之地”的小麻烦，甚至还不如云贵土司的抗拒官军更能刺激皇帝的神经。后来庙号“神宗”的万历皇帝朱翊钧已经在位快半个世纪了，经历了太多的风风雨雨，强势无比的张居正也罢，野心勃勃的丰臣秀吉(日本)也罢，这些叱咤风云的对手统统都被他熬死，北方草原的瓦剌、鞑靼已经休兵互市，东南沿海的“倭患”也早已偃旗息鼓。深居宫中的万历皇帝举目望着天空，视线覆盖着大明士民所能认知到的世界。在这个世界，除了秦皇汉武也无法抵抗的时间杀手之外，他似乎已无对手。

也正是在这个春天，他专注于一件事，就是为他的孙子朱由校精心挑选一位好老师。或许是隔代亲情使然，老皇帝耽误了自己的儿子读书(太子朱常洛直到十三岁才开始认字，基本上是半文盲)，就要在孙子那里予以补偿。这件事近在咫尺，对于年近花甲的天子来说，更是迫在眉睫，远远比千里之外面目模糊的建州更为重要。

北方的朝廷尚且如此，远离政治中心的江南更是一片燕舞莺歌。

“苏杭熟，天下足”，这里是帝国最重要的粮仓，江南的粮食、布料和赋税是维持大明帝国机器运转的必需品。自从永乐皇帝迁都北京之后，这里的人们便专注于种田、织布、行商、念经、听戏、喝茶、造园子，整个江南弥漫着湿漉漉的六朝烟水之气。

诗人顾梦游写诗回忆云：

余生曾作太平民，及见神宗全盛治。
城内连云百万家，临流争僦笙歌次。
一夜扁舟价十千，但恨招呼不能致。
佳人向晚倾城来，只贵天然薄珠翠。
不知芗泽自谁边，楼上舟中互流视。
采龙斗罢喧未已，蜿蜒灯光夜波沸。
偶将一叶到中流，半夜移舟无桨地。

太湖之畔的嘉兴更是如此，此地东临大海，北望太湖，南倚钱塘江，西接天目山，独占形胜之地。读书风气也很浓郁，有明一代出了几十位进士，城乡处处可以听到琅琅读书之音，伴随着江南的杏花春雨声，格外悦耳。

同样是在万历四十六年，嘉兴城郊的一位杨秀才也等来了上天赐予的礼物。他考了二十年科举，一直考到双鬓发白仍止步于秀才，于是索性厌弃功名，安心回乡教书，在家族里的学堂教同族子弟读书，与老妻相依为命，并无子嗣。

某天夜里，杨妻做了一个奇怪的梦。在梦中，她抬头望见满天都是星辰，一弯新月高悬空中，在众星拱卫之中散发着万里清辉。忽而一个形状类似飞鸟的身影从月亮上飞掠而下，还没落地便发出一声清唳长鸣。

杨妻顿时惊醒，给丈夫细细描述了这个梦。不想，未过得数日，杨妻竟有了身孕，杨秀才喜出望外，忆及这个怪梦，心下更为欣然。

十月怀胎，一朝分娩，杨妻顺利诞下一个女婴，向来不善饮酒的老书生立即去街上沽了酒、称了肉，招呼四邻来吃。

等众人酒足饭饱散去了，老秀才还兀自抱着一壶残酒。

杨妻笑着嗔怪他道："光顾着吃酒，还没给咱们姑娘取名字呢。"

杨秀才闻言，挠了挠花白的鬓角，踌躇道："子曰……"

"快别'子曰诗云'的了，我可不想让她长大后像你一样酸不可闻！"

"夫人且听为夫说完啊，子曰'仁者爱人'，就单名一个爱字吧，容后再给她想个表字。"

"这名字倒也用得，不过表字就算了吧，一个姑娘家，有个名儿叫着便好，却要什么表字来？"

杨秀才皱了皱眉，念叨着："我老杨的女儿可不能做那凡俗女子，须眉男儿皆有表字，吾家之女何以无有？"

杨妻轻叹道："这转眼的工夫，又犯浑了。"

杨秀才方神态舒缓，慢慢抿了口酒，又突地拍了下大腿，张口道："夫人，还记得你不久前的那个梦么？不是梦到有一个朦胧的身影从月亮上飞下吗，就取个'影'字，叫'影怜'何如？《说文》有云，'怜者，爱也'，刚好合了名字之义……"

于是，杨家小姑娘杨爱便悄然来到了这个世界。她生下来即玲珑粉白、玉雪可爱，特别是一双清澈流光的大眼睛，似乎总含着浅浅的若有若无的笑意，她也并不像其他孩子那样经常胡乱哭闹，颇是惹人怜爱。

待她大些，杨秀才常常带她到学堂上去，听那些"子曰诗云"。当其他学生们摇头晃脑念诵诗文之时，小杨爱口中也絮絮叨叨的，似乎在跟着一并吟咏。学生们听到往往俯仰大笑，杨秀才也一改平日的严肃神情，慈爱地望着自己的小女儿。杨妻则在地里忙完农活，匆忙赶回家煮好茶饭，虽多是平素寻常的粗茶淡饭，一家人生活得倒也闲适自在。

然而好景不长，杨爱长到五岁上，一场突如其来的瘟疫席卷了嘉兴。

那日入夜，杨秀才去府城办事回来，才进府门便开始高热不退，极似瘟疫初起的症状。

翌晨，天色尚未大亮，杨氏宗族的族长便闻讯赶来，隔着杨府大门问着里面的症状。杨母在屋内耳闻着族长亲临，忙奔出屋去要央他请个郎中。

谁料，那族长一听说杨秀才发了热，立马变了脸，招呼着家族里的青壮汉子，把杨家院子的大门锁住，吩咐任何人不得进出。

一向性子温和的杨母见了这情景，不由掩袖抹泪。病榻之上的杨父也被吵闹声惊醒，得知缘由后，便欲挣扎着爬起身来。小杨爱忍着啜泣拉住他，父女二人相扶至大门内侧，杨秀才颤巍巍地扯了妻女，向着门外的族人跪下来，央求道："杨某自知失德染病，连累了各位，现下只有一事相求，还请给我的妻子、女儿留条活路吧！"

族人们见了这情景，大多动了恻隐之心，人群里大多数人的子弟又都是杨秀才的学生，心头一软便纷纷为杨秀才求起了情。

族长沉吟须臾，捻须道："暂且放你女儿出来，不过尊夫人就留在里头照顾你吧。"

小杨爱听罢，哭喊着："女儿不离开爹爹、娘亲！"

杨秀才强自平复着心内剧痛，咬了咬牙，猛地一把拦腰抄起女儿，拼尽力气硬生生将她从墙头掼了出去，自己则顿时像泄了气的绢纸灯笼，轰然瘫倒在地。

小杨爱被掼过了又高又冷的墙头，一时摔晕在路边。

墙外，族长咳嗽两声，扫视下众人，问道："你们都过来看看这女娃娃，可有谁愿意领养她？"

众人皆埋了头不作声。

族长复又摇摇头，叹气道："既然老朽忝居族长，那便暂置敝府上吧。"

待众人散去，族长这才带着暗自垂泪的小杨爱回到自己府上。

日影交叠，月过无声。

一月后，杨秀才夫妇由于身染瘟疫，双双身亡，未及给杨爱留下只言片语，也没有留下任何财产，就连杨家宅院也被邻居觉得晦气而偷偷放火烧掉了。

杨爱似乎也很久没有出现了，族人们也无人问询。

只有凄清的月光仍然照在断壁残垣之上，似在微弱地提示着来往的人们，曾经这里发生过的事，曾经这里长住过的人。

直到数年后，一个族人贩卖货物路过扬州，在一条深深的巷子里看到一个小女孩子，眉眼像极了杨爱，匆匆一瞥，没看清楚。

那条巷子是“扬州瘦马”扎堆的地方。

她的确是杨爱，被族长以一两银子的价格卖掉，买主绰号叫丁老大，是个“养瘦马”的扬州人。

在大明，很多江南穷苦人家生养下女娃娃，长到七八岁时，多会有“养瘦马”的扬州人前去登门，希望花钱买下她们。买下之后，根据才貌，分别授以诗词歌赋、琴棋书画、针线女红，待价而沽，称其为“瘦马”。

这种肮脏的生意，竟然有个类似“古道西风瘦马，夕阳西下、断肠人在天涯”这般风雅意境的名字，而且据说这个名字的出处还是唐代大诗人白居易的一首诗：

莫养瘦马驹，莫教小妓女。
后事在目前，不信君记取。
马肥快行走，妓长能歌舞。

三年五年间，已闻换一主。

待这些女娃娃长至十四五岁时，便由当地牙婆荐给附近的富商去做小妾，如果买家相中了，即用金簪或玉钗插在少女鬓发上。也有的姑娘没有被富商们选中，结局则会更加悲惨，可能会被卖到青楼做皮肉生意。

杨爱已无处可去，只能默默将心事深埋心底，独在夜深人静之时怀念父母。

白日里，那些教授各种技艺的师傅们总也一副凶样子，动不动即拿大棍子打人，哪怕是一个小小的音符弹奏不准，都可能招来一顿毒打。她亲眼看到一个老家是苏州吴江的小姑娘被丁老大用棍棒活活打死，原因不过是这个小姑娘连续弹断了两根琴弦。那是个阴冷的冬天，瘦弱的小手已冻得麻木，失了知觉，琴弦也紧得厉害，很难掌握好力道。

她了然，在这里，想要活下去，必须竭力学艺。

所幸的是，杨爱天资聪慧，这些技艺对她来说并没有太大的难度，她更是于苦难的日夜里渐渐喜欢上了弹琴。

杨爱最喜欢的曲子是《广陵散》，虽然她手中的曲谱亦是后人改过的，并非魏晋时嵇康的原作，但依然可以让她感受到那种“手挥五弦，目送归鸿”的沉静与骄傲。

自弦动这一刻起，她便不再是一个卑微的任人践踏的小“瘦马”，也不是一个举目无亲、孤苦伶仃、食不果腹的孤儿了。月下林边，游丝如霰，嵇康青袖微拂，斟满一盏淡酒，发带轻扬，瞳色入墨，安静地坐在她的对面，“今我为君歌一曲，请君为我倾耳听”，听她弹琴，看她浅笑。

不知不觉间，杨爱凡书画琴棋、箫管笛弦，无一不能。她多才多艺的名声渐渐在“扬州瘦马”的圈子里流传开来，很多人皆以一睹其艺技为幸事，甚至扬州城几个有头有脸的盐商皆纷纷放出话来，叫嚣着要买了她做填房丫头。

丁老大为了等待把她卖个好价钱的时机，不停假作笑意地向客人们赔笑道：“多少银子？这孩子还小，过两年、过两年。”

杨爱长到十岁的那一年，是崇祯元年。

是年冬天，大明的最后一位天子刚刚登基，很快便肃清了他的兄长留下来的“阉党”祸患，朝野顷刻为之一振，甚至连常常犯边的建州骑兵也停止了骚扰。

当然这些都是朝堂大事，扬州城里的盐商们可不在意这些，他们只刚听说了丁老大可能要出手那个叫杨爱的“小瘦马”，便皆饶有兴味地簇拥着前来“看货”。

不想，杨爱每每不是头脸不洗、脂粉不施，便是旧衣烂衫、垂肩驼背，一副邋里邋遢的模样去见买主，姿色举止实令人失望之至，胡乱弹奏的曲子也多半杂乱无章，搅得买主纷纷扫兴，笑话她不过是浪得虚名。

为此，丁老大毒打了杨爱几次，却也没有多少效果。

这日，一个来自松江府的客人深夜到了丁老大的地盘，与丁老大谈了几句话，丢下一包东西，丁老大顿然喜笑颜开。

他进里屋一把拎出还在睡梦中的杨爱，塞到松江客人的马车上，任凭杨爱怎么喊叫，其他的“瘦马”只是漠然地看着这一切。她们觉得，这不就是“瘦马”的本来命运吗？为什么要反抗呢？

那马车连夜奔至松江城，待宵禁方一结束，便悄悄驶入了一座园子。

明代松江府是块天赐宝地，每年由此运至京师的稻米近百万石，比北直隶一省之地都多，棉布更是行销天下，常年有怀揣数十万两银票的商人出没于松江。松江仅其一府之地便出过近五百名进士，如弘治三年状元及第的钱福、曾任内阁首辅的徐阶等，皆为松江人士。

只是，此时的杨爱丝毫感觉不到这座城邑的富庶与文明，只感受到这个陌生之地给她带来的未知恐惧。

小小的她累坏了，竟然在冻得哆哆嗦嗦之时恍恍惚惚地埋头睡着了。

在梦里，她梦到自己那个遥远、陋小而温暖的家。家里竟还点上了火炉，很是暖和，父亲坐在火炉旁，低头读着一卷古色古香的书简，母亲则在灶边摇扇烹着一锅热气腾腾、香气扑鼻的汤面。忽然他们都抬起头，对着她微微一笑。

这时，一阵冰凉的寒风从马车帘子里溜了进来，杨爱蓦地打了一个寒噤，惊醒了。待勉强睁开眼皮，映入她眼帘的却是个满脸皱纹的老婆婆，紫色脸膛，穿着蓝布袄，裤腿下面露出一双大脚。

那老婆婆把小杨爱抱下马车，还摸了下她的发髻。她看起来慈眉善目，让杨爱的心绪稍微放松了一点儿。随后，又被老婆婆牵着手，带到了一间青瓦白窗的屋室内。

那老婆婆的大脚刚迈进屋门，便腾出一只手掀开暖帘，用粗哑低沉的声音喊道：“小阮……小阮……”

屋内摆设虽然略显陈旧，但因生着的红泥火炉，一进屋即感到身上所有的冰霜逐次开始融化。

“哎，颜婆婆，侬莫嚷，我在哩！”

随着一口清脆软糯的答应声，一个身着绛红衣衫的明丽少女纵身从小火炉后面脱兔般跳了出来。

那少女一见小杨爱，便一把抓住她的手问：“侬就是阿爱吧？我是阿阮……不对，侬得叫我阮姐姐，我该比侬大咧！侬几岁了？呀，手可真凉！这个马呆子，也不知道给侬在车里放个手炉，看我不收拾他！”

那个被称为“颜婆婆”的老婆婆拿手指敲了敲小阮的脑门，慈祥地笑道：“快别贫嘴了！你这泼皮娃子，还不赶紧端碗姜汤去，这大冷天的。”颜婆婆一边催着，一边走出门去。

杨爱接过少女递来的小碗，猛喝了两口热姜汤，向她点了点头，表示感谢。

那小阮只顾拉着她的手问东问西，杨爱忍不住打断了她，侧着脸问道：“阮姐姐，这是什么地方？”

小阮拍了下手，说道：“哈，侬真是痴，这是好有名的归家院子喔。”

杨爱站起身来，观察了下房间的陈设。只见四目所及，皆是清净淡雅之物，墙壁上多挂着绘有兰花的画幅，简约数笔便神韵非凡。杨爱虽也学过画兰花，但从未见过这么仪态翛然的兰花画卷，不觉看得痴了，直至肩膀被小阮忽地拍了一下方才惊醒。

小阮得意道："这些兰花好看吧，这些都是我家娘子画的呦。"

"你家娘子是谁？"

"这你都不知道？是……"

话还没说完，便听得屋门"吱呀"一声响了，一位浓妆艳抹的青衣女子推门而入，颜婆婆紧紧跟随在她身后。

小阮迎了上去，道了个万福，立即回眸一笑，对杨爱嚷道："喏，这就是我家娘子喽。"

杨爱赶紧施礼，那女子温言回了句"免了"，神情却是冷漠如冰。

杨爱心里也犯嘀咕，如斯雅致的画儿竟出自这般艳俗的女子之手，当真未曾料及，可见所谓"画如其人"，有时也未必准确。

这青年女子的眼睛盯着杨爱看了好一会儿，看完脸，又看手，直看得杨爱害起羞来，白皙的脸庞本已冻得绯红，现下更是艳若初桃。青衣女子神色缓和了些许，点了点头，转身披了猩红色的新制大氅，在颜婆婆的陪伴下，出得门去。

门外，不知不觉已是漫天飞雪。

后来每当杨爱回忆起这一幕时，总是记得那洁白的雪花落在红色大氅上时给双目带来的素与艳的绝色冲击。

江南鲜少下雪，即便下雪，也不过像柳絮一般轻罥纤柔。东晋谢道韫以“未若柳絮因风起”来形容江南的飞雪，实是贴切无比。然而若她可以亲见如此鹅毛大雪，亦定然会瞠目结舌吧。

屋里转眼只剩下杨爱和小阮二人。小阮拍着手，对杨爱亲昵道：“阿爱，我就叫侬阿爱啦，侬就叫我阿阮吧，就这么定啦。”

杨爱面有暖色，依言点点头。

小阮接着说道：“刚才没说完哩，我家娘子姓徐，单名一个佛字。侬莫看她不搭理生人，却真真是菩萨心肠，大家都称她佛娘子啦。”

杨爱心下一动，这位少妇模样的女子原是松江青楼归家院的头牌徐佛。颜婆婆、小阮以及那位接杨爱来的“马呆子”马二，都是奉命侍候徐佛的，在松江府的青楼女子之中，也只徐佛一人能有三个奴仆侍奉的待遇。

这位徐佛可不是寻常人物，她画的一手好兰花是大明朝的“兰花状元”周天球亲手调教出来的，那抹神韵直接继承了宋末元初郑思肖的兰花笔意——即是那位在宋朝灭亡之后“画兰不画土”的郑思肖。

徐佛兰花画得好，众人皆知；鲜为人知的是，她最擅长的技艺实是弹琴，只是平素里轻易不碰琴弦罢了。即使是最亲近的颜婆婆、小阮，一年能听她弹上一曲半曲，也是难得了。

虽然身处这样的所在，徐佛为人却甚是仗义，往日里松江受灾之时她曾捐出过自己的大部分妆奁，此举令当地士林肃然起敬。本地最有名的东林士大夫张溥甚至不避嫌疑，亲自为徐佛作了一篇文章，盛名之下，传诵一时。

原来，徐佛一早听闻扬州有个叫杨爱的“瘦马”姿容清丽，天赋颖慧，尤是善琴，耐不住便急急派仆人马二赶去探问。待打听到杨爱拒绝了众多盐商富豪，不禁又对她萌生出几倍好感来。恰听得那丁老大要把杨爱卖去青楼，于是她便催着马二携了重金奔至扬州，不由分说买下杨爱，连夜带她回了松江。

今日，她一见杨爱便心生欢喜，直待出了门，走进风雪之中，犹在喃喃自语：“那手，真是天生弹琴的手啊。”

颜婆婆跟在一旁笑道：“娘子，那咋对那孩子冷冰冰的呢？”

徐佛杏眼微扬，仰首望着被雪片浸染的凄寒夜空，轻言道：“严师与慈母，古来两难全。”

自此，杨爱就与小阮一道，在徐佛身边做起了随侍婢女。徐佛教她们弹琴、绘画，如此光阴细琐，淡淡度过了几年平静时光。

二 陈子龙

不知不觉，又是几个夏秋。

十月初一，正是江南第一大社复社秋会之日。

复社由云间几社、浙西闻社、江北南社、江西则社、江南应社等十几个文社联合而成，宗旨是切磋学问、砥砺品格、内清朋党、外御建州。参加复社的社友，大多也都是各地颇具名望的青年士子。

这次复社集会之地是在苏州城西万年桥南古胥门之外的河畔，胥门据说悬挂过古代忠义之士伍子胥的头颅。

只听此番聚会的东道主朗声宣道："今日群贤毕集，更有幸的是，西铭、南郭两位先生也亲临胥门，今日之会何其乐哉！"

众人齐声喝彩，只见河中一艘快舟已靠岸，携手下来两位中年士绅，正是传言犹久的"二张"。张溥，字天如，号西铭，就是那位为徐佛写文章的复社领袖；张采，字受先，号南郭。这“二张”皆是苏州太仓人，又是同窗好友，还是崇祯元年的同榜进士，二人互为诤友，立志要团结江南士子，尽心做一番事业。

那张溥性格慷慨激昂、明快爽放，一向深得士子之心，大家正准备聆听他的妙论快语，却猛听得他一登岸便伏地痛哭的声音。大家慌忙迎上去搀扶起来，惊问何故。

不想张溥抬起红肿的泪眼，高声道：“诸位同道，弟方接到京师邸报，九月二十二日，满洲骑兵再次入寇，分两路进至墙子岭、青山口，蓟辽总督战死。满洲骑兵长驱直入，威逼京师，现下京师已经禁严！”

众人听毕皆大惊失色，张采更为冷静，缓缓言道：“本朝王阳明先生有言，‘大明虽大，最为紧要之地四处而已，若此四地失守，大明必亡’，这四处便是宣府、大同、蓟镇、辽阳。如今外敌猖狂，横越蓟辽，京师危在旦夕啊。”

众人议论纷纷，张溥忽地昂然而立，拔剑而出，大喝一声：“如今之事，我等只有选练家丁，北上勤王了。”

不少人随即跟着大喊：“西铭先生所言极是！我愿散尽家财，招募壮士，北上勤王！”于是“北上勤王”的喊声霎时响彻云霄。

恰在此时，一位年轻的白衣书生拦住大家，朗声道：“本朝制度，无天子诏书，不可妄动兵马，何况是招募私兵呢？如今之计，依小弟之见，大家不如助饷劳军。”

张溥盯着这位白衣书生，问道：“足下可是云间陈卧子？”

白衣书生俯身一揖，答道：“正是小弟。”

“二张”赶忙扶他起来，齐声说道：“久仰大名，只知先生少年才俊，谁知也是老成谋国。”

原来，这位白衣书生就是后来名扬天下的“云间三子”之一的陈子龙，字卧子，又号大樽。血雨腥风的时代，他已无法继续逍遥地于卧榻之侧举樽痛饮了。

陈子龙可算是当时松江府最有名的文人，他出生在一个世代务农的平民家庭，他的曾祖父陈钺是个颇有侠气的人物，喜击剑，倭寇进犯沿海，陈钺率乡人击杀数人。这一幕被朝廷一位使者看到，要推荐他做官，他没有接受，却献给使者一匹马，说是“以报知己也”。直到陈子龙的父亲陈所闻成为一名读书人，陈家在当地才逐渐有了“书香门第”的声名。

陈子龙幼年时代便在父亲的教导下读书，然而读的并不是“四书”，是一些诸子百家、将相游侠故事。后来，陈子龙饱含温情地回忆这一切，感谢父亲带给他的豪侠之气与不羁风骨。

在他十二岁那一年，父亲考中进士。那一年的进士里出了不少名人，如后来名震天下的袁崇焕、马士英。陈所闻却只是一名小人物，他在北京做刑部的郎官，宫中一位大太监派人请他喝酒，要请托某事，他坐下便痛饮，不久便醉，不让来人有机会言事，因此得罪了宦官，当年秋天便被罢官还了乡。

也便是在这一年，一个名叫努尔哈赤的女真族人在辽东击败了明朝军队，四路明军几乎全军覆没，五万精锐部队在萨尔浒被屠戮殆尽，战火从此熊熊燃烧。当这个消息传到江南的时候，很多成年人依旧把酒言欢，年幼的陈子龙却为之暗自流泪。

后来，十九岁的陈子龙遇到了其少年时代最为惊心动魄的一件事，这件事也可以算作他少年时代的终结。当时，魏忠贤派人从苏州抓捕东林党人周顺昌，周素得民望，以致哭声震动天地。缇骑按剑喝问，激起民愤，几个平民振臂而前，当场打死缇骑数人，此事顿然遍惊天下。陈子龙骨子里的侠气，也被激发出来，他偷偷跑出家，约上几个伙伴，想在囚车北上的途中将人救出，苦于没能实现。回到家乡后，他扎上草垛子，写上魏忠贤的名字，拿弓箭射。

这一年还发生了很多重要的事，他考中了秀才，也结识了同乡名士董其昌、陈继儒，得到了他们的赞赏，而他的父亲陈所闻却因忧愤成疾，撒手人寰。

从此，陈子龙走出书斋，和同乡宋征舆、李雯等人结成“几社”，取“绝学有再兴之几，而得知几神”之义，希望能够复兴天下，与苏州的复社遥相呼应。

本次，他便是同好友宋征舆一起，代表几社来参加复社举行的大会。

说话间，一位小沙弥缓缓而来，双手合十道：“阿弥陀佛，各位施主请了，鄙寺法慧老和尚有请几位先生到寺内品茗一叙。”

张采忙还礼道："烦请回禀法慧大师，弟子们散会后，即刻往宝寺拜见大师。"

原来，这位法慧大师是江南首屈一指的高僧，今年已近百岁高龄，精研内典，乐善好施，故而复社诸人对法慧大师颇为敬重。只是大家心中也觉蹊跷，老和尚一向隐居禅房，闭关修行，怎么今日却特意来邀呢？

众人来不及多想，散会之后，陈子龙、宋征舆与"二张"迅疾乘坐轿子来到承天寺，由知客僧迎进山门，法慧大师早已在禅房等候他们了。

进门拜见之后，法慧合十而言："阿弥陀佛，数年不见，几位施主越发清健了，可喜可贺！"

众人忙道："大师神采更胜从前。"

寒暄过后，张采说道："敢问大师今日召唤我等，不知有何要事？"

法慧手握念珠，缓缓叙道："近年我苏州连连大旱，天不降甘露，寺中的水井千年如泉涌，近日竟也干枯了。"

众人闻言，更觉莫名其妙，却不便多问，只好耐心聆听。

法慧接着讲了一句："谁料这场大旱，却又带来一桩有缘之事。"

原来在北宋年间，承天寺出了一位奇怪的僧人，法号仲殊，俗名张挥，字师利，安州人，号蜜殊、安州老人、太平闲人、雪川空叟。少为士人，游荡不羁，被妻子在酒饭中投毒，差点死掉，啖蜜而解。于是看淡世事，离家出走做和尚了。此人与苏轼、米芾都是好友。元丰四年，苏轼谪居黄州时给好友滕达道写了封信，其中写道："仲殊气诀，必得其详，许传授，莫大之赐也。此道人久欲游庐山，不知有行期未？若蒙他一见过，又望外之喜也。"

后来元祐四年，苏轼在苏州姑苏台见到仲殊的"倒书"一绝云：

天长地久大悠悠，尔既无心我亦休。
浪迹姑苏人不管，春风吹笛酒家楼。

东坡当即大为叹服，"疑神仙所作"。"倒书"每一笔都是倒着写成，而且软笔一过，如同刀刻，必须是内力极为深厚之人，以气驭笔，方可写成。仲殊也曾为米芾画过一幅《山阴道士图》。据说图成之日，大风吹动画幅，道士须发皆动。

法慧兀自说了半晌，忽而笑道："贫僧真是老了，说话这么啰嗦。今日请诸位施主来，是想请各位看一件奇特的东西。各位请随我来。"

大家随法慧来到后院一间隐秘的禅房，里面桌子上盖着红布，法慧走上前掀开红布，道："各位施主请看。"

只见是一个大铁函子，锈迹斑斑，法慧打开铁函，里面还有只木匣。

众人一看之下，很是讶异，不知其中所藏何物。

法慧缓缓道："连年大旱，井水干枯，本寺一位小沙弥在井旁玩耍，不慎落入井中，大声呼救，众僧把他吊上来，无意中发现井内有这样一个大铁函，密封得很好，贫僧命人开启，发现里面还有个木箱，施主们可近前观看。”

近前细看，铁函内装着石灰，里面有个木箱，涂满生漆，外缄封条已经打开，但依稀可以看见“大宋世界无穷无极”“大宋铁函经”“德祐九年佛生日封”“此书出日一切皆吉”等字样，打开木箱，里面还有一张封条，写着“大宋孤臣郑思肖百拜封”。

此时张溥抬起头，问道：“郑思肖莫非就是那位宋末郑所南先生?”

他身畔也在凝视着木箱的张采沉吟片刻道：“不错，‘肖’字就是‘赵(趙)’字的半壁江山，思肖就是在思念赵宋啊，可怜所南先生一片孤忠!”

只见箱内尚保存着数册书卷，书签上题写着“咸淳集”“大义集”“中兴集”“久久书”“杂文”“大义略叙”等书卷名，总题为《心史》。“二张”大致翻看，皆是郑思肖的一些诗文集，很多都是世间未曾流传的。

开卷第一首诗为《题多景楼时叛将刘整围襄阳》：

英雄登眺处，一剑独来游。
男子抱奇气，中原入远谋。
江分淮浙土，天阔楚吴秋。
试望斜阳外，谁宽西顾忧!

陈子龙一见之下击节称赞："子龙原本所知郑思肖先生只是一位颇富气节的画者，未曾想竟还有如此英雄气概！"

法慧忽然说道："施主再请看。"

铁函内侧竟还有一个夹层。法慧从其中取出一个锡纸包，里面包着两册书，其中一册居然是《仲殊气诀》，也就是讲苏东坡所说的仲殊和尚那"驭气之法"的。只见书册上有大段的朱笔批注，字如兰草，甚为俊逸，内容却是批驳这本书里驭气之法的，并有一段题记言曰："思肖偶过承天寺，与方丈寒潭切磋武艺。运气相拼之余，忽觉其气脉甚杂。细询之，方知是仲殊所传气诀。然仲殊正因习此驭气之法，以致气脉错乱，发疯自尽，遂与之罢斗，并为疗伤。寒潭嘱余为其批注此书，修正讹误，余欣然而应。不想未出一月，敌骑来攻，围困十匝，寒潭身死，余亦重伤，恐难脱身，故匆匆将平生著述封存铁函，沉于井中。其中诗词文章不足道哉，唯有兵法一卷，剑谱一卷，是余一生心血，后世有缘之人得见，望继吾志，恢复中原，光复河山！大宋孤臣郑思肖匆匆谨题。"

众人忙去看另一册书，封面题写着"所南兵书"，扉页一片殷红，血迹斑斑。果然是上卷兵法，下卷剑谱。兵法是针对铁甲骑兵的排兵布阵之法，剑谱记录的则是与之近身格斗的必杀之技。

众人均是一脸肃穆，法慧焚香，一众文士在铁函前跪拜。

礼毕，法慧手捧《所南兵书》，对众人说道："久闻复社英雄忠义为国，贫僧便将前辈留下来的宝物献上，望诸位研习前辈一生心血，带吾江东子弟奋勇杀敌，保家卫国！”

陈子龙率先高声回道：“定不负大师重托，定不负前辈英雄遗志！”

正说话间，突然一个小沙弥飞奔而来，飞报道：“不好了方丈！东厂的缇骑来了！”

法慧大吃一惊，急得跺脚道：“他们肯定是听到风声，来搜寺抢夺宝物的。宝物要是落在阉党手中，可就助纣为虐了！”

“二张”也急道：“我俩都是住在附近的人，家中早被盯上了，只能拜托陈、宋二位兄台了！”

陈子龙、宋征舆二人听毕，肃然而立，拱手道：“人在书在！我们这就启程回松江。”

便在此时，张溥忽然拍了拍脑门，叫道：“且等一下！子龙兄，借一步说话。”

张溥附耳说了几句，陈子龙点点头，忙向众人告别，与宋征舆一起把书藏于身上，快步离去。

在如血的残阳之下，陈子龙默默在心中刻下了这样几句诗：

双飞日月驱神骏，半缺河山待女娲。
学就屠龙空束手，剑锋腾踏绕霜花。

三 如初见

陈子龙、宋征舆二人到了松江并未回府，而是乘轿子径直去了归家院。

原来，张溥告诉陈子龙，陈在松江的府邸多半也被东厂盯上了，现在只有一个地方是安全的，那就是松江徐佛的归家院。那里人来人往，谁也不会怀疑宝物藏在那里。何况徐佛本是张溥的知己，风尘侠女，是值得信任的人，只要提张溥的名字，她一定会帮忙；再者徐佛的兰花，便是得到郑思肖的再传，冥冥之中也是一种缘分，相信她拼死也会保护住前辈留下的宝物。

果然，徐佛在接应到一路赶至这里的二人后，听完来历没多说一句话，马上便嘱杨婆婆赶紧带他们到后院，把宝物藏在了最隐秘的地窖机关之中。

二人终于完成使命，紧张了好几天的心情顿觉放松。

他们正要离开后院，忽听得有清雅幽长的古琴声依稀传来。陈子龙遂拉住宋征舆的衣袖，立在树荫下静静地听。仿佛辨得琴声来自后院一处小屋，如松间流泉，潺潺淙淙，又如竹林清风，从容适意，忽而又好似夹杂了些许金石之声，兵戈剑雨，慷慨激昂。

听得正入神，忽闻琴声泠然而止，继而又闻一声长啸，清越轩朗。随即二人耳畔传入一句略带稚气却又豪爽干云的话："兄台听了许久，何不进来小饮杯茶？"

宋征舆正要答话，陈子龙哈哈一笑，拉着好友悠然踏入，反问道："何必喝茶？如此好曲，当浮一大白！"

屋内复道："哦？兄台识得其中滋味？"

陈子龙叹了一口气，道："借叹道之不行，与时不合，故忘世虑于形骸之外，托兴于酗酒以乐终身之志，其趣也若是。岂真嗜于酒耶？有道存焉！妙妙于其中，故不为俗子道，达者得之。"

话音未落，只见一位清瘦少年翩翩而出，一见陈子龙，俯身便拜，口称："不料世间尚有识得此曲之人！君真在下知己也。"

陈子龙忙扶起那少年，只见他面若珠玑，眼如璎珞，看起来不过十四五岁的样子。随即叹道："不想你如此年少，竟会弹失传已久的阮籍《酒狂曲》！"

宋征舆听到，忙问："莫非此曲便是与嵇康《广陵散》并称于世的《酒狂》？"

少年答道："正是，小弟偶于金陵得一册古书残片，据传出土于洛阳北邙山，文字古奥，无人能识。弟素喜古时琴谱，一见之下，欣喜若狂，正欲用心研习，不想却被两位兄长听到，实在是见笑了。”

宋征舆笑道：“我辈性情相投，不必这样客气。”一边说话，一边命人摆酒，三人适意地席地而坐，把酒言欢。

陈、宋二人向少年敬酒，问道：“还未请教兄台尊姓大名？”

少年愣了一下，嗫嚅道：“那个，我……小弟……小弟姓柳，名……单名一个‘隐’字。”

宋征舆忙拱手道：“原来是柳兄，久仰久仰。”

话还没说完，便听到少年“扑哧”一下笑出声来，宋征舆忙问：“不知柳兄为何发笑？”

少年还未来得及回答，宋征舆的袖子便被陈子龙拉住。陈望着宋征舆，笑着说：“赶紧喝酒吧，四海之内皆兄弟也，英雄何必追问出处？”

陈子龙不像宋征舆一直在家中读书，他是惯常周游各处的人，足迹遍及吴头楚尾的名山大川、雄州重镇——一方面是因为他喜欢结交各地的豪杰朋友，另一方面也是为了留心兵事，研究山川形势。所以他的游历甚广，聊天可以天南地北、海阔天空，不像寻常文人一聊就是章句、诗词，因而有陈子龙在的宴席，总是不会冷场。今日也不例外。

陈子龙聊到去年北方的登州府海边，漂来几个辽东人，听他们说，女真人已经开始向长白山渗透，辽东人去采高丽参，经常人货两空，高丽参被抢走，人也被抓去做奴隶。

宋征舆听到此处，不禁攥紧拳头，问道：“那朝廷不管么?”

陈子龙摇头道：“朝廷现在就想守住山海关，不让女真部落进关就行了，哪里还管得了那么多?”

他们在聊这些国家大事的时候，少年总是一脸茫然的样子，这些遥远的地名，女真也好、辽东也罢，皆是自己所知世界之外的世界。然而，少年依然很专注地望着两位书生，感受到他们身上散发出来的凛然正气。

读书人就该是这样子吧，少年的心里这样感叹，这两个人和平时见到的那些读书人是不一样的，那些人谈起新上市的曲子来，总是头头是道，却从来不谈这些天下事。

不知不觉，三人已倾谈了一个时辰，天色已渐渐暗了下来，陈、宋便欲起身告辞。

出门之后，陈子龙对宋征舆笑道：“你当真没看出来吗?”

“看出来什么?”

“那是个女孩子呀!”

“啊? 你是说柳隐?”

“这个名字多半也是化名吧。”

宋征舆听后，神情忽然萧瑟起来，回头看看这个院落，欲言又止。

陈子龙看着他，一字一顿道：“我知贤弟正在想什么。”

宋征舆疑惑地看着他。

陈子龙叹了口气："你肯定感到惋惜，如此一个玉洁冰清、才华横溢的姑娘，竟然混迹于青楼。"

宋征舆身子一抖，思绪在翻滚：原来她是个女孩子，难怪我面对她的时候，总是有点不太自在。是啊，子龙说得对，她是谁？为什么会在归家院这样一个混乱的地方？

这少年的确是个女孩子，而且就是杨爱。

她已经十四岁了，在归家院度过了四年平静的时光，徐佛就像她的母亲，小阮就像她的姐姐，颜婆婆就像她的老祖母，这三个女人组成了她的"家庭"，相濡以沫，相依为命。在看似樱红柳绿、歌舞升平实则钩心斗角、尔虞我诈的归家院，四人生活的地方似乎成为一个小小的温室，让小杨爱得以安然地长大。

徐佛把她平生所学的古琴、绘画技艺悉心教授给小杨爱，另外也教她诵念诗书。杨爱禀性聪慧、天赋甚好，学东西又刻苦，更是让徐佛欢喜不已。最让大家欣慰的是，杨爱虽然年纪小，但是却非常懂事，能够感觉到她品行端正、待人宽厚的善良天性，因此除了她的四人"小家族"之外，归家院的其他人也没有怎么为难她。

但随着小杨爱渐渐长大，她也开始明白自己待的是什么地方，特别是那些进出院子的粗俗客人笑眯眯地望着她时，更让她感到恶心。

一日，她跑过去对徐佛嚷："佛娘娘，阿爱想做男人。"(苏州一带称呼姑妈为"娘娘"。)

徐佛放下手中的女红，摸了摸她的头，道："傻孩子，这怎么变得了？”

“那阿爱就穿男子的衣服，好不好？”

徐佛沉吟了片刻，从自己的箱底翻出两件旧衣服来，竟是秀才装束，一蓝一白。只听徐佛悠悠道：“这是很多年以前的衣物了，那时娘娘年纪还小，喜欢上一个蓝衣书生，这两件衣服是娘娘亲手做给他的，可惜他一路北上，再也没有回来。”

说这句话的时候，徐佛望着窗外，美丽的大眼睛仿佛蒙上了一层雾蒙蒙的纱，小杨爱从来没见过佛娘娘这副样子，不由愣了愣。

徐佛回过神来，笑了笑，冲着杨爱招招手道：“快过来，你穿上，让娘娘看看。”

小杨爱高兴地跑过来，换上衣服，徐佛还给她梳了一个男子样式的发髻，然后小杨爱挥了挥袖子，学着读书人的样子，对徐佛作了一个揖。

徐佛不禁怅惘，小杨爱年龄虽幼，身段却是高挑，眉宇之间也有一股英气，穿上这身衣裳，活脱脱就是当年那个玉面秀才啊。那一年，他说考功名没意思，要北上投军，一刀一枪干出一番事业来，徐佛还以为他说着玩儿，一个舞文弄墨的秀才怎么会舞刀弄枪呢？没想到这个秀才竟然真的不辞而别，只留下一封书信和一把短剑，叫徐佛保重，等他功成名就之后给她赎身。

“故人已乘黄鹤去，此地空余黄鹤楼”，从此那个秀才再无消息，不知道他还在不在世间，如果在，他身在何处？

这些年怎么度过的？为什么再也不回来？如果不在，他埋骨何处？怎么死的？是被人害了吗？

是的，他一定是死了，否则他一定不会不回来的。

徐佛望着小杨爱，思绪却飘到了很遥远的地方，她之所以藏身松江归家院这么多年，没有离开，没有去金陵、扬州、京师等等名城大邑，或许也是为了等待那个人吧。

是啊，他说过他一定会回来为我赎身的，我要等着他，等着他穿着黄金做的盔甲，骑着丰神俊秀的白马，回来娶我……

不是的，肯定不是的，我早已经忘记了他！这个负心的人……

徐佛开始心乱如麻，眉头也皱了起来。

小杨爱赶紧抓住她的手，关心道："娘娘你是心口又痛了么？阿爱去街上找郎中给你抓药去。"

徐佛摇摇头，轻轻抚摸着杨爱的小手回道："傻孩子，没事的，娘娘就是有点累了，这两身衣服你穿着很好，就送给你了。"

杨爱又守着徐佛待了会儿，见她身体恢复了，才穿着男装蹦蹦跶跶回到自己房间。这时小阮正躺在榻上午休，杨爱凑过身去，盯着她看，看着她一颤一颤的睫毛，闻到她脸颊上如兰的香气，忍不住对着她吹了一口气。

小阮顿时惊醒了，还没有完全睁开眼，便大声尖叫起来："你别过来！有男人闯进来了！颜婆婆快来！"

正在窗外洗衣服的颜婆婆听到，马上冲了进来，一看到小杨爱，不由大笑起来。小阮这时候也清醒了，两人围着小杨爱转了两圈。

小阮拍手笑道："真真是个美少年啊！本姑娘看一眼都要恋上你啦。"长大了的小阮，亦不再像幼时那般满腔的"吴侬软语"。

杨爱羞红了脸，用手指轻轻刮了小阮鼻子一下。

从此，杨爱便常以一身男装示人了。

这次陈子龙、宋征舆二人来访，偶然邂逅到的那个白衣少年就是穿着男装的杨爱。

宋征舆年纪尚轻，阅历犹浅，只顾聊天，不擅察言观色，"不知木兰是女郎"。陈子龙江湖阅历丰富，看一眼便觉得不对劲，细心看到小杨爱耳垂上还有扎过耳珰的痕迹，心下更是了然，只不当面说破罢了。

而宋征舆听完陈子龙的话，久久怅然若失。当时天色已渐渐暗下来，一弯白色的新月已经悄悄出现在天际，不远处便是悠悠流淌的松江碧水。

二人很快走上桥头。这座桥便是松江之上的"跨塘桥"，也被称为"云间第一桥"。

宋征舆玉带临风，低声吟道：

雨恨云愁，江南依旧称佳丽。
水村渔市，一缕孤烟细。
天际征鸿，遥认行如缀。
平生事，此时凝睇，谁会凭栏意！

陈子龙笑道："这是宋人王禹偁的《点绛唇》啊，征舆兄弟果然是喜欢上那个女孩子了，改天我去帮你提亲啊，哈哈！"

宋征舆苦笑着摇了摇头，叹道："子龙兄不要打趣我了，我一个穷书生，哪里有银子给她赎身呢？"

陈子龙叹息道："银子倒是小事，令堂又怎么会同意你迎娶一个青楼女子呢？"

宋征舆蓦然一惊。

是啊，宋家虽然是家道中落，但依然以名门世家自居，母亲更是出身于翰林之家的大家嫡女，一向对他家教督责严厉，怎么会允许他去娶一个青楼女子呢？

然而，这个女扮男装的"柳隐"却让他难以忘怀，可又如何是好？

这时只听陈子龙复又朗声诵道：

年年跃马长安市。客舍似家家似寄。
青钱换酒日无何，红烛呼卢宵不寐。
易挑锦妇机中字，难得玉人心下事。
男儿西北有神州，莫滴水西桥畔泪！

"这是宋人刘克庄的《玉楼春》啊。是了，'男儿西北有神州'，现下国家多难、内忧外患，我辈读圣贤书，理应为国事鞠躬尽瘁死而后已，怎么能纠结于儿女情长呢？多谢子龙兄提醒!”

陈子龙没有说话，只是从袖子里掏出一支洞箫，伫立桥头，吹了起来。他奏的曲子乃是《关山月》，古老的汉乐府鼓乐横吹曲，当时戍边将士常于马上唱奏此曲，豪放跌宕，却又婉转忧伤，只有见过大漠边关的人才能感受到其中复杂的情感。

这首曲子可用不同的乐器来演奏。如果在屋室内，可用古琴弹奏，声音更显悠长，且能听到回声；如果是在山间竹林里，最好是用古筝弹奏，音色益发激越；如果是在大漠行走，那最好是弹只琵琶，“马上琵琶关塞黑”，在大漠呼啸的风里，只有这种夹杂着胡风的乐器才能演绎出边关的哀愁；而在这古老的江南小城，立于这座建于宋代的跨塘桥上，仅用一杆竹箫便可畅叙幽怀。此桥成之时正是宋高宗南渡之际，那时金军占据中原，这座桥就修建于人心惶惶、兵荒马乱的时候。

如现下这般，伫立桥头，回想数百年前的历史烟云，最适合的莫过于洞彻人心、如泣如诉的洞箫了。

伴着陈子龙的洞箫声，宋征舆忍不住随着曲调吟诵起李白那首《关山月》：

明月出天山，苍茫云海间。
长风几万里，吹度玉门关。
汉下白登道，胡窥青海湾。
由来征战地，不见有人还。

戍客望边邑，思归多苦颜。

高楼当此夜，叹息未应闲。

二人久傍桥头，一个吹箫，一个唱诗，月光洒在他们的身上，一如桥下松江之水流淌着的绚烂波纹。

桥上不断有行人走过，很多人笑着耸耸肩，以为他俩是喝醉了酒的傻瓜。

四 周阁老

这几日，杨爱的心里总是忐忑不安。

徐佛娘娘的心口疼越来越厉害，以至于不能出门接待客人，归家院老板的脸色也是一天比一天难看。

归家院的老板本不姓归，取名“归家”只是取了一个“宾至如归”的意思。老板姓曹，因为长了一张白脸，跟戏台上的唱白脸的“曹操”很像，于是就有了个江湖上的绰号，叫“白脸曹操”。但当着他的面，大家都是尊称他一声“曹员外”——按照大明的制度，只有被授予散官的人才能被尊称“员外”，但晚明世道浇漓、人心已乱，不管是杀猪的屠户，还是开妓院的老板，只要是你腰里有银子，都可以戴着“平定四方冠”，被尊称一声“员外爷”了。

不过平心而论，这些年“白脸曹操”待徐佛也算不错。徐佛心情不好，不愿意出来见客人的时候，曹老板一般也会代为挡驾，哪怕是一些有头有脸的客人，只要徐佛不想见，曹老板大多帮其婉言推掉。

谁叫徐佛是归家院的头牌呢？

反没想到越这样，生意越好。越来越多的客人不远百里，专门来求见徐佛一面，给的礼金数额也是越来越大，甚至南京城里的镇守太监路公公的亲侄子路三爷也来捧场。就这样，归家院逐渐成了松江首屈一指的第一风月场所。

曹老板想起那些辉煌往事，顿时感到得意扬扬、气满志得，那也是归家院最兴旺的黄金时代，在松江府这样一个地方能做出这么大的产业，一点也不比南京、杭州差。他一口气吞并收买了松江府另外两家人气较高的青楼，“白脸曹操”的名号也是越叫越响亮。

然而，待他转念忆及最近的事情，又不禁大为光火。

到底发生了什么事情呢？

原来，新回乡的周道登周阁老想见徐佛，徐佛却推说自己心口疼，不能起床见客，也给拒绝了。

这就坏了曹老板的规矩了，“白脸曹操”是“宁得罪富，不得罪官”。他这能拒的，都是富商，哪怕是大盐商，他也不怕，但对于有官身的人，即使是外省的七品知县，他也不敢得罪，何况是致仕的阁老大人！

这位周阁老可不是普通人，他是大明朝松江府出过的第二大官，谁是第一呢？第一是嘉靖朝的徐阶徐阁老，那是做到了内阁首辅，再往下排就是这位周阁老了。周阁老的祖宗据说是宋朝理学鼻祖周敦颐，万历二十六年考中进士，被选为庶吉士，进入翰林院供职，天启元年升至礼部左侍郎，不久之后丁忧回乡。

他真正发迹是在崇祯皇帝即位之后。崇祯皇帝即位之初，对当时的内阁成员黄立极、施凤来、张瑞图、李国普四人均不满意，于是就打算更换内阁成员。但选人入阁也不好很快选出合适的。崇祯就决定从符合任职资格的大臣里抓阄，这也算听天意了。第一次抓阄结果，崇祯皇帝不满意，于是说这次不算，再来一次。第二次抓阄的时候，周道登就被抽中了，担任东阁大学士兼礼部尚书、上书房总师傅、国史馆正总裁，可谓是位高权重，权倾一时。

纵观崇祯一朝，内阁阁员并不好做，甚至内阁首辅就有两位被杀了头。

一个是薛国观，陕西韩城人，万历四十七年(1619 年)进士，授莱州推官，也就是山东省莱州府的一个小小底层官员，从下游一直干到首辅，饶是不容易。崇祯十四年(1641 年)因劝说皇亲国戚捐助军款被杀，这个理由就很“奇葩”了，原是由于内阁理财无方，四面八方打仗又天天几千两几千两地烧银子，导致朝廷财政入不敷出，薛国观为了让朝廷摆脱困境，一时冲动，出了一个史上“最馊”的主意，向大明朝的皇亲国戚、达官贵人借款，让他们以借款给朝廷的名义捐银子。要知道当时的朱元璋嫡派血脉、龙子龙孙就有三十万之多，每人捐一百两，可就是三百万两啊。薛国观就给崇祯皇帝打包票说，外廷的文武官僚都会出银子，都会“放血”的，这一点可以包在他的身上，至于那些姓朱的皇亲，以及皇帝的七大姑八大姨的亲戚们，就非得崇祯皇帝亲自出马才会给面子。结果崇祯皇帝无可奈何地同意照办。

于是薛国观就以皇帝圣旨的名义，首先拿武清侯开刀了。武清侯何许人也？武清侯李国瑞是崇祯皇帝的父亲的祖母的侄子的儿子，论辈分，崇祯皇帝还得管他叫一声表叔。因为这个武清侯在皇亲国戚里最有钱，薛国观就委婉地要求他捐献白银四十万两。然而，当时大明朝的皇亲国戚虽然都是腰缠万贯，但是都是铁公鸡，李国瑞也不例外，又不敢公然违抗皇帝的圣旨，只得故意装穷。他竟然指挥奴仆把自己家里的房子拆掉了，把家中的破烂杂物摆到京城的大街上低价出卖，甚至包括万历皇帝赏赐的马桶，吸引京城百姓纷纷去围观，简直令人大开眼界。这样子搞，让大明朝皇室的脸面全丢光了，据说蒙古和朝鲜的使者都知道这事了。崇祯皇帝很生气，一气之下下令剥夺武清侯的爵位，这个武清侯也真是窝囊，知道自己闯了大祸，越想越怕，竟然吓死了。

这样一来，弄得皇亲国戚人人自危，破财消灾又心有不甘，遂群起造谣惑众，说是李国瑞一死，崇祯皇帝的父亲的祖母孝定太后很不开心，向太祖皇帝告状，说崇祯皇帝对亲戚们过于刻薄，要遭受天谴。这当然只是个妖言惑众的谣言，但是非常巧合的是，崇祯皇帝的第五个儿子朱慈焕恰好不久之后就夭折了。一贯疑神疑鬼的崇祯皇帝顿时相信了那个不值得推敲的谣言，为了给孝定太后一个交代，立即下令追封李国瑞七岁的儿子为武清侯，并且把武清侯府上缴的金银珠宝悉数退还给了他们。

从此之后，薛国观就得罪了崇祯皇帝，后来被找了个小借口免职回乡了。但他误以为皇上对他还颇为眷顾，离京时摆出一副衣锦荣归的派头，装满金银财宝的车辆络绎不绝，招摇过市。锦衣卫得知这一情况，立即逮捕薛国观的亲信，迫使他招供薛国观收受贿赂的一系列罪证。崇祯皇帝马上下令逮捕薛国观，事情越闹越大，最后竟然处死了首辅薛国观。

另外一个是周延儒，常州府宜兴县人，小时候就是神童，颇有名气。二十岁就连中会元、状元，两次进入内阁，担任首辅大学士，崇祯十六年(1643 年)，清军十余万人进犯北京，崇祯皇帝震恐不已。内阁首辅周延儒没有办法，请求亲自督师去抗击入侵的清兵。崇祯皇帝大喜，亲自为周延儒饯行。周延儒带兵出了北京城后，龟缩到通县，不敢出城一步，向朝廷谎报军情战功，后来被揭发，崇祯皇帝一怒之下，处死了他。

据说，周延儒被处死之前，把自己平生所收藏的古玩字画、金银玉器都堆在楼上，尽数焚毁——也不留给崇祯皇帝，火焰冲天，五色云彩，吸引了很多人围观。当他被锦衣卫关押后，有一天半夜，圣旨突然来了，周延儒被从被子里拉出来跪下听旨，圣旨里面先历数他种种罪过，后来宣旨官念到“姑念”二字时，停顿了一下，周延儒松了一口气，以为能保住一条命了，于是一个劲儿地叩首连称圣恩。宣旨官等他磕头完毕，才接着念“着勒令自尽”。周延儒吓晕了，根本无法自己上吊，被锦衣卫上前擒住，用绳子将其勒死了。因他常年食用“仙丹”，四肢还是温暖的，锦衣卫怕其未死，又用铁钉钉入脑门，才回去复命。在他担任首辅的时候，曾经有一次，崇祯皇帝曾对大臣们谈及周延儒时说道：“朕恨其太使乖。”当周延儒得知后，则说了一句：“事如此英主，不使乖不得也。”

而这位抓阄入阁的周道登却能够做到全身而退，也是甚属难得，至少经历了三次危机。

一次是一日朝会，崇祯帝见一封奏折上有“黑齿”一词，不知是何意，恰好周阁老在旁边，就拿来问他。周想了半天，回奏道：“黑齿，就是牙齿发黑吧。”其实，黑齿是《管子》里面讲的：“齐桓公九全诸侯，一匡天下，南至吴、越、巴、牂牁、不庚、雕题、黑齿、荆夷之国。”指的是“南方蛮夷小国”的意思。周阁老熟读“四书五经”，却估计没有很熟地读过诸子百家。崇祯皇帝后来知道了，骂周道登“不学无术”。

第二次是崇祯皇帝正在朝堂上口若悬河地训话，大臣们都垂手而立、洗耳恭听。周道登却不知道为啥走神了，突然笑了一下，被眼尖的崇祯皇帝看到了，问他笑什么。周道登低着头不说话。旁边的大臣看不下去，拉他袖子让他赶紧回答，他也咬定青山不放松，就是不说话。崇祯皇帝又骂了他几句。

最后一次就没这么幸运了。崇祯皇帝在书房读书，读到一句“宰相须用读书人”。他觉得很有意思，于是就问身边的大臣这句话如何理解。恰好周阁老又在现场。这个问题按说是很好回答，但是周道登想了半天，支支吾吾地答道：“请皇上等臣回到内阁查明之后，再回奏皇上。”连崇祯皇帝身边的小太监都忍不住笑了。

崇祯皇帝这次就愤怒了，对他厉声道：“朕来给你讲讲吧，乾德元年，宋太祖平定了四川，得到了后蜀宫中的珍宝。其中有一件很有年头的铜镜，镜子的背后却刻有‘乾德四年铸’字样。宋太祖大惊，问宰相这是为什么，宰相答不出来，朝堂上只有一个叫窦仪的读书人答出来了，说前蜀伪朝的皇帝王衍也用过乾德年号，这肯定是那时候的旧物。于是宋太祖感叹说，宰相须用读书人，我当时定这个年号的时候，你们这些宰相都不说话，都是不学无术啊！”

周阁老和大臣们都跪下来，汗流浃背。

崇祯余怒未消，冷笑道：“呵呵，宋太祖还有个窦仪，朕呢？连这么个问题都要回内阁研究后再告诉朕！真是愚蠢至极！朝廷养你们何用？你们读的圣贤书都去了狗肚子里吗？你来回答——周道登！”

无论崇祯怎么发脾气，周阁老就一招——沉默，沉默是最好的武器。皇帝发脾气的时候，啥也别说，等气消了再解释。

然而，他低估了崇祯皇帝的脾气。

翌日，周阁老就被崇祯皇帝勒令致仕，也就是“强制性提前退休”，这个抓阄抓来的阁老的政治生命就这样结束了。对于一个政治人物来说，不得不说是个悲剧，然而对于一个乱世的士大夫来说，也算是得到一个善终了。

瘦死的骆驼比马大，“退休”了的阁老依然是阁老，回到老家，周阁老跺跺脚，松江城也得抖三抖。地方官绅哪个敢不给阁老大人面子？

周阁老回到老家第一件事，就是要见徐佛，因为不是官身了嘛，以前是官身，大明律法，官员不得出入青楼，现在退下来了，终于可以放松点儿了。

可是，就是这一点小事，阁老大人竟然没办成。

徐佛就俩字：“不见”。

“真是反了天了！”曹老板心里恨恨道。

他溜达到徐佛的阁楼前，气呼呼地骂道：“真是养不熟的白眼狼啊！”

徐佛、杨爱、小阮等人听到了，心里都很难受，徐佛这几天的确是心口疼的老毛病发作了，除此之外，徐佛不想见周阁老还有一个原因，只是这个原因不方便明说罢了。

周阁老已经六十五岁了，但是房里除了得了朝廷诰命的正妻之外，还有七房小妾，最小的据说才十九岁，但是周阁老还不满足，周府管家还放出风来，要收第八房妾室，“以备携手归隐林下、颐养天年”。

正因如此，徐佛毅然冒着得罪阁老大人的风险，一直托病不见。

周府管家又上门来催，曹老板给塞了十两银子，请他在阁老大人面前美言几句，宽恕几日。

周府管家把银子颠了颠，嘿嘿一笑道："都是客人给老板送银子，哪有老板给客人送银子的道理，你拿回去吧。"

曹老板赶紧又拿出二十两银子来，周府管家才收下，拍了拍曹老板的肩膀，提醒道："你给她带句话，别敬酒不吃吃罚酒。"

曹老板赶紧连声答应，赔笑道："真是病了、病了，都爬不起来床了。阁老大人赏光，我们归家院都是蓬荜生辉的，一百年修来的福气呀。难怪我春天去庙里拜菩萨，方丈说我今年有贵人运啊，原来您就是我的贵人啊！阁老那里还请多多美言啊，整个松江城都知道阁老只听您老人家的啊……"

好说歹说，才把管家哄走，"白脸曹操"变成了大红脸，一肚子闷气无法排遣，于是又跑到徐佛阁楼门口骂了半天。

小阮在屋里吓得直哭，杨爱还算镇定，只是担心徐佛，总不停地用眼睛望着她。

徐佛温柔地摸着她们的头发，劝慰道："你们别怕，娘娘心里有数。"

过了几日，周府的人再也没来，大家都松了一口气。

突然有一天黄昏时分，周府管家来到归家院，招呼曹老板过来，说道："一会儿阁老大人要来听戏，你们赶紧清场。"

"白脸曹操"赔笑道："阁老要听戏，松江城有名的戏园子我都熟悉，想去哪家听呢？"

"哪家也不去，就在你这儿听！"

“呀，管家老爷莫要取笑，咱们家不做这个生意啊。”

“这就不用你操心了！阁老的学生专门从苏州带来了昆曲戏班子，只借你的园子一用。”

“可是……”

“都什么时辰了，还啰唆，赶紧清场！”

曹老板只好招呼人手，跟客人们赔礼道歉，请他们离开。还好，大家都知道周阁老惹不起，都冲“白脸曹操”发泄了几句，悻悻离开了。

入夜，华灯初上，两顶绿呢小轿大摇大摆抬入了归家院。

轿子还没停稳，一个满脸大胡子的中年汉子率先下了轿子，小碎步跑到另一顶轿子旁边，轻轻掀开绛色的轿帘，低声唤道：“老师相，地方到了，请您下轿子。”

一个头发花白的老者颤颤巍巍地在一个中年汉子的搀扶下，走下轿子，他脸上的眼睛眯成了一条缝，但随意地一瞥，眼睛里面似乎可以放射出摄人的精光，鹰钩鼻子下面，嘴角自然地上翘，似乎在对着这个诡异尔虞的世界冷嘲热讽。他的衣着看似朴素，细看却方知其用料名贵异常，帽子薄如蝉翼，是产自太仓州的云纱所制成，身上穿的袍子是蜀地最有名的红锦，脚上的靴子看似不起眼，却镶上了两块儿产自西域的洁白如羊脂的美玉，最难得的是这两块儿玉的大小、色泽、形状均一模一样、浑然天成。浑身的装束散发出一种低调而奢华的气息，举手投足之间却自然有一种庄重的庙堂气象。

这个老者就是周道登周阁老，那个中年汉子是他的学生何远之。

周阁老担任过礼部侍郎等显要职位，又多次巡考天下，门生故吏可谓遍布四海，但他最喜欢的学生就是这位苏州府的何远之。其实，这个学生的学问不是最好的，能力也一般，然而却深得周阁老的欢欣，原因只有一个——有钱有趣。

周阁老的学生们，要么庸庸碌碌，无所事事；要么一本正经，满嘴仁义道德，却一肚子花花肠子；要么贪婪成性，在京里有人管着还好，一外放出去担任州县主官，便露出难看的吃相。对这些学生，周阁老都看不上，但碍于师生的情面，也都是面子上一团和气。

只有这个何远之，周阁老真心喜欢。

最重要的是，何远之与周阁老是有故事的。

五 忆旧游

事情还要从二十多年前说起。

何远之是苏州人，祖籍却是徽州府休宁县，算是大名鼎鼎的“徽商”。

明代的徽州府包括歙县、休宁县、婺源县、祁门具、黟县、绩溪县等六县，这些县的土地大多数都是山林，良田耕地占的比重很少，因此人们往往放弃了种田，而去经营商业。徽州府的商人们来往于天下贩卖货物，生意和名气都做得很大，号称“徽商”，徽商经营行业以盐、典当、茶木最为有名，其次为米、谷、棉布、丝绸、纸、墨、瓷器等。其中婺源人大多数经营茶、木，歙县人多出来到淮河流域做盐商，绩溪人到南北两京经营菜馆，祁门、黟县人则多数经营布匹，开杂货铺子，而休宁人则是开典当行的最多。

何远之祖籍休宁县，也是开典当行的，他与周道登的师生缘分也是与典当行有关。

那时周道登刚刚二十岁，到南京赶考，住在“鸡鸣寒舍”里。

为什么叫“鸡鸣寒舍”呢？这个寒舍在鸡鸣寺，位于南京鸡笼山东麓的山阜上，又称古鸡鸣寺，始建于西晋，从梁武帝的时代便香火极盛，是南京最古老的梵刹，有“南朝第一寺”的美誉。到了明朝，由于朱元璋是和尚出身，南京又是大明龙兴之地，因此鸡鸣寺的地位更为崇高，每年寺庙里收到的香火钱便有三千两之多。鸡鸣寺出资在半山腰修建了十几排客房，专供来江南贡院考试的寒士们暂时借住，号称“鸡鸣寒舍”。

这个名字在读书人看来挺有意思，《诗经·风雨》有云：

风雨凄凄，鸡鸣喈喈。
既见君子，云胡不夷？
风雨潇潇，鸡鸣胶胶。
既见君子，云胡不瘳？
风雨如晦，鸡鸣不已。
既见君子，云胡不喜？

“鸡鸣”与“君子”可谓是缘分久远，刘琨、祖逖闻鸡鸣而起舞的时代，正是鸡鸣寺修建的时候，更为这个寒舍增添了几分家国天下的意味，而杜甫“安得广厦千万间，大庇天下寒士俱欢颜”的理想，似乎在小小的鸡鸣寺也得到了一丝慰藉。

当周道登住在鸡鸣寒舍的时候，没有想到有一日会走进森严的紫禁之巅，成为内阁大学士，那时他穿着破破烂烂的衿袄，带着微薄的行囊，从庙里借来一盏小灯，借着微弱的灯光翻看新编的一本时文讲义，讲的是如何写好“八股文”。

大明从太祖高皇帝的时代便定下了“八股取士”的科举制度，八股文体的格式非常固定，由破题、承题、起讲、入题、起股、中股、后股、束股八部分组成，合起来共八股。写这种文章要用孔子、孟子等圣人的口气说话，内容都要用“四书五经”的典故，特别是要依据南宋大儒朱熹的《四书章句集注》，不得自由发挥，不能谈论本朝时事，更不能用吟诗作赋的胭脂气息来亵渎圣人。

在昏黄的灯光下，周道登忍饥挨饿，强打着精神看书，不知不觉就睡着了。

不知过了多久，忽然他被一阵尖锐的喊声惊醒，原来他睡着忘记熄灭油灯，油灯被老鼠踢翻了，烧着了书，山风一吹，瞬间就把屋子烧着了，惊醒了同屋的考生，也惊动了附近的僧人。

大家纷纷爬起来救火，好不容易把火扑灭，还好没有人伤亡，但有三间屋子已经被烧得只剩下断壁残垣了。

负责管理寒舍的僧人简单调查了一番，很快便找出了周道登，让他赔偿寺院的损失。

周道登吓坏了，低着头，嘴里诺诺连声，但谁也听不清他在说什么。

一个留着一脸大胡子的年轻僧人，在救火的时候被火燎着了胡子，最是愤怒不已。他一把揪住了周道登的肩膀，大声喊道：“死秀才，莫要啰唆，赔五十两银子吧！”

“五十两？”周道登惊呆了，“小生哪里有这么多银子！”

“那就绑你去送官！故意放火烧山！”

“各位僧官老爷饶命啊！万一被衙门定了罪，小生就没法考试了！”

“那就爽快点掏银子！”

那个年轻僧人眼疾手快，一脚踏到周道登的榻上，翻出他的包裹，掏出里面的东西，除了书，就是破衣服，铜钱只有二十个“万历通宝”。

“穷成这样子！”年轻僧人愤愤地推了周道登一把。

负责管理寒舍的僧人年纪大了一点，摇摇头道：“不要动手啦，让秀才给家里写信要银子赔偿就是了。”

周道登心里暗道：就是把我家里的两亩薄田、三间土屋全卖了，也卖不出去五十两银子啊。

正在吵闹间，忽然听到屋里一声带着哭腔的叫喊声。

“我的银票，我的银票呢？”

只见一个瘦瘦的中年黄脸秀才正在焦急地翻自己的包裹，大家赶忙围过去看。

“魏秀才，你这是找何物呢？”

“我的银票，银票啊！”

“什么银票！”

“我的银票不见了！”

“多少两的银票？是不是被烧了？”

“一百两！足足一百两大明宝钞啊！”

黄脸魏秀才突然扭过头来，死死盯着周道登，脸上的肌肉开始扭曲。

“魏、魏兄，”周道登的脸色刹那间白了，“魏兄，别吓小弟啊，小弟从来没见过魏兄的银票啊！”

“我藏在榻上的褥子下面的，褥子烧了，银票也烧了，”黄脸魏秀才一边抖着烧焦了的褥子，一边大声说道，“这银票可是我的身家性命啊！”

这是周道登一生之中最黑暗、最绝望的时刻。寺庙的五十两、魏秀才的一百两，加起来就是一百五十两，这在当时相当于三个中产之家的全部资产。周道登来南京的路费盘缠，也都是从乡邻宗亲们手中凑出来的。穷困潦倒的周家根本拿不出来这些银子。

怎么办？怎么办？如果真是要赔偿这么多，只能以命相赔了。周道登的心中充满了绝望。

他深吸了一口气，气息之中除了冰冷的寒气，还有刚刚燃烧过的烟火的气息，啊，这把火不是火，而是水，是冰冷的秦淮河，浇灭了他年轻的梦想，什么“治国平天下”，什么“暮登天子堂”，都成了过眼云烟，“噗”的一声，全都浇灭了。

这时，旁边一个年纪甚轻的蓝衣秀才冷笑了一声：“魏兄、周兄，小弟说句公道话吧，肯住咱们这个寒舍的，哪里有一个富家公子？”

围观的众人点了点头。

见得到众人肯定，蓝衣秀才咳嗽了一下，问道：“魏兄，你的银票是哪个票号出的？”

“这、这，我也记不清了，应该是、应该是同升和票号的，对，我想起来，就是同升和。”

“好，魏兄记得便好，同升和在南京城里便有分号，去查一下便知。”

“那个，也许不是同升和的，或许是山西的哪家票号的。”

蓝衣秀才又冷笑了一下，提点道：“魏兄还是想清楚吧，想清楚了，咱们就去报官查验。”

黄脸魏秀才尴尬地回应道：“好，我再想想、再找找。”

众人哄笑了一阵，四散走开了。

蓝衣秀才又对僧人们拱了拱手道：“各位师父，各位大德高僧，今晚走了水，实是无妄之灾。这位周兄也不是有心之过，我辈皆为斯文之士，不会赖账的。师父们慈悲为怀，就请不要报官了，给周兄留点时间，想想法子吧。”

大胡子年轻僧人还想说些什么，却被管理寒舍的年老僧人拦住了。

那年老僧人双手合十道：“阿弥陀佛，善哉善哉。今晚大家都累了，早些安歇了吧，其他事明日再议不迟。”

于是僧人们都闻言散去了。

周道登拉住蓝衣秀才，一揖到地，郑重道：“多谢兄台拔刀相助，日后周某必当报答。”

蓝衣秀才笑道：“区区小事，何足挂齿。”

“敢问兄台尊姓大名?”

“小弟姓何，单名一个侠字，号江霞，徽州人。”

“原来是江霞兄，失敬失敬。”

“周兄先莫客气，不知如何赔偿寺庙的五十两银子?”

“唉，实不相瞒，小弟家境贫困，实是一筹莫展。”

“这样，周兄不要为难，待在下修封书信，明日请兄去趟南京城里新街口，找一家何记典当行……”

次日清晨，周道登便半信半疑地走着去了新街口，果然看到了街口一家店铺悬挂了“何记典当行”的招牌。

周道登忐忑地踱步进去，只见高高的柜台后面，站着一位少年，脸色有点发白，眼睛却堆满笑意。少年并没有在意周道登破烂的衣衫，而是走出柜台，迎上前去，口中叫道：“客官先请坐，喝上一杯热茶。”随即招呼伙计泡茶，“泡新上的六安瓜片!”

周道登顿时放松了一点儿，掏出那封书信。

少年双手接过，很快便读完，读完之后，小心翼翼收起书信，站起来对周道登作揖，道：“原来是周世叔，小侄有失迎迓，还请世叔恕罪，快请内堂叙话。”

周道登连忙还礼。

到了内堂，周道登还在迷惑，少年接着说道：“家叔的名讳，单名一个侠字，这封信是家叔所写，家叔从徽州老家来南京赶考，却不住在家里，说是住在寺里清净。家叔在信里交代了，恳请周世叔留下墨宝。”

还没等周道登回答，一张摆着笔墨纸砚的书案便被伙计端上来了。

那“文房四宝”皆是徽州所产。笔是宣笔，选料严格，制作精巧，毛纯耐用，刚柔得中，尖、园、齐、健四德兼具；纸是宣纸，“薄似蝉翼白似雪，抖似细绸不闻声”；墨是徽墨，丰肌腻理，光泽如漆，经久不褪，香味浓郁；砚是歙砚，石质坚韧，湿润莹洁，纹理缜密，抚之如柔肤，扣之似金石。

周道登一生从未用过这么好的笔墨纸砚，不禁看得怔住了。

少年笑道：“家叔在信里说，周世叔是文章名家、翰墨高手，希望世叔能赐一幅字，小侄必定请南京城最好的师傅精心装裱，悬挂于店里。”

周道登虽然不解何故，但碍于少年的热情，还是拿起笔来。

他沉吟了一下，飞快地在宣纸上泼墨挥毫。他写字的时候跟平时唯唯诺诺的神态判若两人，写的是狂草，一时笔走龙蛇、酣畅淋漓。

少年凑头过来，念道：

大江来从万山中，山势尽与江流东。
钟山如龙独西上，欲破巨浪乘长风。

江山相雄不相让，形胜争夸天下壮。
秦皇空此瘗黄金，佳气葱葱至今王。
……
前三国，后六朝，草生宫阙何萧萧！
英雄乘时务割据，几度战血流寒潮。
我生幸逢圣人起南国，祸乱初平事休息。
从今四海永为家，不用长江限南北。

少年一边念，一边拍手道："好诗，好字！"

周道登也颇为得意，一口气喝光了一大杯六安瓜片，却像是喝光了一壶酒，浑身发烫起来。

"石头城下涛声怒，武骑千群谁敢渡"，在这大明的南都，冠盖满城，朱紫盈野，谁认识一介草民周道登呢？那又如何？燕雀焉知鸿鹄之志？周道登想到这里，不禁又自信起来。

就在这时，一个伙计捧出一个盘子，上面盖着红布。少年接过来，双手端给周道登，口中说道："些许润笔，请世叔笑纳。"

周道登掀开一看，竟然是白花花的银子，足足有一百两之多。

这个少年就是何远之，他的叔叔何侠就是那位蓝衣秀才，除了安排何远之给周道登一百两润笔之外，还在信里交代何远之，这位周道登相貌非凡，才华横溢，将来一定会成为将相，要何远之一定拜他为师。

从此，何远之就成为周道登的学生。虽然他只是一个商人，亦未曾跟随周道登读过书，但却因为这一段渊源，成为周道登最信任的弟子。

六 佛娘娘

何侠没有看错，周道登一举考中举人，三年之后中了进士，从此飞黄腾达、官运亨通，做了几年地方官之后，一直做到了内阁大学士。

而对周道登恩重如山的何家，无论是何侠还是何远之，都没有向周道登提出过任何要求，因此周道登更感激和看重何家，看重何远之了。也正因如此，大家都知道何远之与周阁老的这层关系，所以也轻易不敢得罪何远之。何远之的生意也是更加顺风顺水，越做越大，何记典当行的生意甚至开到了大明的属国朝鲜和琉球。

何远之对周阁老也是感恩戴德、投桃报李，他再没有给周阁老送过银子，而是给周阁老不少青铜彝器之类的古董雅物，物色江南最有才艺的女子给他做侍妾。甚至因为周阁老喜欢昆曲，何远之便专门在苏州买了十几个女孩子，专门训练学习昆曲，组成了一个戏班子，只为周府演出。碍于朝廷制度，不敢把戏班子养在周府里，平时还是在何家养着，只是定期送到周府演出，每次来都是何远之亲自带着戏班子来。

这次来归家院也不例外，不仅带着戏班子，还带着苏州最好的大厨。

这位大厨擅长做古菜，何谓古菜？就是古代菜谱里失传的名菜，他能复原，重新做出来。当时周阁老升官之后，何远之请他吃的一顿饭，就是这位大厨做的，是唐朝一本菜谱中的菜，几百年没人享用过，是周阁老专门给何远之出的难题。其中“通花软牛肠”是用羊骨脂拌的小牛肉香肠；“金银夹花平截”是用蟹黄蟹膏蟹肉制成的切开呈现黄白相间的煎糕；“凤凰胎”是用鱼白和各种河鲜蒸的鸡蛋羹；“升平炙”是要用烤熟的羊舌和鹿舌堆砌成烤味拼盘。这些都还好做，只是材料难寻觅，而何远之有钱，不怕。

难的是一道“暗香汤”，取“暗香浮动月黄昏”的诗意，要在冬天大雪纷飞的时候，摘半开的梅花，不能是全开的花，也不能是含苞待放的花，只能是半开的，放进瓷瓶，灌满雪，用新鲜的竹叶和宣城的厚宣纸密封起来，放进冰窖里，到了夏天才能打开，然后用这冰凉的梅花雪水，配上新下的雨前青笋，小火烹煮，难得的是工夫和火候。

然而这竟然难不倒何远之。原来是他有一次到周阁老书房喝茶，看到桌上摆了几本唐宋菜谱，恰好正是“暗香汤”这一页。于是他留了心，专门把这些需要冬天储存的材料提前备好，就等周阁老招呼。平时阁老不说，他也不主动提，据说每年倒掉的食材都有几百斤。

当这道口味清爽解暑的“暗香汤”摆到周阁老面前时，他闻着梅花的清香，眯着的眼睛里满是笑意。

周阁老坐在轿子里，一路想起这些如云似烟的往事，掀开轿帘，再看到何远之那张中年发福的脸庞，不禁感慨人生如梦。

徐佛盛装出现在归家院的时候，所有男人的目光都从戏台之上移到了她的身上。

大明的衣冠制度模仿的是盛唐。徐佛一袭玉粉色轻罗纯色纱衣，五彩云霓般的霞帔灼灼婥婥，下着一抹烟水色滚银线的暗绣百花裥裙，明眸皓齿，顾盼流光。

周阁老笑眯眯地望着徐佛的装扮，心中想到了唐代白居易《霓裳羽衣歌》：

我昔元和侍宪皇，曾陪内宴宴昭阳。
千歌万舞不可数，就中最爱霓裳舞。
……
小垂手后柳无力，斜曳裾时云欲生。
烟蛾敛略不胜态，风袖低昂如有情。

这一刻，徐佛却感到无比的悲哀，自己才是最大的戏子，粉墨登场、红颜一瞬，只为取悦一个白头老翁。

曹老板松了一口气，看来徐佛还是拎得清轻重的，否则真不知道今晚怎么过关了，位高权重的周阁老突然像一个不速之客一样闯入归家院，让久经欢场的他也感到近乎崩溃。还好，徐佛终于肯出来了。

周道登和何远之坐在台下，一杯杯地喝酒。“葡萄美酒夜光杯，欲饮琵琶马上催”，酒也是何远之带过来的，从南洋贩运过来的西洋红酒，一口便是一两银子。

戏台上唱的是《牡丹亭》，讲述贫寒书生柳梦梅与杜丽娘的爱情故事，历经悲伤与绝望，最后终成眷属。

一个十二三岁的小姑娘扮演杜丽娘，用吴侬软语唱着：“原来姹紫嫣红开遍，似这般都付与断井颓垣。良辰美景奈何天，便赏心乐事谁家院？朝飞暮卷，云霞翠轩，雨丝风片，烟波画船。锦屏人忒看的这韶光贱……”

何远之悄悄看了周道登一眼，感觉周道登今天有点反常，这么明目张胆地带着戏班子来到青楼，似乎与他一贯谨慎的风格不太一样。或许周阁老这次是准备彻底归隐了，所以无所顾忌？再或许周道登真的老了，糊涂了？

但他来不及多想，因为周道登的身边，徐佛已经款款而来。她向周道登、何远之道了万福，便大大方方坐了下来，一起看戏。

周道登眯着眼睛看了看徐佛，轻语道：“久慕芳名，幸得一见，老朽叨扰娘子清夜了。”

徐佛笑着回应道：“阁老大人驾到，小院蓬荜生辉，何况还有这么好的戏。”

“哈哈，‘阁老’二字再也休提！老夫现在是闲云野鹤，哈哈……"

何远之插话道："大明朝的江山还是要靠阁老辅佐啊，恐怕阁老还是没法清净。佛娘大名，何某早有耳闻，今日一见，果然是名不虚传，当真是国色天香。来来来，容某先敬佳人一杯。"

何远之说罢，端起酒来，一饮而尽。

徐佛盯着何远之，忽然神色变了，问道："敢问阁下是？"

周道登代他回答道："这是愚徒何远之，是个大财主，哈哈。"

"老师相取笑弟子啦。"何远之赔笑道。

徐佛端起酒来，用袖子遮着，浅浅尝了一口，神色却是有点恍惚。

戏台上，扮演柳梦梅的人正唱道："小生哪一处不寻到，却在这里。恰好在花园内，折得垂柳半枝。姐姐，你既淹通诗书，何不作诗一首，以赏此柳枝乎？"

何远之听了，知道作诗是周道登的拿手好戏，于是趁机拍手笑道："老师相，如此良夜，如此佳人，不做诗唱和，简直是辜负了韶光啊。"说最后一句的时候，他模仿昆曲的唱法惟妙惟肖，周道登忍不住捋着胡子笑出声来。

"今天在归家院，便以'归'字为韵吧，学生不才，先来一句，"不等周道登答应，何远之便朗声念道，"风起江头良宴会。"

徐佛闻言，应付了一句："英雄满座醉不归。"

何远之拍手道："妙哉！今天咱们不醉不归啊。"

两人目光集中在周道登身上。

周道登忽然站起来，拍着栏杆，望着远处的夜空，吟了一句："碧云皓月人相对。"

还没说完，何远之便站起身来，恭恭敬敬斟满酒，道："这杯酒，学生不敬老师相，也不敬佳人，只敬这句诗！这句诗在学生看来，已超过了唐人，真是为本朝诗坛增色良多啊！"说完便一饮而尽。

徐佛也只好站起来，一起敬了一杯酒。

周道登又喝了一杯，脸色红润起来，突然握住徐佛的手，低声说道："你之前为何总不见我？"

徐佛虽然阅历深广，也是吓了一跳，没想到堂堂阁老会在大庭广众之中这样子说话。

周道登不等徐佛回答，便又说道："不如，你就跟我走吧。"

徐佛这次冷静了下来，正色道："阁老大人是熟读诗书的，贱妾给大人唱一首唐诗如何？"

周道登奇道："你还会唱诗？"

要知道，诗词本来就是可以唱的，但到了明朝，就几乎没人会唱了。

于是，周道登挥了挥手，戏班子的唱念做打戛然而止。

在突如其来的寂静之中，徐佛静静登上台，缓缓唱道：

君知妾有夫，赠妾双明珠。

感君缠绵意，系在红罗襦。
妾家高楼连苑起，良人执戟明光里。
知君用心如日月，事夫誓拟同生死。
还君明珠双泪垂，恨不相逢未嫁时！

徐佛唱唱得婉转悠扬，用的调子是《汉宫秋月》的琵琶调，戏班子里会弹琵琶的乐师默契地在第二句开始便为她伴奏。当她唱到“还君明珠双泪垂”时，琵琶声急促如雨声，意境恰如同白居易《琵琶行》里“银瓶乍破水浆迸，铁骑突出刀枪鸣。曲终收拨当心画，四弦一声如裂帛”的诗句。

而一曲唱罢，徐佛的眼泪也忍不住从眼角滴落了下来，穿过沉默的虚空，落在地面上，如同“大珠小珠落玉盘”。

何远之瞥了一眼周道登的脸色，发现周道登的脸庞如同黑夜一般深不见底。徐佛竟然在这种场合当众唱这首《节妇吟》，意思已经很明确了。他只好打了个哈哈道：“唱的好诗啊！只是有点不合题啊，听说佛娘现在还是、还是待字闺中嘛。”

周道登阴着脸望着徐佛道：“这时候唱《节妇吟》，早了点，你跟了老夫之后，再做节妇，也未尝不可吧？”

徐佛忽然从袖中掏出一物，惊呆了所有人，附近的小杨爱、小阮都尖叫起来。

那是一把短剑，正是当年那个蓝衣秀才留给徐佛的短剑。

徐佛用手指摩挲着剑鞘，剑鞘乌黑古朴，拔出剑来，在月色之下发出刺眼的寒光。

“贱妾虽然沦落风尘，但早已心有所属，请大人不要苦苦相逼，否则贱妾唯有一死。”

平时口才极好的何远之这时却忽然沉默了，他盯着那把剑，问道：“徐娘子这把剑是哪里来的？”

徐佛答道：“是贱妾的夫君所赠定情之物。”

何远之挠挠头，自言自语道：“这是亡叔的遗物啊。”

徐佛和周道登同时“啊”了一声。

徐佛问道：“‘亡叔’？他、他当真死了吗？你是他侄子，难怪、难怪……”从第一眼看到何远之的时候，她就觉得他的模样很像那个人，原来如此。

徐佛忍不住又问：“他、他的真名叫什么？他、他是怎么死的？”

这一问，轮到所有人惊呆了，那个被徐佛称为“夫君”的人，徐佛竟然不知道他的名字。

不等何远之回答，徐佛又喃喃自语道：“他只告诉我他叫江霞，徽州人，我托人到徽州打听了好久，都说没有这个姓江的书生。”

何远之答道：“这二字正是家叔的号。家叔姓何，单名一个侠字，这把剑是我何家的家传之物，娘子可以看看剑身上刻有四个小字。”

“‘汝意云何’？”

“对，就是‘汝意云何’，《金刚经》里的经文，隐含了我们家的姓氏。”

“他、他到底怎么死的？”

“家叔一向是四海漂泊，有一年他寄来一封家书，说是正在宣府，准备联络蒙古部落进攻建州。再后来，听在宣府做生意的徽商老乡说，家叔在塞外结交了一群蒙古骑兵，准备带他们入关加入官军，到了关口，却被守城的监军太监突然下令射杀，首级都被割下来报功了……”

说这些时，何远之像换了一个人，神情端肃。

周道登也跟着叹了一口气。

徐佛却停止了哭泣，仰首问道：“这么说，你也没见过他的尸首？”

何远之点点头。

徐佛忽然笑了，恍惚道：“我就知道，他不会这么轻易死去，他说过会来接我的。”

说话间，她手中的短剑掉在了地上，人骤然晕倒在地上。

小杨爱和小阮赶紧冲过去扶起她，焦虑大叫：“佛娘娘！”

何远之立在那里，不知所措。

周道登却忽然盯住了小杨爱，那是一个白衣飘飘的妙龄少女，清幽的气质悄然绽放，如秋水月下一株凌然带露的晚玉兰。

几日后，周府管家来传话，说是“可以放过徐佛，但有一个条件，就是杨爱必须到周府去”。

归家院的曹老板心里大喜，准备讨价还价一下，赔笑道："这才是个十四岁的孩子呢，道儿上的规矩，这时候还不能嫁出去呢。"

周府管家摆了摆手，不耐烦道："我家老爷是要让她过去做丫鬟的，不是做妾。"

事出惊变，然而杨爱得知这个消息之后，出乎意料的平静，她望着还在昏迷之中的徐佛，握了握她的手，又看了看身边哭成泪人的小阮和忧心忡忡的颜婆婆，黯然道："你们不用担心我，我会照顾好自己的，你们也照顾好自己，照顾好她……"

七 七夫人

周阁老早就为自己准备好了栖息田园的养老之地，在松江的小昆山买下了一片山地，修建了一处精美的别苑。

小昆山是“松郡九峰”之一，松江西北部的掠影山、凤凰山、薛山、佘山 、辰山、天马山、机山、横云山、小昆山，其中小昆山风景最为秀美，自古为江南名胜。山外还有一湖清水，既有湖光山色、烟波浩渺的气势，又有江南雅筑、小桥流水的诗韵。

周府建造别苑的师傅是从苏州花了一千两银子请来的大师，造园艺术自然是与众不同，未进园门，便设一池绿水绕于园外，园内以山石为主景，迎面一座土山，一座石亭便坐落其上。山下凿有水池，山水之间又复以一条曲折的复廊相连。

宋人郭熙曾道：“山有三远，自山下而仰山巅，谓之高远。自山前而窥山后，谓之深远。自近山望远山，谓之平远。”坐在土山之上的石亭看小昆山，便有平远之感，看远处的山，只剩下黛色如墨的峰尖，颇似一幅笔墨淡然、疏密有致的宋元山水画。

周道登披着一件宝蓝色大氅，戴着灰貂绒毛帽子，倚着自家园林的亭子栏杆，看着远处的山水，诵着一首清丽悠闲的山水小诗：

北山白云里，隐者自怡悦。
相望试登高，心随雁飞灭。
愁因薄暮起，兴是清秋发。
时见归村人，沙行渡头歇。
天边树若荠，江畔洲如月。
何当载酒来，共醉重阳节。

面对山岭上的白云起伏霏霏，心情早就随着鸿雁远去高飞，忧愁这种感染性极强的情绪每每是薄暮引发，兴致往往是清秋时节才能招致，远远望见那些捕鱼归来、回到山村的人们，他们走过沙滩，坐在渡口，释放着一天的疲惫。远看天边的树林活像是绿油油的荠菜，俯视江畔的沙洲好比是一弯新月。期待着那些把酒言欢的客人载酒而来，在重阳佳节开怀畅饮、共醉一场。

即使是周道登这样的久经宦途的人，面对这样的风景，也有点望峰息心。

“老师相，好兴致啊!”何远之恭敬地站在周道登身后，满脸含笑。

周道登笑了笑道：“‘老夫聊发少年狂’，但追前人之兴。”

“老师相新收的那个杨、杨……”

“杨爱，她现在叫杨云了。”

“这个名字改得好，前人东坡先生有朝云相伴，老师相却有杨云做伴了。”

“远之啊，你要是把对这些风流韵事的精力放在考取功名上，现在至少也可进士及第了吧。”

“老师相教训得是，学生惭愧，辜负了老师的谆谆教诲……”

“不至于，别人拿你当商人看，其实老夫知道，你是陶朱公，富可敌国、心雄万夫。”

“学生哪里有？老师相取笑我。”

“远之啊，你我本就是世交，不必拘泥于师生之礼。”

“老师相乃快意豪杰，凡俗之礼怎么能锁住您这条人中之龙？您这次收了杨爱，不，杨云，也是江南咱们这一带的风韵雅事啊。”

“未曾。老夫并未纳她为妾，只是让她侍奉着府上的七夫人，住在这所别苑里。”

“原来是这样。老师相依旧侠客心肠。”

其实，周道登的诸位妻妾中，这位七夫人最得他的欢心。

那七夫人本是个美人儿，当周道登和何远之在山亭里畅谈的时候，她正带着侍女漫步于后花园的凉堤，观鱼赏荷，身着一件雾紫色流岚丝绢薄衫，下配着简约干净的木白色家常襦裙，襦裙的裙角上还绣着细碎清淡的糯粉色早春小种梅花瓣，一头乌黑的柔顺长发，只随意挽了一个松松的发髻，斜插一只碧玉玲珑簪，显出几分家居闲步的随意，却也不失名门少妇的典雅讲究。脸上薄施粉黛，眉眼之间满含笑意，像一朵扬州三月的雨后牡丹在风中吐露芬芳。

她身边的两个侍女都是穿着素净的白色纱衣，年龄大一点的侍女生着一张标致的鹅蛋脸，高挑身材，神情透着一股子精明和干练；另一个年龄小些的侍女手执一柄精工蒲扇，她的目光灵动，泛着白玉一般的光亮，清澈如她眼前的那潭湖水，似乎外界多少的尘埃滚滚都与她的世界没有关系。那对纤长的睫毛一眨一眨，似襁褓之中的婴儿一般惹人怜爱。这少女就是被买入周阁老府邸的杨爱——现在已被改名为云儿。

杨爱呆呆地看着七夫人，心里有着一个奇怪的念头：七夫人似乎比徐佛娘娘长得更美，或许不是五官的精致，亦不是服饰的美艳，而是一种独特迷人的气质。

这似乎是这些年以来见过的最美的女子啊，杨爱在心中感叹道。

感叹之余，她又开始为七夫人惋惜，这样一个女子，怎么会嫁给了周道登这样一个糟老头子？难道、难道只是贪图他曾经如日中天的权势和炙手可热的富贵？

正在胡思乱想的时候，听见七夫人坐在湖边念道：

东南形胜，三吴都会，钱塘自古繁华。
烟柳画桥，风帘翠幕，参差十万人家。
……
千骑拥高牙，乘醉听箫鼓，吟赏烟霞。
异日图将好景，归去凤池夸。

杨爱心中暗道，原来她也喜欢柳词啊，柳永这首《望海潮》，道尽杭州风物，听佛娘娘说过，当年金朝皇帝完颜亮读到这首词之后，就动了渡江南下、入侵大宋的心思。

旁边一位侍女笑道："小姐又想家了。"

七夫人用手攀折了一条长长的柳枝，缓缓说道："菱儿，你哪里知道我的心事。"

过了许久，七夫人又叹了口气，复吟道：

荷叶田田青照水，孤舟挽在花阴底。
昨夜萧萧疏雨坠，愁不寐。
朝来又觉西风起，雨摆风摇金蕊碎。
合欢枝上香房翠，莲子与人长厮类。
无好意，年年苦在中心里。

待念到最后一句"年年苦在中心里"之时，那长着鹅蛋脸的侍女菱儿也不由跟着念了起来。

“小姐，菱儿也甚是挂念老爷夫人，不知他们在宣府过得如何，听说那边又起战火了……”菱儿目露忧色，说着便红了眼眶。

七夫人悠悠道：“吉人自有天相。好了，我有点乏了，菱儿、云儿，扶我回房歇息吧。”

刚陪七夫人回到房中，杨爱便跟着菱儿去浣洗衣衫，路上忍不住低声问菱儿道：“菱儿姐姐，你怎么称七夫人为‘小姐’呢?”

“这还用问，我可是小姐的陪嫁丫头啊！从小跟小姐一起长大，我还陪小姐一起读书呢，只是、只是我脑子太笨了，那些诗词我记不了几句的。”

“原来是这样呀，夫人真是饱读诗书呢。”杨爱由衷地赞叹道，要知道，七夫人念的第二首词是欧阳修的一首《渔家傲》，冷僻得很。杨爱是因从小跟着徐佛学诗词歌赋，才能记得作者，然而她也背不出来。

就是佛娘娘恐怕也不能背得一字不差吧？杨爱在心里说道。想到佛娘娘，心里一疼，也不知道她现在怎么样了。

菱儿没看杨爱的神情，还是自顾自道：“你以后也别‘七夫人’‘七夫人’地叫了，小姐现在就咱们两个身边人儿，你就跟着我叫‘小姐’好了。”

“好，菱儿姐姐。”杨爱回过神来，赶忙回答，“云儿初来乍到，以后还请姐姐多多指点。”

两人边洗衣服，边聊天，杨爱才知道了七夫人的故事。

七夫人姓沈，名安歌，杭州人，出生于一个官宦家庭，父亲做过两任巡按御史，在魏忠贤专权之时，不肯同流合污，倍受排挤，好不容易等到东林得势之后，却因为早年得罪了一位东林领袖，竟被打成了阉党，革职发配到宣府戍边，家产也被抄没充公，甚至家中女眷也被拉去教坊司做永世不得翻身的官妓。父亲的一位同年好友心生恻隐之心，便带着沈家独女沈安歌，去拜访内阁诸位大学士。

众人均拒绝了，谁也不愿意蹚这趟浑水。吃了很多闭门羹之后，去见周道登周阁老，不想他竟一口答应了。周阁老盯着沈安歌，说只要肯嫁给他，就算是阁老家人，而不是罪臣后嗣了，刑部的官员也会睁一只眼闭一只眼，至于其他的女眷，那就爱莫能助了。

沈安歌正要当场回绝，被父亲的挚友劝住了，这位年伯劝道："你在外面，令尊令堂或许还有出头之日，否则就会永远沉沦苦海了。"

安歌只好含泪答应下来。

她出嫁的时候，没有任何的嫁妆，沈家家产均已抄没，只有一个叫菱儿的丫鬟对她不离不弃，没有去逃命，而是要陪她一起嫁到阁老府。而周道登也是怕迎娶犯官之女引起众议，只在深夜里遣了一只乌篷船来迎娶沈安歌。在那个时候，只有从良的妓女才在深夜里悄悄嫁人。

然而，沈安歌别无选择，她含羞忍耻带着菱儿，登上那只小小的乌篷船，她的眼泪流淌在钱塘江里的时候，菱儿悄悄拉住她的裙角，怕她会投江。

她回头看着菱儿，说道："傻丫头，我不会死的，我要活着，只有活着，才能等到爹爹和娘亲从那牢狱里出来。"

从此，她来到周府，成了周道登的七夫人。

周道登的大夫人只知道吃斋念佛，独自居住在一个尼姑庵里做居士，不问世事，其他的几房妾室要么是风尘女子，要么才貌平常，只有沈安歌一个人是一番大家闺秀、美人如画的气质。周家的老太太、周道登的老母当年在接到朝廷诰命后，被特旨进宫谢恩，见到了一些宫中嫔妃，从此之后，她一说话便是宫里如何如何了，连她第一次见到沈安歌，都忍不住赞叹："这个女子标致啊，不比宫里的娘娘们差啊。"

虽然周府的老太太、周阁老都喜欢她，但架不住其他妾侍的嫉妒和仇恨，沈安歌很快便感觉在松江府城里尔虞我诈、钩心斗角的阁老府，自己已无法立足。恰好周阁老正在山里营造别墅，于是她就第一个搬过来了。其他的妾侍们都喜欢府城里的热闹与繁华，谁也不愿来这荒凉冷清的山里，纷纷在心里嘲讽沈安歌是自己把自己打入"冷宫"，嘴上却是说阁老偏心，专门给七夫人在山清水秀的地方建了别苑，打算金屋藏娇。

于是，七夫人便带着菱儿住进别苑了，别苑里除了几个看家护院的家丁仆役之外，便没有其他人了。

周阁老开始的时候经常来，但每次七夫人都是不冷不热、郁郁寡欢的样子，时间长了他也有点感到无趣，于是来得也少了。这次从归家院买了杨爱，本来是要收作新的填房小妾的，碍于现在处于国丧期间(一位老太妃病逝了)，只好先把杨爱送到别苑来，就以给七夫人当丫头的名义。听说这个杨爱聪明伶俐、能歌善舞，也许能给自己的七夫人解解闷呢。

周阁老想到自己的“一箭双雕”之策，自己都觉得运筹帷幄、志得意满，什么“修身、齐家、治国、平天下”，都是信手拈来、不着痕迹，可惜英雄无用武之地。周阁老想到这一层，又觉黯然，自己的良策就只能用在这种小儿女之事上，要是能得到朝廷的大用，他嘀咕道：“哼哼，什么李自成、张献忠，什么皇太极，只要是我周道登出马，都不在话下。听京师里传来的消息，现在朝廷还在为是先向西荡平‘闯逆’，还是先向北驱除‘建虏’争吵不休。其实如果老夫带上尚方宝剑出马，直接招安了李自成，然后统领李自成的十万劲旅北上，肯定能直捣黄龙，扫平建州铁骑。可惜，可惜……”

周道登在山亭里胡思乱想，何远之陪他喝了几大壶酒，这酒是何远之从苏州带来的“钱氏三白”，酒味鲜美，上口粘唇，又加上了苏州西山产的多汁杨梅，味道更是清冽，因此两人都喝了很多，醉醺醺地吹着山风，诉说着各自的抱负，说到得意处，互相搂着肩膀称兄道弟，暂时忘却了师生的名份。

大约一个时辰之后，周府的仆役看周阁老实在是醉得不成样子，才大着胆子把周阁老扛回了别苑的宅院里，交给了七夫人。

七夫人皱了皱眉头，赶紧让厨房给炖了一大碗醒酒汤，用橘皮、檀香、葛花、绿豆，配上陈年的人参，以及湖中新采的莲子，熬成汤水，灌到二人嘴里。不一会儿，他们的酒便醒了大半。于是又吩咐杨爱去烧热水，以备服侍他师徒两人洗脸。

何远之酒醒之后，道了声“惭愧，恕罪”，便作揖告辞了。

周道登则摆了摆手，招呼七夫人过来。七夫人刚靠近，他便一把搂着她的脖子，不顾菱儿在身边，便要亲热。

七夫人又恼又羞，赶紧抽身出来。

周道登酒劲未消，忍不住怒骂道：“你这忘恩负义的女人！如果不是老夫，你现在就是个婊子！”

七夫人掩面哭泣，夺门而去。

菱儿赶紧喊着“小姐、小姐”，去追七夫人。

这时，杨爱端着热水盆走进屋子，刚放下，便被周道登一把抱住。

“小美人儿，想死老夫了。”

杨爱又惊又怕，周道登虽然年老，力气却是不小，无论杨爱怎么挣扎都挣脱不了，周道登平时端正慈祥的脸庞突然变得无比狰狞，脸庞涨成了紫红色，短短的白胡须根根竖立。

杨爱正要大喊，嘴却被周道登的手一把捂住，那只手像铁钳一样带来窒息感，让她顿时感到绝望。在那一刻，她近乎本能的用尽全部力气用手使劲抓住周道登的脸颊。

“唉哟!”周道登捂着脸，松开了杨爱。

松开手时，杨爱看到了周道登脸颊上三道深深的血痕，周道登则看到了自己手上的鲜血。

周道登用手指着杨爱，颤颤巍巍道：“好、好，你们都反了！我这就把你们都卖到妓院去!”

杨爱没等他说完，便逃也似的跑出这间可怕的屋子。

屋子外面，依然是艳阳高照、绿水青山。

周道登彻底醒酒之后，没敢去见七夫人，也不敢回府城的宅邸，脸上的伤没法解释，索性叫仆役驾船去苏州找何远之去了。

杨爱则与七夫人、菱儿三人抱头痛哭，为自己的命运、为各自的遭际。在这一刻，患难之交的感情，以及对人生的悲悯，足以让所有人瞬时淡忘主仆的名分。

八 宋相公

当宋征舆再次出现在归家院的时候，他已经再也找不到那个女扮男装的姑娘了。

这次来归家院，他是鼓足了勇气，甚至是对自己以往人生的妥协。虽然顶着“云间三子”的头衔，然而他跟其他二人相比，既没有兄弟陈子龙那样的杀伐果断，也没有朋友李雯那样的才气纵横，他只是一个软弱的书生。

他的祖先并不姓宋，而是姓赵，是宋代的宗室，确切地说，是宋太祖赵匡胤的子孙。宋太祖英雄一世，死因却是蹊跷，开宝九年(976 年)十月十九日夜，赵匡胤召其弟赵光义饮酒，共宿皇宫之中，没想到第二天清晨，宋太祖便暴毙，死因成谜，享年只有五十岁，谥号“英武圣文神德皇帝”，庙号太祖。其弟赵光义即位。然而，宋太祖除了长子滕王赵德秀、三子舒王赵德林先于他死去之外，还有次子燕王赵德昭、四子秦王赵德芳在世。宋太宗把他们视作眼中钉、肉中刺。

太平兴国四年(979 年)，赵德昭跟随宋太宗攻打幽州。军中有一次夜里惊乱，不知道宋太宗身在何处，有人谋议立赵德昭为皇帝，宋太宗得知此事后很不高兴。回到京师后，宋太宗因为北伐不利，很长时间没有给太原之战的功臣行赏。赵德昭跟宋太宗论说此事，宋太宗大怒道："等你自己做了皇帝，再行赏也不迟。"赵德昭退朝后自刎而死。宋太宗听闻此事非常惊悔，跑去抱着赵德昭的尸体，哭喊："痴儿何必如此呢?"其实心中恐怕放心了很多。

宋太祖最后健在的一个儿子赵德芳，也是在二十三岁的年龄突然病死，死因也是众说纷纭。民间对这个小王爷充满了同情，在戏里称其为"八贤王"，拿着一把金锏，可以上打昏君，下打谗臣。或许是在这种民间心理的驱使下，一则"太祖之后，当再有天下"的神秘预言在有宋一代传播甚广。

宋征舆的祖先，作为宋太祖的后代，在宋代相当长的时间，生活得小心翼翼，并没有享受到皇室应有的待遇和地位。

直到宋高宗南渡之后，宋征舆的祖先也从中原来到了江南，定居在杭州。据说宋高宗在避难过程中受到了惊吓，失去了生育能力，因此没有后代，或许是"太祖之后，当再有天下"的预言影响太大，宋高宗在选择皇位继承人的时候，并没有选择与自己血缘关系更近的太宗一系的子孙，而是选择了宋太祖一系的子孙，也就是后来的孝宗皇帝赵昚，他是赵德芳的六世孙。

直到这时，宋征舆的祖先们才算松了一口气，从此过上了太平生活，到了南宋被蒙古铁骑征服，宋征舆的祖先们不得不更名改姓，再次走上逃亡之路，一直从西湖之畔逃到了松江。

他们为了纪念自己的王朝，把国号作为姓氏保留了下来，改姓为宋，发展为松江著名的世家。宋征舆的好友陈子龙把这件事情郑重地记录在了他为宋父写的传记里，为明末清初的家国故事增加了由来已久的南渡情怀。

宋征舆的父亲宋懋澄也是一位奇人，名震江东，早在是少年之时，便已颇负文名，提笔作文，可谓一蹴而就，立志做“上马击狂胡，下马草军书”的豪杰之士。他并不喜好苦研儒家的经典，而喜欢修习古代流传下来的兵法，希望有朝一日可以带兵打仗，建功立业。可惜一直未能如愿，直到三十多岁，他才重新回到了书生的轨道，继续考取功名，万历十四年(1612 年)乡试中举，后北上京师三次参加进士科举，却都未能考中。

于是，他回到故乡，开始安心教授自己的儿子宋征舆。他后悔自己少年时代的幼稚与冲动，希望自己的儿子不要走自己的老路，他耐心延请名师，教授儿子“四书五经”，希望他能够考取功名，踏踏实实做个进士及第的文官。

宋懋澄的妻子也很赞同，二人齐心协力教育儿子宋征舆，宋征舆也不负众望，年纪轻轻便已熟读经典，一手八股文章写得也是一团锦绣，还喜欢结交士林诸人，热心参加复社的活动，很快得到了江东士大夫们的交口称赞，与松江著名的读书人陈子龙、李雯一起，并称“云间三子”。

由于父母的管教甚严，他出了家门除了接触官员、秀才们，很少接触其他人，也不能像其他江南才子一样吟弄风月、流连于秦楼楚馆之间。

那次陪同陈子龙到归家院，算是他第一次涉足风月之地，没想到竟然遇到了女扮男装的杨爱。

匆匆一相逢，便再也难忘。

在那些清冷的夜晚，他拼命地读书，试图用圣人们的金口玉律来克制自己的感情，不，他称之为欲望，这种儿女之欲对他来说似乎是一种背叛，对家族理想的背叛——竟然喜欢上一个青楼女子。何况是在这风雨飘摇、大厦将倾的乱离之世，读书人的担当何在？

“子曰：唯女子与小人难养也，近之则不逊，远之则怨。”

“子曰：已矣乎！吾未见好德如好色者也。”

念完这些众人皆知的短句还是不行，他又找来《四书章句》里的长句子，比如“所谓诚其意者，毋自欺也。如恶恶臭，如好好色，此之谓自谦”，以及“故君子必慎其独也。小人闲居为不善，无所不至，见君子而后厌然，揜其不善，而著其善。人之视已，如见其肝肺然，则何益矣”等等，念上老半天。

朗诵圣人的这些经典教条的时候，他漫步于清冷寂寞的书斋，唇齿之间的抑扬顿挫让他淡忘了那些胡思乱想，脚掌的生疼麻木更是让他感觉到自己已经忘记了那个英姿飒爽的白色身影。

是啊，读书人读书是为了做圣贤，是为了“修齐治平”，是为了内圣外王，是为了救民于水火，是为了致君尧舜上，是为了……

想到这些，他觉得内心充满了惭愧，幼年以来，父亲就常常带他远行，到杭州的岳王庙、于谦祠拜谒，告诉他要做个忠贞之士，他还记得在岳王庙里面，父亲指着庙里的对联，教他念“痛恨失黄龙，锦绣江山，断送金牌十二；英灵来白马，松楸风雨，恍闻铁甲三千”。

父亲还给他讲家族的历史，从中原的汴京繁华到南渡的“仓皇”垂泪，从英明神武、一统山河的太祖皇帝到励精图治、中兴天下的孝宗皇帝。唉，大宋皇室的贵胄，怎么可以虚度一生？怎么可以为了一个青楼女子迷失？

然而，偶然再次读到《诗经》里的那首缠绵悱恻的情诗：

关关雎鸠，在河之洲。
窈窕淑女，君子好逑。
……
求之不得，寤寐思服。
悠哉悠哉，辗转反侧。

虽然孔夫子说它“乐而不淫，哀而不伤”，可是他此刻想起，却觉得无比心伤。他感觉她的笑容像一根针，狠狠扎在他的心里，深埋在他的记忆深处，让他不能自拔、愁苦万分。

他忍不住想起去年陈子龙给他念过的那首柳词：

伫倚危楼风细细，望极春愁，黯黯生天际。
草色烟光残照里，无言谁会凭栏意！
拟把疏狂图一醉，对酒当歌，强乐还无味。
衣带渐宽终不悔，为伊消得人憔悴。

在一年之后的春天，漫山遍野的桃花盛开之时，宋征舆的思念和痛苦达到了顶峰。

是啊，只是匆匆那一面，喝了一场酒，弹了一首曲，何至如此？然而事实就是如此。

“好吧，何必多想，只需见卿一面，何有他求？”日渐消瘦的宋征舆迎着春风，骑上马，不带一个随从，独自来到归家院门口。

到门口之后，他略一徘徊，便似“大义凛然”般地走了进去，抬手把马交给归家院的迎客。

“客官，您可有日子没来我们家了，快请进去喝杯茶。”迎客一见是一位骑着高头大马的富家公子，赶紧满脸堆笑地寒暄，“里边的，贵客进门喽！”

一进大门，便有一个偌大的身影迎面而来，一把挽住宋征舆的胳膊，宋征舆赶紧躲开，睁眼一看，是一个胖乎乎的中年妇女，一张圆脸铺满胭脂，也堆满笑意。

“呀，客官是头一次来吧，一回生二回熟，我是这儿的姆妈，来，咱们给你找个最好的姑娘。”

“不不不，婶……那个，姐姐，小生不是来……”

“难不成你只是来吃饭的?”胖女人放肆地笑起来。

“小生是来……是来……”宋征舆涨红了脸，“是来找人的。”

“找谁？是来找我的吗？哈哈哈。”

“不不，小生要找的是个小姑娘。”

“原来客官喜欢小姑娘啊，那你可来对地方了，我们这啥都缺，可单单不缺小姑娘……”

“她叫柳隐，柳姑娘。”宋征舆再次涨红了脸。

“有，有，别说柳姑娘，杨姑娘、桃姑娘我们也都有。”

宋征舆喜出望外，没想到这么顺利就找到了她，忽然，他又感到一丝难过，莫非她已经出来接客了？

正在神色恍惚的时候，他已经被中年女子拉到了一个小隔间里。

隔间里的装饰倒是古色古香，案头还焚着香料，闻起来不像江南所产，有点令人微醺之感，让宋征舆的紧张的情绪渐渐平复起来。他开始观察这间小屋子，只见墙上还挂着一副对联，写的是“酒微醒，香温处，留我住；人定后，月明时，只花知”。

宋征舆叹了口气，随即又看到案头竟然还摆放着一把琴。啊！这果然是柳姑娘的闺房。

他顿时又激动起来，忍不住走过去，伏在案头，用手拨弄了几下琴弦，无意一拨，是《清平乐》的调子。

正在这时，一个女子盈盈走进来，欠身道："客官久等了，小女子这厢有礼了。"

宋征舆赶紧回头一看，顿时失望了，来人相貌清秀，眉目舒朗，但明显不是柳姑娘。

"姑娘是？"

"小女子姓阮，客官叫我小阮好了。"

"可是我是要找柳姑娘的啊！"

"柳姑娘？我们这里没有姓柳的姑娘。"

"什么？就是一个女扮男装的姑娘，很英气！"

"未曾见过。"

"对了，对了，她还会弹琴，弹得极好！"

"弹琴？喔，公子说的是杨爱那个丫头吧！"

"杨爱？"

"是啊，我们这里会弹琴的，除了佛娘娘就是这丫头了。"

宋征舆闻言，立即俯身下拜。

小阮赶紧扶起他来，连声道："公子，这是为何？折煞小阮了。"

宋征舆伏地不起，喃喃自语道："请姑娘救命！"

小阮感到又惊奇又好笑，道："公子何出此言！小阮是何等人，哪里能救得公子性命！何况公子现在不是活得好好的嘛，哪里有什么性命之忧？"

“小生对柳姑娘……不，对杨姑娘一片痴心，恳请阮姑娘请她出来见我一面。”

“她，她已经不在了。”

“什么？什么？她、她，莫非……”

“没有、没有，她还活着，只是不在归家院了。”

宋征舆顿然松了一口气。

于是，小阮斟了一杯清茶，和他讲起了杨爱的过去。

在小阮的讲述过程中，宋征舆感到无比震惊。

他不知道那个看似无忧无虑、快意江湖的女孩子，竟然有这么悲惨的身世，当他听到她被周阁老买去的时候，又忍不住握紧了拳头……

山水流转，岁月倏逝。

数月后，两个俊朗的书生出现在周府小昆山别苑的大门口。走在前面的那个黑衣男子年纪略长，器宇轩昂，满面春风，微笑着将名帖递给门口的管事，他身后的同伴身着一袭素朴白衣，面容上带着些许忧色。

门口的管事接过名帖，看了一眼，上面写着“眷晚生松江诸生拜上，问老大人安”，管事见是两个秀才，便不太放在心上，随口敷衍道：“我家阁老不在家，改日再来拜吧。”

黑衣相公悄悄拉着管事的袖子，低声说道：“借一步说话。”随手往管事袖子里塞了五两银子。

管事袖中一沉，心想，这俩人估计是来求阁老办事的，出手如此阔绰，估计是两个傻棒槌。左右自己有银子赚，不如且带进去探探口风。这样一想，随即笑了笑，改口寒暄道："阁老虽不在家，二位相公既是读书人，远道而来，暂请进来喝杯茶吧。"

一黑一白两个身影随着进了院子，那管事先带着他们到了自己的居所，叫小厮倒了茶，二人随口道了声谢，又问道："还没请教老哥贵姓？"

"免贵，姓张。"

"原来是张管家。"

"不是，不是管家，小管事罢了。与管家一字之差，差了好几级呢！请问二位相公贵姓？粗茶一壶，毋要嫌弃。"张管事说完，咳嗽了一声。

"小弟姓陈，这位兄弟姓宋。"

原来，这个黑衣男子便是陈子龙，白衣者自然是宋征舆。

张管家随口念叨道："现在世面上不太平啊。"

"正是呢，听说李自成纵横秦晋，官军十万人都剿灭不了啊。"宋征舆答道。

张管事哈哈一笑，道："那远着呢，咱江南还是福地，到不了这里。"

"嗯，这是自然。"陈子龙附和道。

张管事复又摇摇头道："只是北边一打仗，米价就又贵了，咱们江南的粮商也正好囤积居奇啊。"

"说起来，可不米价又贵了好几厘，这些奸商！"宋征舆忍不住也叹了口气。

"奸商？两位秀才家不是做生意的？"

“小弟们家中只是有几亩薄田罢了。”

“噢，噢。”管事略显失望地应了一声。

“不过，小生家传风水之术，以此谋生，倒也逍遥自在。”陈子龙突然故作神秘地说道。

“原来是风水先生啊，都说风水先生啥都会，小兄弟可会看相?”张管事的兴致马上就又来了。

“略懂略懂，上个月还向贵宗的张天师，便是那江西龙虎山的那位张天师请教过几个问题。”

张管事顿时对他肃然起敬。

要知道龙虎山的张天师，祖上据说是太上老君，大明刚刚建国的洪武元年，朝廷就下令，龙虎山张天师掌管天下道士的符箓，成为天下道教的掌门人。虽然不知道张天师有何法术神通，但老百姓都说他可以呼风唤雨、撒豆成兵，掐指一算，前生今世、世间万事，无所不知，无所不晓。

他不禁好奇，这俩人是什么来头？

九 误终身

其实陈子龙也没撒谎，上个月，江西龙虎山张天师的确托人带给他一封信，说是仰慕陈子龙先生的文名，请陈先生替他写一封《谢恩表》，感谢皇帝给新生小儿赐名的浩荡皇恩。只是在信里，张天师忘记告诉陈子龙，皇帝给孩子取的什么名字，于是陈子龙为了把这篇文章写得更精彩，就写信问张天师孩子的名字，这个问题也只能请教他。

张管事顿时欢天喜地地嚷道：“失敬失敬，太好了，老张我关在这深山老林闷坏了，陈相公快帮我看看相。”

于是，陈子龙认真端详了他好一阵子，左看看、右看看。张管事被看得头皮发麻，终于忍不住问：“陈相公，您瞧着，在下这相貌如何啊？”

“张老兄，从面相上看，你这是犯了小人了啊！”

“这……你怎么知道?”

陈子龙笑了笑方道：“古人有云，人有七尺之形，不如一尺之面；一尺之面，不如一寸之眼。老兄的眼睛可谓是富贵眼啊……”

这时，宋征舆“扑哧”一声笑出声来了。

张管事赶紧对他说：“宋相公快别打岔，听陈相公说完。”

陈子龙接着说道：“相书上说，命宫者，居两眉之间，山根之上。光明如镜，学问皆通。山根平满，乃主福寿。土星耸直，扶拱财星。眼若分明，财帛丰盈，额如川字，命逢释马，官星果若如斯，必保双全富贵。老兄的眼睛，就应了眼若分明、财帛丰盈的祥瑞之兆啊。”

“呀，看来我是好命了啊。那、那怎么相公又说我遭了小人?”

“君子求诸已，小人求诸人，色厉而内荏，譬诸小人，其犹穿窬之盗也与。君子上达，小人下达 。君子泰而不骄，小人骄而不泰，小人难事而易说也。君子成人之美，不成人之恶，小人反是……”

张管事听陈子龙“掉书袋”，半句也听不懂，急得抓耳挠腮。

陈子龙突然停住了，盯着张管事的眼睛说道：“张兄是阁老信任的人吧?”

“那是，那是，我家老爷最信任我了……”

“然而，正是惹了小人，所以被发配到这里啊。”

“一点儿没错，都是那些小人进了谗言……”

“小人啊，小人。若夫霪雨霏霏，连月不开，阴风怒号，浊浪排空；日星隐耀，山岳潜形；商旅不行，樯倾楫摧；薄暮冥冥，虎啸猿啼。登斯楼也，则有去国怀乡，忧谗畏讥，满目萧然，感极而悲者矣。张兄啊，‘去国怀乡’‘忧谗畏讥’，这八个字可是你的写照啊。”

陈子龙念范仲淹的这段千古名文的时候，或许夹杂了自己的情绪和心境，念得是抑扬顿挫、神情慷慨，连在一旁一直笑嘻嘻的宋征舆也受到了感染，目光望向了远处的群山，似乎在望着苍茫辽阔的洞庭湖水。

张管事虽然听不太明白陈子龙在说什么，但被他的萧然气场震慑，赶紧问道：“还请先生教个破解的法子。”不知不觉，他对陈子龙的称呼已经改为“先生”。

“风水。”

“什么？”

“这园子的风水有问题。”

“还请先生快快指点。”

“不可，不可，”陈子龙摇摇头，“天机不可泄露，人力微若草芥，安能胜天？”

“哎呀，如果我家相爷能够东山再起，先生可是头功一件啊，到时候先生飞黄腾达，老张也跟着沾光啊。”张管事越说越恳切，扭过头又对宋征舆作揖道，“这位宋相公，你也帮着说一说，请陈先生给指点指点。”

宋征舆愣了一下，看了下陈子龙，陈子龙坐在太师椅上慢慢喝着茶，闭目养神，神情自若，看不出什么表情。

宋征舆挠了挠头道：“陈兄，看来这位张老兄也是赤诚之心啊。”

陈子龙缓缓睁开眼，叹了口气，缓缓道：“机缘如此，机缘如此。”

张管事一听这话有戏，连忙向着陈子龙作揖。

陈子龙站起身来，缓缓道：“走吧，咱们四处看看，边看边说。”

张管事连声答应，赶紧带着二人参观相府别苑的园林。

先在前院的亭台楼榭转了转，最先路过的是阁老大人的藏书楼，只见楼门口挂着一副大气磅礴的对联：

醉里挑灯看剑，梦回吹角连营。

宋征舆念了念，回头冲陈子龙笑道：“用辛稼轩的词做藏书楼的对联，阁老恐怕是天下第一人吧，只是小弟不知是何用意。”

陈子龙摇了摇折扇，吟道：“‘了却君王天下事，赢得生前身后名。可怜白发生！’只怕是……”

“小弟懂了，妙处在‘了却君王天下事’一句，只是不曾说破。”

“看来阁老是身在江湖，心悬魏阙，老骥伏枥，志在千里啊！”

“然也，然也。”

张管事看两人聊得兴起，虽然听不太懂，但估计都是赞扬周道登的话，他也眉飞色舞地附和道："嗨，我们相爷的书啊，都是从京城拉回来的，足足拉了二十车，这里面还有先帝爷赏的呢。可惜相爷不允许外人随意上楼，没法带两位相公看看了。"

"无妨、无妨，咱们继续走走。"陈子龙拍了拍张管事的肩膀。

三人转了半个时辰，才逛完前院，到了后花园的门口。

宋征舆摇首叹道："真没想到这么大，看似山重水复疑无路，谁知别有洞天啊。"

张管事得意地歪着脸笑道："相公们有所不知，我家这园子，可是苏州府最好的师傅来修的，光雕琢这些石头料就足足花了两千两纹银！石头可都是从惠山上开采的，惠山你晓得不？就是泉水最有名的惠山，当地是不许开采石料的，还是我们阁老大人亲自给当地的县太爷写了封信，人家才给面子的……"

张管事还在絮絮叨叨，陈子龙却皱紧了眉头，指了指不远处的一座山峰，念道：

水口一山如虎卧，回头不许众人过。
高昂切断水难流，此物名为神仙座。

张管事赶忙停住话头，问道："陈先生，您在说什么？"

"没什么，这里风水本是极佳的，特别是那座山与这个园子的水潭交相呼应，只是……”

“只是什么？”

“只是似乎是有什么东西截断了这个好走势。”

“在哪里？”

陈子龙指了指后花园，说道：“应该就在此处。”

张管事挠了挠头道：“这个、这个是相府别苑的后宅，外间男子不能进入啊。”

宋征舆脸上露出焦急的神情，陈子龙却笑了笑道：“也罢，机缘如此，机缘如此，宋贤弟，我们这就告辞吧！”

说完便拱手拂袖而去。

张管事赶忙一把拉住陈子龙的袖子，喊道：“先生莫急。唉，为了我家相爷的前程，我就随后再向他老人家请罪了。两位请随我来，只是切莫高声说话，别惊动了我家七夫人，她不是好惹的主儿啊。”

于是，陈子龙、宋征舆便走进了后花园，一路上张管事絮絮叨叨地讲七夫人的各种奇闻逸事。

宋征舆几次忍不住想问杨爱的事情，话到嘴边，看了看陈子龙，还是忍住了。

而杨爱此时的确也在这座园子里，她正陪着七夫人在房间里下棋。

刚下了一个时辰，七夫人便伸了伸懒腰，理了理云鬓，慵懒地对着杨爱笑道：“云儿，今儿个不知怎么了，才多会儿工夫，身上竟又有些乏了。”

杨爱一边起身给她泡一壶碧螺春，一边笑道：“小姐，云儿记得宋人说‘黄梅时节家家雨，青草池塘处处蛙。有约不来过夜半，闲敲棋子落灯花’，可见下棋也是需要一个‘闲’字的。”

“我难道还不闲吗？”

“小姐虽是闺阁中人，却是记挂着天下大事呢。”

“哪里有什么天下大事？”

“昨天小姐看邮仆送来的邸报，皱了下眉头呢。”

旁边的菱儿一边给七夫人轻轻捶背，一边冲杨爱嚷道：“你这小妮子倒是眼尖，我怎么没看到？”

七夫人若有所思，随即点了点头道：“是呢，我好像真是皱了皱眉头。”

菱儿笑道：“咱们女子，哪里管得了这些事，且让外头的男人们去操心吧。”

七夫人转头问杨爱：“你也这么想么？”

杨爱想了想，答道：“云儿不这么想。”

“那你是怎么想的？”

“小姐可知，云儿最景仰的人是谁？”

“讲来听听。”

杨爱咬了咬嘴唇，“小姐知道云儿是出身那种地方的，云儿崇拜的那个人也是……”

“我猜猜。云儿喜欢诗词歌赋，莫非是唐时的女校书薛涛？”

杨爱摇摇头。

“那就是宋时的李师师了，你喜欢器乐嘛。”

“更不是了。”

“嗯，那会是谁呢？”

杨爱悠悠念诵道：

胭脂淡抹出京口，志挽天倾战楚州。
金山桴鼓威海内，淮水浮图殁巾帼。
肠流身碎浩气存，首悬胴曝顽敌羞。
一心只怀男儿志，无限家国往来愁。

七夫人呼道：“梁红玉！”

菱儿插嘴道：“就是那位抗金名将韩世忠的夫人吗？”

“是的，云儿最仰慕的就是这位韩夫人。她虽然出身青楼，却与丈夫一起血战沙场，抵抗十万金兵，是咱们女子的榜样。”

七夫人翘了翘大拇指，赞道：“云儿有志气。”

菱儿却哈哈大笑道：“那你也得找到你的韩世忠啊！”

杨爱听了这句话，走到窗边，看着窗外迷离的风景，叹息道：“当今乱世，读书人忙着考功名，将官们忙着杀良冒功，老爷们忙着讨小老婆，哪里还有什么韩世忠！”

说完忽然想到七夫人也是“小老婆”，后悔失言，赶紧看七夫人的脸色。

七夫人却满脸欣喜，起身拉着杨爱的手，笑道：“云儿，我没看错你，你不是凡俗女子，比外面那些趋炎附势的男人强多了！”

她回头对菱儿道："菱儿，你还记得吗？以前老爷总是念岳王爷的《满江红》，念到'靖康耻，犹未雪'的时候，常会大声叹气，他是要做个忠臣义士的，可惜……"

菱儿眼圈一红，垂眉道："老爷吉人天相，一定会好起来的。"

杨爱接着问道："小姐，邸报上说什么了？"

"七月十四日建州兵攻破了旅顺城，总兵官黄龙数战皆败，弹药俱尽，自刎而死。"

"旅顺在哪里？"菱儿问道。

七夫人摇摇头，叹息道："我也不知道，就知道那是一座边关大城，不知道距离父亲所在的地方有多远。"

"听说李自成的兵也很厉害呢。"

"是啊，河南有李自成的兵，湖北有张献忠的兵，官军都守不住，恐怕要不了多久，就会打到咱们江南来了。"

"那可如何是好？"

七夫人未及回答，就听到窗外传来一阵脚步声。

菱儿从窗户里探头望了一眼，叫道："哎呀，管事的老张带了两个长衫秀才进了园子啦！小姐，我去骂他，什么臭男人都敢往里带，扰了小姐的清净！"一边说，一边往外走。

七夫人忙叮嘱道："你出去问清楚就是了。切莫言语上冲撞了他们。云儿你跟菱儿一起去，她脾气躁，你多看着她些。"

菱儿听了，噘了噘嘴，拉着杨爱的手走出门去。

她带着杨爱藏在桥边的竹林里，等到张管事一行刚走到桥头，突然冲出来大喝一声，吓得张管事几欲魂飞魄散。

张管事看清楚是菱儿和杨爱，才松了口气，埋怨道：“原来是你们两个小妮子，吓死老哥哥了。”

菱儿哼了一声：“什么姐姐哥哥的，你吃了豹子胆了，竟敢带外面的男人进后园子，小心我告诉阁老，让他扒了你的皮。”

张管事赶忙赔笑道：“这可不是寻常外面的男人，这两位是我的至交好友，是来看风水的。”

菱儿疑惑地看了看陈子龙、宋征舆，陈子龙笑着点了点头。

宋征舆却如钉在了原地霎时呆住，树影婆娑下，只远远地望着杨爱，一动也一动。他难以抑制自己的心潮澎湃：啊，那就是归家院女扮男装的姑娘，终于见到了。那一天，我刚刚完成了复社的任务，把承天寺的宝物藏好，心中充满了忐忑，直到你飘飘欲仙的身影出现，那古朴的琴声浑然天成，让我的心寂静下来。这一年，我一直在寻找那一刻的寂静，却再也找寻不到。今天，终于又见到你了！

杨爱也认出了陈子龙、宋征舆，既惊又喜，没想到在这里可以遇到一面之缘的故人，正要开口问他们，却看到陈子龙冲她摇了摇头，于是便没有说话，只是好奇地望着他们，真不知道这两位松江大名士怎么突然成了张管事的至交好友，而且还成了风水先生。

陈子龙笑了笑，对菱儿、杨爱作揖道：“两位姑娘，请拜上贵主人，小生多有叨扰，这就告辞。”

张管事着急地问：“陈先生，看出毛病在哪儿了吗？”

陈子龙点了点头。

宋征舆突然从袖子里掏出一把扇子道：“来得匆忙，没带礼物，这把扇子就送给两位姑娘吧。”

菱儿“扑哧”笑了，说道：“你这呆秀才，我们俩人，你一把扇子哪够？”

宋征舆一愣，赶紧又从袖子里掏出一本书来，口称：“此乃小生拙著，请两位姑娘雅正。”

“什么鸭正鸡正，我最烦看书了，你给云儿吧。”

“云儿？”

“是啊，就是她喽。”

杨爱款款下拜，施礼道：“小女子云儿见过两位相公。”

宋征舆连忙答道：“快请起来。”边说边把扇子和书放在地面的石板上。

于是，两人便告辞出来。

宋征舆一路怅然若失。

陈子龙却依旧与张管事侃侃而谈，说后园子里的那座假山最是破坏风水，阻碍了外界的山行走势，所以才有小人作梗，主仆不安。

张管事听了连连点头，说一等阁老回来就禀告，赶紧把那座破山铲掉。

菱儿和杨爱则拿起宋征舆留下的书、扇，带回七夫人的房间。

七夫人先看了看书，书面上题写着“林屋文稿”几个大字，里面都是一些经世致用、议论古今的诗文，如：

不识山村路纵横，但随流水小桥行。
一春尚未闻黄鸟，玉女峰前第一声。
水晶宫殿玉雕阑，丝竹丛中墨未干。
却道诗情多富贵，故教村落写荒寒。
不钩帘幕昼沉沉，难向庸医话病深。
不识诗人容易病，一春花鸟总关心。

七夫人略微翻了翻，便点了点头道：“的确是个读书人。”

再看扇子，扇面上画着一棵杨柳，临风而立，月色如霜，用的宋词“杨柳岸，晓风残月”的词意。

背面却题了一首词：

锦幄销香，翠屏生雾。
妆成漫倚纱窗住。
一双青雀到空庭，
梅花自落无人处。
回首天涯，归期又误。
罗衣不耐东风舞。
垂杨枝上月华明，
可怜独上银床去。

七夫人还没读完，便皱了皱眉头，把扇子扔到一边，厌恶道："轻薄儿郎！"

杨爱捡起来扇子读了读，心里道："垂杨枝上月华明"，他、他是在说我么？难怪、难怪他那样望着我！

想到这里，杨爱脸上一红。

不知不觉数月过去，时节已近仲秋，一天黄昏时分，菱儿在房中陪七夫人做女红，杨爱独自挑着一篮子衣服去水边浣洗，路过竹林的时候，杨爱深呼吸了一下，竹叶的清香仿佛一杯沁人心脾的清茶滋味，让她感到神清气爽。

正在这时，一个身影突然从竹林钻了出来，杨爱正要大喊，只见这个身影拜倒在地，杨爱仔细一看，竟然是宋征舆。

"你、你是宋公子？"

"正是小生。"

"公子怎么会来这里？"

宋征舆站起身来，指了指自己衣服上浑身的泥污，苦笑道："小生是翻墙进来的。"

"那公子赶紧走吧，这是周阁老家的后院，被人看到会被当作小偷抓去送官的。"

"小生对杨姑娘实在是相思成疾。自君别后，度日如年。第一次见到杨君，也是这样一个黄昏，琴声追魏晋风雅，身影似神仙中人，红尘之中，有缘一见，幸何如之？"宋征舆再也难束缚内心的呼喊，憋住了劲儿猛地将他多日来的相思之苦倾吐为快，急促的声音已让他的话显得语无伦次。

杨爱乍一听出自一位年轻男子之口的这样的话语，脸上顿时染了绯红之色，如同天边淡彩的朝霞。

宋征舆此刻更是看得发怔，喃喃自语道：“小生一定会救杨君出去。”

杨爱愣了一下，明白了他的用心，不禁苦笑道：“侯门一入深似海，脱离苦海，谈何容易？公子的心意，杨爱心领了。”转身便要离去。

“不、不，小生一定要……”他不知用怎样的语言，才能多留她片刻在眼前。

“以后还是不要见我了，宋公子。道不同，不相为谋，公子是读书人，岂能不知这个道理？”

“不、不，我……”宋征舆痛苦地蹲下身子。

杨爱发丝微扬，转身离去，却听到身后“扑通”一声巨响传来。

桥边的水面上溅起一朵硕大的浪花。

杨爱赶紧冲回去，只见一个人在水里挣扎，宋征舆竟会做此傻事！

杨爱不及多想，也跳下水去，奋力救他上岸。还好，她自幼在湖边长大，水性颇好，但独自从水里拉出一个男子，也是筋疲力尽。

两人上得河岸后，杨爱喘着气，问在一旁大口吐水的宋征舆：“宋公子这是做什么？”

宋征舆脸涨得通红，一边吐水，一边说道：“小生、小生是想让杨君知道我的心意。”

杨爱叹了一口气，道：“公子这是何苦？”

此时，一阵凉风吹过湿漉漉的衣衫，二人不禁各自打了一个寒战。

宋征舆清醒了，俯身跪倒道：“多谢杨君救命之恩，征舆粉身碎骨也难报答。”

杨爱赶紧扶起他，宋征舆抓住她的手，纤纤玉指，其寒如冰。

宋征舆满眼怜惜道：“啊，这水太冷了！”

杨爱赶紧抽出手来，怅然回道：“公子该走了，以后也不要再来了。”

话音未落，只听到远处一声喊：“有贼！”

杨爱赶紧拉起宋征舆，催他：“宋公子快走，快走！”

宋征舆急忙向高墙跑去，边跑边回头看。

杨爱呆呆地伫立在竹林旁。

几个家丁已经冲了过来，带头的正是张管事。

张管事看到浑身湿透的杨爱，疑惑地问道：“云丫头，方才看到贼子了吗？”

杨爱摇摇头。

不料，一个眼尖的家丁忽然指着竹林泥土，喊道：“看！这里有东西！”他俯身从地上的竹叶堆里，翻出来一个物件。

众人一看，原来是一只全是泥土的男子的靴子。

“好啊，竟敢私通外人！”张管事恨恨道，他一把抢过靴子，如获至宝，因为七夫人平时对她冷言冷语，他早就愤愤不平了，府城老宅的几位妾侍也多次给他捎银子，让他盯紧七夫人。

这次终于抓住机会了。

“人赃俱获，看你们有什么话说。”他挥了挥手，说道，“赶紧给我备马，我要去禀告相爷。”

杨爱一把拉住他的袖子泣道：“冤枉啊，张大叔！”

“滚开，谁是你大叔！都是你这妓院出来的货色教唆的夫人吧？”

杨爱怎么也想不到，平时和和气气的张管事，怎么忽然翻脸不认人，就像变了一个人一样。

她浑身发冷，不只是风吹湿衣带来的寒冷，还有对江湖人心的寒意，以及不知道明天会如何的恐惧。

七夫人和菱儿听到动静也来了，他们看到被家丁们按在地上的杨爱，愤怒地喊道：“快放开她！”

张管事冷冷回复道：“夫人，相府有家法，事情得查清。”

七夫人怒道：“好好好，那就先查我吧。”

张管事拱了拱手道：“岂敢岂敢！来人啊，先把云儿押入柴房！”

这时，家丁牵马过来，张管事翻身上马，消失在刚刚降临的夜幕之中。

次日，风尘仆仆、满脸冰霜的周阁老出现在别苑正堂，他端坐在太师椅上，脸上没有一丝表情。

张管事恭敬地站在他身旁，案几上放着那只全是污泥的靴子。

“这只靴子，看起来确像是读书人穿的。好啊，难怪你对我冷冰冰的，原来是心有所属啊。”周阁老痛苦地想：那个人一定年轻英俊、风流倜傥，才会入了你的法眼。

旁边的张管事还在添油加醋地描述抓获杨爱的情景，说肯定是七夫人派杨爱来接头的，却被巡察的家丁发现了。

他正在喋喋不休的时候，周道登突然摆了摆手，他立马住嘴了。

“这事不要声张了。那天在场的，都是你的人吧?”

“是、是的，老爷。”

“快中秋节了，他们也甚为辛苦，且放几日假，每人发一两银子吧。”

“谢老爷恩典。”

“但有一点”，周道登顿了顿，冷冷地哼了一声，“谁要是敢胡说半个字，我就割了他的舌头喂狗。”

张管事吓得“扑通”一声跪倒在地，磕头如捣蒜，念道：“奴才、奴才一定管束好他们，老爷放心。”

周道登摆了摆手，示意张管事退下。

张管事战战兢兢站起身来，犹豫了一下，却没立即退下。

周道登皱了皱眉头，问：“还有事吗?”

“请老爷示下，那个云儿怎么处置?”

“卖了吧，省得教坏了七夫人。”

“请问老爷，卖到哪里去?”

“你看着办吧。”周道登不耐烦地撂下一句。

十 花魁会

正当杨爱再次迎来她人生的黑暗之时，大明朝也迎来了最后的十年岁月。

1633年，农历癸酉年，生肖鸡年，明朝崇祯六年。

崇祯皇帝在紫禁城中接到各地传来的军报，瘫坐在龙椅上。这个二十二岁的青年也在回忆自己的人生。

他的童年并不幸福，虽然贵为皇子，却因父亲得不到皇祖父神宗皇帝的欢心，母亲又是太子所薄的婢妾，一直忍受着祖父、父亲的双重歧视。五岁时，其生母刘氏偶然得罪，竟然被父亲下令杖杀。他在宫中顿时无所依靠，先后被两位庶母抚养成人。在其祖父、父亲当皇帝的岁月里，他并未享受到皇子的尊宠和荣耀，过着寄人篱下的生活。直到他的兄长天启皇帝朱由校当了皇帝，才被册封为信王，有了自己的府邸。

可惜天启皇帝虽然是位好兄长，却只喜欢做木匠，不喜欢做皇帝，在他统治中原的时代，明朝真正陷入了病入膏肓、内外交困的境地。天启皇帝宠爱纵容自己的奶娘客氏，因此也重用客氏相好的宦官魏忠贤，任他二人在内朝外朝胡作非为，在外朝则陷害忠良，在后宫则荼毒妃嫔，自己却对此熟视无睹。

魏忠贤遍树党羽，有“五虎”“五彪”“十狗”“十孩儿”“四十孙”等，他们沆瀣一气，排斥异己，尤其将东林党人视作眼中钉，必欲除尽。杨涟、左光斗等皆惨死于其手，而天启皇帝却依然丝毫不觉，连高官杨涟被害多日，都不知道他已死。因为天启皇帝酷爱做木工活，在宫中乐此不疲，魏忠贤往往于皇帝全神贯注干活时呈上奏章，于是上谕多是“知道了，你们用心行去”这类话语，魏忠贤始得肆意妄为。朝廷上正人君子殆尽，大明江山岌岌可危，天启皇帝就是将这样一个烂摊子留给了继位的弟弟崇祯皇帝。弥留之时，还不忘叮嘱崇祯皇帝一定要继续重用魏忠贤。

幸亏生于忧患的崇祯皇帝没有遵守这个嘱托。

他在三个月后就铲除了这个大害。据说，魏忠贤当时已经逃到了离京五百里的河北阜城县，待在一个冷清清的小旅馆，听说了皇帝派出锦衣卫捉拿他的消息，“九千岁”顿时陷入了纠结，是进京向皇帝请罪，还是一路南下逃命，还是索性纠结身边的亡命之徒杀掉锦衣卫、拼个鱼死网破？怎么办，窗外夜色茫茫，晓月无声。曾经横行天下的魏忠贤，也陷入了纠结之中。这时，窗外传来唱曲的声音，仔细一听：

听初更，鼓正敲，心儿懊恼。
想当初，开夜宴，何等奢豪！
进羊羔，斟美酒，笙歌聒噪。
如今寂寥荒店里，只好醉村醪。
又怕酒淡愁浓也，怎把愁肠扫？

二更时，辗转愁，梦儿难就。
想当初，睡牙床，锦绣衾稠。
如今芦为帷，土为坑，寒风入牖。
壁穿寒月冷，檐浅夜蛩愁。
可怜满枕凄凉也，重起绕房走。

夜将中，鼓咚咚，更锣三下。
梦才成，又惊觉，无限嗟呀。
想当初，势倾朝，谁人不敬？
九卿称晚辈，宰相为私衙。
如今势去时衰也，零落如飘草。

城楼上，敲四鼓，星移斗转。
思量起，当日里，蟒玉朝天。
如今别龙楼，辞凤阁，凄凄孤馆。

鸡声茅店里，月影草桥烟。
真个目断长途也，一望一回远。

闹嚷嚷，人催起，五更天气。
正寒冬，风凛冽，霜拂征衣。
更何人，效殷勤，寒温彼此。
随行的是寒月影，吆喝的是马声嘶。
似这般荒凉也，真个不如死！

魏忠贤听完这首《桂枝词》，呆若木鸡，他的一生宠辱都被活灵活现地写进去了，蟒玉朝天，最后就剩下“荒凉”二字。

于是，魏忠贤思来想去，只好选择了拿根麻绳自尽。

《桂枝词》的曲辞和“九千岁”的死讯一起传到江南的时候，各府县的官员赶紧命人动手拆掉其生祠，老百姓则纷纷上街放鞭炮，复社的书生们更是活跃，他们为反抗阉党而牺牲的人们树碑立传，复社领袖张溥为苏州五个平民写下的《五人墓碑记》更是被传诵一时，特别是那句“凡富贵之子，慷慨得志之徒，其疾病而死，死而湮没不足道者，亦已众矣；况草野之无闻者欤！独五人之皦皦，何也”，更是被大家所推崇。在那个乱世，衣冠楚楚的人们放弃了自己的理想和操守，没有读过圣贤书的平民反而用自己看似卑微的生命蝶变成了真正的圣贤。

魏忠贤的死，本来应该成为大明朝的新生之日。包括崇祯皇帝在内的全体明朝人，几乎也都这么认为，就连关外的建州女真，听到这个消息，也都观望了几个月，没有去骚扰明界边境。

然而，庞大如巨象的大明朝却依然在迈着沉重的脚步，一步步走向毁灭的万丈悬崖。

崇祯六年的中秋节，江南并未受到北方战事阴云密布的影响，依旧是烟笼寒水月笼沙。

南都，秦淮河上灯火通明，河岸上座无虚席，水中画舫里的丝竹声缕缕不绝、弦歌不辍。

“今年的状元不知花落谁家呢？”

“还没开始呢，别着急。”

“让一让，让一让。”

“呀，谁推我了？”

“公子快请，来这边坐。”

……

河岸上一处灯火通明、金碧辉煌的大宅院，在夜色里依然是人声嘈杂、热闹非凡，穿着各色衣服的人们来回穿梭，有男有女，有老有少，白发苍苍的老者，雄壮威猛的军官，略显颓废的书生，机警干练的商人，明眸皓齿的少女……

这些人的身影在桨声灯影的秦淮河里交相呼应，被乌篷船的船桨一搅动，瞬间支离破碎成吉光片羽的影像，随着河水的涟漪飘散。

宅院的大红门是新刷的油漆，门楣上题写着“眠仙楼”

三个大字，门侧挂着两副对联，没有落款，却用的是金粉刻字：

此地有佳山佳水，佳风佳月；
更兼有佳人佳事，添千秋佳话。

世间多痴男痴女，痴心痴梦；
况复多痴情痴意，是几辈痴人。

“子龙兄，这副对联果真是太祖高皇帝御笔题写吗？”

“征舆，多闻阙疑，慎言其余啊。”

“可是听附近的百姓都是如此说。”

“都是民间传言而已，稗官野史，听听也就罢了。本朝太祖高皇帝英明神武，远迈汉唐，哪能在这种风月烟花之地题写对联呢？估计是商家为了揽客造出来的传言吧。”

“有道理，那么本地官府为何不予整饬呢？”

谈话的这二人正是陈子龙、宋征舆，因为周府别苑的事情，宋征舆受到了惊吓，特意委托陈子龙带他来南京避一避。

他们在黄昏时分步行在秦淮河畔，想去江南贡院的书坊挑几本书，路过这里，听到人们聊状元的事情，于是停下脚步看看热闹。

陈子龙还没来得及回答，就听旁边传来一阵急促的锣鼓声，只见一匹马飞快奔来，马上一个官差，背上插着一面旗，写着“镇守府”三个大字，官差一边牵住马辔头，一边厉声喝道：“镇府大人驾到，官民一律闪避！”

宋征舆大惑不解，回头问道：“子龙兄，镇府大人又是何等官衔，小弟愚昧，未尝听过。”

陈子龙也摇摇头。

两人见门口聚集的人群纷纷闪避，只好跟着一起侧身在墙角。

不一会儿，只见街上排出一队锦衣卫士，高举着“回避”“肃静”的牌子，随后有十余个服饰华贵的宦官按着刀柄木然而立，最后才是一顶大轿子，由十个壮汉抬着，缓缓走过来。

宋征舆咋舌道：“看这仪仗，起码得是亲王啊，没听说南京还有王爷啊！”

旁边一个中年读书人低语道：“兄台莫乱说，你且看看那官衔牌。”

宋征舆睁眼仔细看了一下，果然仪仗队里有张金字官衔牌，写着“钦差协理江南军务赐尚方剑镇守南都太监花”几个大字。

“原来是南京镇守太监啊！”

“正是。”

“一个太监竟敢用亲王仪仗？不怕御史纠弹吗？”

那个中年读书人赶紧用力拉了下他的袖子，轻声道：“老弟是外地来南京的吧，有所不知，南京镇守太监花公公可是南京城里的头一号人物，南都六部的官员都得敬着他，甚至魏国公都得让他三分……”

“魏国公？就是开国元勋徐达将军的后人？”

“是啊，呵呵，当年成祖皇帝起兵靖难，国公爷的幼子徐增寿在南京给他通风报信，死在建文帝的剑下，从此更受本朝优待，至今世袭罔替啊。”

这时，一直沉默的陈子龙突然发话了：“靖难，靖难，大明江山就是毁于靖难啊！”

宋征舆惊呆了，这与平时谨慎持重的陈子龙判若两人啊。

陈子龙没有继续这个话题，而是接着评论道：“你仔细看那些锦衣卫士，看看有什么发现。”

宋征舆和中年书生都放眼望去，这些锦衣卫士看来都是精挑细选的，相貌堂堂，仪表不凡，一身行头估计都得值五十两白银。

中年书生突然“啊”了一声。

宋征舆好奇地把目光移到他的脸上。

“他们不是锦衣卫，而是孝陵卫。”

宋征舆仔细看了看，果然看到卫士的腰间小木牌上写着“孝陵卫”三个篆字。

原来，大明军队自开国以来实行的便是卫所制度，全国卫所名义上都受五军都督府节制，然而皇帝的亲兵部队除外，如锦衣卫、孝陵卫、旗手卫、金吾前卫、金吾后卫、羽林左卫、羽林右卫等。其中孝陵卫便是专门守卫明太祖陵寝孝陵的部队，也是南京城最精良的一支部队。

“花太监竟然敢私自调动孝陵卫的士兵？”

三人正在议论的时候，一个白白胖胖、穿着三品补服的男子从轿子里慢慢走出来，立刻有一群人围过去请安。

这时，听见一个洪亮的声音喊道：“今次花魁大会，能由花公公主持，真是天大的荣幸啊！”

说话的却是一个贵公子，远远站在人群边上，身材修长，挺身而立，衣服是薄如蝉翼的黛色苏绸，配了绣着梅花花纹的雪白绲边，头上没有过多的装饰，只是抹额上镶嵌着一块儿上等羊脂玉，腰间的玉带却是由同样大小的和田玉组成，手里拿着的折扇的扇骨是象牙精制而成，一双眼睛如同新月，脸上的表情似笑非笑。

花太监远远瞧见了他，便拨开人群，笑着过去拉住他的手，亲热地问道：“三公子也来啦，国公爷安好？”

贵公子拱手道：“花叔叔亲临，小侄敢不奉陪？”

两人相互寒暄一番，才一起走进眠仙楼。

四周的人群议论道：“这位就是魏国公的三公子！”

“啊，就是江湖人称徐三公子的那位？”

“除了他，在南京城谁还跟花公公这么亲热？”

众人一起跟着走了进去。

陈子龙、宋征舆要进去的时候，却被门房拦下。

门房问：“两位相公，是否有请帖？”

“不曾有请帖。”

“那对不住，两位见谅，有请帖者才能进这大门。”

二人还要说些什么，旁边的中年书生对门房说了句：

"我是你们邱老板的朋友李待问，这两位相公可都是我的朋友。"

门房立即赔笑道："原来是李老爷，小人眼拙，几位爷快请进。"

陈子龙、宋征舆也吃了一惊，李待问是江南名士，书画双绝，尤善行书，远宗二王，近学董其昌，书风恬淡清新，一字难求。虽只是举人之身，却与南北二京不少名宦分庭抗礼、平辈论交。他喜欢交朋友，三教九流，来者不拒，因为在南京朋友很多，就连这个眠仙楼的邱老板也是熟人。

邱老板还几次求他给题一幅字，李待问倒也爽快，给写了一副对子，内容是"惟本色英雄，方能到此；是可怜女儿，何必苛求"，倒也深具恻隐之心，因此博得了广泛赞誉。所以门房一听他的名字，便肃然起敬、另眼相待。

李待问问了陈子龙、宋征舆的名讳之后，也是忙道了声"久仰"，"云间三子"的大名早已传遍江南士林。

宅院里早已摆好了十几桌酒席，菜品不多，但都很精致，桌上除了酒菜之外，还摆了纸笔。

众人坐定。

一个黑胖老者登上台去，恭谨道："各位乡贤，鄙人邱云鹤……"

宋征舆听到这个名字，忍不住"扑哧"笑了出来，一个黑胖子，竟然取了一个这么轻盈的名字。

黑胖老者瞪了宋征舆一眼，碍于贵客在座，不敢发作，只好咳嗽了一下，继续自我介绍："鄙人邱云鹤，是眠仙楼的楼、楼主，江湖人称眠仙楼主的正是在下……"

这次宋征舆捂紧了嘴，没再笑出声来。

"本届花魁大会，江南八府三十四县的名花都来了。对了，对了，邱某差点忘记说了，今天最荣幸的是，花公公和徐三公子莅临大会，真是碰壁、碰壁生灰啊！"

众人哄堂大笑。

嘴巴利索的客人便大叫："什么碰壁生灰，是蓬荜生辉啦！"

这下连陈子龙也想笑了。

花太监面无表情，没说话，徐三公子却立即摆了摆手道："邱胖子，快滚下来吧，小爷是来看姑娘的，不是看你这只黑胖子的。"

邱老板尴尬地擦了擦汗，涨红了脸，赔笑道："三公子说得是，快快，快招呼姑娘们施展歌舞啊！"

话音未落，丝竹声响起。

"第一位献曲的，是教坊司的董小宛董姑娘。"

只见一个衣着朴素的白衣女子缓缓登台，手里握着一支紫竹洞箫，她冲台下道了一个万福，便开始吹一首曲子。

李待问听了一会儿，低声叹息道："曲意悲凉啊，身在教坊司，跟普通青楼不同，青楼尚有赎身之日，教坊司都有乐籍，翻不了身哪！"

陈子龙悠悠道："多少事，欲说还休。"

宋征舆插嘴道："曲意可是易安居士的《凤凰台上忆

吹箫》?”

陈子龙点了点头。

香冷金猊，被翻红浪，起来慵自梳头。
任宝奁尘满，日上帘钩。
生怕离怀别苦，多少事、欲说还休。
新来瘦，非干病酒，不是悲秋。
休休！这回去也，千万遍阳关，也则难留。
念武陵人远，烟锁秦楼。
惟有楼前流水，应念我、终日凝眸。
凝眸处，从今又添，一段新愁。

宋征舆兀自发呆，他心头想起那个美丽的身影，啊，杨爱，那天匆匆一别，不知道她现下过得怎么样，有没有受到牵连?

正想着，只听到一声喊：“吹个乐呵呵的曲子，小爷正高兴呢，你这悲悲戚戚的，有啥意思?”闻声望去，正是徐三公子在指手画脚。

那名唤作董小宛的姑娘的洞箫声戛然而止，满脸惊恐。

这时，一个少年秀才突然跳上台去，笑着问：“姑娘，洞箫可否借某一用?”

董小宛颔首，把洞箫递了过去。

少年秀才双手接过洞箫，冲台下拱手道：“小生如皋冒辟疆，素喜洞箫，既然台下的公子爷不喜欢听悲伤之曲，便容小生献丑一曲吧。”

不等徐三公子说话，冒辟疆便吹奏了起来，曲调高亢，如飞沙走石，慷慨激昂。

徐三公子正在喝酒，被曲调一激，一口喷了出来，气得骂道：“快下去，快下去。”

冒辟疆拱了拱手，携了那董小宛一并缓缓走下台去。

陈子龙对宋征舆说道：“此人不凡，洞箫有南北之别，南箫止于吴侬软语，而北箫慷慨雄劲，能动木石，品之而涕下，此北人多豪杰，南人多墨客也。冒辟疆，南人，却能吹北箫，不是凡俗之辈，倒要结交一下。”

徐三公子气还没消，突然瞥见一个服饰艳丽的红衣女子登上台，鬓发如云，桃花满面，不禁看得呆了，又听得邱老板唱道：“第二位，妙兰社顾媚。”

只看那位名叫顾媚的女子怀抱着一把琵琶，并未向台下施礼，而是猛一低头，再昂首时，琵琶声已然响起。

徐三公子刚听了一曲，便叫道：“妙！这个，小爷喜欢！”

花太监笑着摇摇头，抿了口酒，斜着眼睛问道：“三公子，是喜欢琵琶还是喜欢这个姑娘啊？”

“哈哈，花叔叔，琵琶和人，小侄都喜欢。”

另一桌上，李待问问陈子龙：“陈兄看来是精通音律啊？”

“略懂一二。”

“这首琵琶曲的曲意是？”

陈子龙还没说话，宋征舆抢先道："这曲子有不平之气，这不正是白乐天的诗意吗？"接着，宋征舆便吟诵道：

……

忽闻水上琵琶声，主人忘归客不发。

寻声暗问弹者谁？琵琶声停欲语迟。

……

弦弦掩抑声声思，似诉平生不得志。

低眉信手续续弹，说尽心中无限事。

……

陈子龙笑了笑，打断了他："非也，非也。"

李待问、宋征舆二人忙道："请兄指教。"

陈子龙又侧耳倾听了一下，答道："当是《燕歌行》。"

"可是高适那首？"

"正是。"

李待问随之吟道：

汉家烟尘在东北，汉将辞家破残贼。

男儿本自重横行，天子非常赐颜色。

……

山川萧条极边土，胡骑凭陵杂风雨。

战士军前半死生，美人帐下犹歌舞。

……

君不见，沙场征战苦，至今犹忆李将军！

李待问吟诵之时，又仔细辨听琵琶曲，拍手道：“果然此曲豪迈之中有杀伐之气。”

三人正讨论间，忽听得徐三公子叫道：“赏、赏！这曲子适合小爷下酒！来，花叔叔，来，各位好汉，一起喝一杯！徐某先干为敬！”

花太监皱了皱眉头，抿了一口酒。

徐三公子喝光了三大杯酒，冲上台就要去抱顾媚。

顾媚大吃一惊，赶紧躲开，一着急，手被琵琶弦割破，顿时流出血来，顾不上疼痛，赶紧奔下台去，徐三公子还要去追，不小心一个踉跄，从台上摔下来了。

台下一时哄然。

花太监也笑了笑，小声自言自语道：“魏国公还想跟我在南京城争高下，儿子却是这么草包。”

邱老板赶紧亲手扶起徐三公子，看他并无大碍，才放下心来，将其安顿在座位上，叫后厨端上一大碗醒酒汤出来。然后才登上台，提高嗓门道：“下一个是……”

在这一场当时视若平常的花魁大会上，董小宛、顾媚、卞玉京、李香君、寇白门、马湘兰等当时最有名的风尘女子几乎全都亮了相，花团锦簇，毓秀呈纷。

当时的人们以为这只是稀松平常的一次聚会，三年之后会有，六年之后会有，每三年都会有。不曾想，那其实是大明朝的留都南京的最后一次花魁大会。

最后一个上场的是个略显瘦弱的姑娘，她上场的时候夜色已阑珊。

邱老板也有些累了，打着哈哈念道："最后一个，教坊司杨影怜。"

这个叫杨影怜的姑娘上场的时候，大家都未在意，连陈子龙他们也由于谈论了不少国家大事，不觉多喝了几杯，都有些醉意了，也未注意台上的情景。

直到琴弦发出声响的那一刹那。

突然，这个世界瞬间安静下来，那些沉醉的人们忽然在那一瞬间醒来了，就像一颗石子落进了平静的湖水里。这首曲子瞬间把人带到了一个世界，那个世界秋高气爽，风静沙平，云程万里，天际飞鸣，那是个烟波浩渺的湖边，岸边白沙如雪。一群大雁从远天飞来，在空中徘徊飞鸣，先有几只降落在其上，仰首与空中的飞翔者相互鸣叫呼应，继而雁群纷纷敛翅飞落。远望去，雁群沙岸水波，都在愈来愈浓的暮色中渐渐睡去。

所有的人都仿佛置身于湖边，连喜欢呼朋引类的徐三公子也放下酒杯，安静地听着。

陈子龙喃喃地低语道："《平沙落雁》，这是本朝宁王朱权所编的琴曲，从来没有人能把此曲弹得这样好。"

宋征舆没有回答，他死死盯着台上那个纤瘦的身影。

杨爱，竟然是你，你怎么会出现在这里？

教坊司，那样一个出生入死的地方，你怎么会去那里？

这数月来，到底发生了什么？

一连串的疑问，让宋征舆脑子嗡嗡作响。

这时，陈子龙也注意到这个女孩子就是那个在归家院遇到的“柳隐”，在周府别苑遇到的“云儿”，这次她叫“杨影怜”，每次见到她，竟然都是不同的地方，不同的名字，不同的身份，只有这个琴声，让他感到熟悉如故人。

李待问也觉察到二人的异常，问：“两位兄台认识此女子？”

陈子龙点点头。

李待问道：“她是刚到教坊司的，听说是被周阁老卖到这儿的，不知是什么事情激怒了阁老大人，阁老大人不缺银子，把她卖到教坊司，就是让她难再赎身。唉，老头子也够绝的。”

宋征舆惊呆了，心里无比忐忑，会不会是那件事的缘故？

陈子龙并不知道宋征舆还曾夜闯相府别苑，所以更是觉得奇怪，杨爱这么温婉的性子，怎么会激怒阁老？

他被琴声感染，想起平生之事，忍不住给自己斟满了一杯酒，一饮而尽，随即赋词《江城子》一阕：

余晖衬斜阳，独徜徉，愁更长。
冷月孤寒，何以诉衷肠。
万里平沙落秋雁，尘满面，云鬓乱。
一叶扁舟共云帆，水茫茫，愁云散。
衰草凝碧，月满止惆怅。

凭栏远眺君子堂，志满怀，不复曩。

李待问听了，也满饮一杯，感叹道："鸿鹄之远志，壮士之心胸！子龙兄的襟怀志向，都在这词里了。来来来，了却君王天下事，与尔同销万古愁！"

宋征舆却依旧呆呆地望着前方，眼神空蒙蒙的。

这时邱老板的声音响起："各位，姑娘们的献曲就到这里了；另外还有书画展示，请诸位慢慢欣赏。"

几个小厮轮番上台，手捧着一堆书画，小心翼翼地铺在台上的展架上，让众人围观。

徐三公子似乎还沉浸在刚才的琴声之中，被惊醒之后，喃喃地问："那个、那个影怜，我要她天天给我弹琴。"

花太监笑着拍了拍徐三公子的肩膀道："又说疯话！且速去观书画吧。"

十一 徐公子

当杨爱参加完花魁大会，回到自己寝房的时候，她的心情久久未能平静，并非为了花魁大会的名次。这次她得了“花榜探花”的名号，仅居董小宛、寇白门之后。

按说往常弹奏《平沙落雁》这首曲子，心境最容易澄明，仿佛红尘万里，都与眼前无关。然而今天她弹奏到第四段的时候，忽然想起琴谱里面这第四段的曲词：

……

音信难通，音信也难通。

远隔湘江，怅秋容枫叶红。

送舟风，浪迹萍踪，人未逢。

怕看那云重，说什么归鸿！

相逢梦中，相思无穷。

到如今，泪洒寒江西风。

自从那晚宋征舆匆匆告别，发生了这么大的变故，自己漂泊青楼，却再未有宋的音讯，仿佛一切都没有发生过。

她在归家院的时候，尚有徐佛等人庇护，让自己这个孤苦伶仃的苦命人享受到了数年近似家中的温情，现在又被卖到教坊司，此番怕是永世不得翻身了。身边的人也尽是长年在绝望里浸泡的风月女子，大家互相之间也都是冷冷的。

那个曾经给她希望的宋公子，去了哪里呢？

她眼角似乎已有泪花，手指一挥琴弦，余光却瞥见一个死死盯着她的男人。

啊，竟然是他！

这是梦中吗？

一走神，手指顿了一下，感受到了琴弦的力度，指尖生疼，才意识到这并非梦境。

他怎么来了？

周阁老没有为难他吧？

他是来救我的吗？

一阵胡思乱想，让她心绪几乎迷乱起来。

还好，多年的琴艺训练，让她的身体近乎本能地完成了演奏。

曲终人散之后，她并不关心花魁大赛的结果，只是痴痴望着人群，希望再能看到那张熟悉而又陌生的脸，有太多的话堵在心头，想对他说。这个情窦初开的少女，知道自己没有谈论爱情的资格，但心中仍然难以忘却那渐行渐远的情愫。

可惜，这场花魁大会一结束，她就被教坊司的衙役带走了，教坊司虽然也是青楼，但是是官家的青楼，所以大小也是个“衙门”，是衙门就得有衙役。

当晚一夜无眠。

第二天清晨，杨爱梳洗起床之后，发现桌子上摆了满满一桌子菜：西湖醋鱼、太白鱼头、松鼠鳜鱼、得月童鸡、蜜汁火方、虫草甫里鸭、碧螺虾仁、枣泥拉糕、苏式船点、火腿蚕豆、西湖莼菜汤。

她赶紧推门出去，问门外值班的衙役这些是哪里来的，因为平时的早点不过是一个馒头，一碟小菜，一碗粥，最多再添半个盐鸭蛋。

平时冷眼看人的衙役竟然客客气气地回了一句：“姑娘请慢用，这可都是夫子庙水外楼的大厨亲手做的，那味道，真是绝了……”

杨爱追问是谁送来的，衙役只是赔笑道：“贺喜姑娘啊，平日多有得罪，您大人有大量，别跟小的们计较。”

杨爱知道再问下去也没用，只好回到房间里，望着那桌子平生从未见过的丰盛早点，心里一片茫然。

难道是宋公子送来的？

啊，一定是的。

想到这一点，她才开心起来，招呼教坊司的其他姐妹们，美美地吃了一顿。

大家边胡吃海喝，边纷纷打趣，有的是单纯地开玩笑，有的则是夹杂着满满的妒意。

“咱们的探花郎被哪位老爷相中了啊？”

“瞧你说的，哪里是什么老爷，只怕是当今皇上吧。”

“哎呀，那是要进宫当娘娘啦！”

“呵呵，不一定是皇上，也许是皇上身边的人。”

“你是说花公公？”

“嘿嘿，听说花魁大赛，花公公也去了，肯定是看上我们影怜姑娘了啊。”

“公公可不好伺候，个个都是变态，上次有个公公来，折腾死我了……”

大家七嘴八舌说着，杨爱的脸一片绸红，心中更加七上八下，忽而喜悦，忽而忧惧，她心中默默祈祷：宋公子，一定是你，对不对？

到了中午，又有一桌子菜送来了，这次是餐馆直接抬过来一张餐桌，上面摆着干锅蒸肉、红煨羊肉、白片鸡、素烧鹅、蜜酿蝤蛑、煮麸干、青虾卷、雪菜羹。

杨爱一把拉住餐馆伙计的袖子，说道：“小哥劳烦，告诉我，是谁叫你送来的饭菜？”

餐馆伙计也是才十五六岁的样子，从来没跟女子这么近距离接触过，杨爱衣袂飘扬的香气拂面而来，让他忍不住面红耳赤。

他支支吾吾地轻声道：“公子、公子不许、不许我们说。”

杨爱的两行清泪突然毫无征兆地滚落下来，星眸闪烁道：“求你，就告诉我吧。”她一双美目满含泪光，盯着餐馆小伙计的眼睛。

小伙计被她盯了一会儿，终于忍不住脱口而出：“是徐三公子！”然后就飞一样地逃走了。

杨爱闻言，瘫坐在地上。

其实，她的心中早已有这样的预感，因为在她被带离花魁大会现场的时候，耳畔还隐隐传来一个骂骂咧咧的声音：“混账、混账，那个、病耷耷的懂什么，大碗还是小碗，怎么能是花榜状元，我的杨、杨影怜呢……”

敢在威震南京的花公公面前这样的，也就只有那徐三公子了。

但她的心中一直还有幻想，觉得徐三公子不过是喝醉了酒说些胡话，酒醒之后不会再记得。

而宋公子，则是一定会记得的。

她从自己的箱子底部翻出那把扇子，那是她从阁老府带出的唯一物件。宋征舆和陈子龙乔装潜入阁老别苑的那一天，宋征舆留下的扇子。扇面上那棵临风而立的杨柳依然葱茏蓊郁，月色也依然皎洁光亮，“杨柳岸，晓风残月”的意境依然细腻动人。

杨爱忽然觉得这把扇子就是一语成谶的隐喻。

扇面画意的那首柳词：

……

念去去，千里烟波，暮霭沉沉楚天阔。

多情自古伤离别，更那堪，冷落清秋节！

今宵酒醒何处？杨柳岸，晓风残月。

……

是啊，多情自古伤离别！

人世间的事情如同白云苍狗，瞬息万变，真是无常，多少人匆匆相逢，便要分道扬镳。

杨爱盯着那把扇子，泪水滴落到洁白扇面上，画中的杨柳似乎被烟雨笼罩，愈发迷离，她不知道柳树是被眼泪浸染，还是因为自己的泪眼蒙眬？

杨爱坐在床上，让衙役把桌子上的菜都搬走，开始衙役借故推脱，后来就半推半就，全部搬去大快朵颐了。

就这样，杨爱三天都没有吃饭喝水，人很快就憔悴了，教坊司这几天也没有安排她接客。

三天之后的一个黄昏，突然门外的衙役喊道："姑娘，外面有个书生求见。"

书生？莫非是宋公子来了？杨爱挣扎着从床上起来，用微弱的声音说道："快、快有请。"

杨爱努力睁着眼睛，看来者推门进来，只见是一个身着黑衫、头戴儒冠的书生，满脸络腮胡，显然不是白面秀才宋征舆。

杨爱脸上掩饰不住的失望，对他略一敛衽施礼，问道：

“先生来此何干？”

络腮胡书生笑眯眯地答道：“在下是来给姑娘道喜的。”

“流落风尘，身如浮萍，何喜之有？”

“姑娘此刻有三大喜事。”

“请先生指教。”

“第一喜是花魁大会荣登探花，年纪轻轻便扬名江南，这倒也罢了，姑娘也不是贪图名利之人。这第二喜嘛……”

杨爱听了默不作声。

络腮胡书生自讨没趣，也不介意，哈哈一笑，接着说道：“这第二喜嘛，就是贺喜姑娘的琴艺，得到了江南第一琴师木冲道长的褒奖，那晚姑娘弹琴的时候，木冲道长恰好在秦淮河的小船上，听到了姑娘那一曲《平沙落雁》。听说道长的酒杯都掉进河里去啦，对姑娘的琴音是赞不绝口、惊为天籁啊。”

杨爱这才露出了一点微笑，说道：“雕虫小技，不足污贤者之耳。”

“姑娘过谦了，在下虽然不懂琴艺，但是南京城里现在都纷纷传说，说姑娘的琴艺赛过了本朝宁王爷啊！”络腮胡书生趁热打铁，续道，“不过嘛，前面两喜皆是人力所能求也，下面这第三喜，可是非人力所能及也，实乃上天眷顾之美意，圣人曰‘天予不取，反受其咎；时至不迎，反受其殃’……”

杨爱打断他，皱着眉头说道：“小女子鲁钝，还请先生直言。”

“哈，姑娘快人快语。好好好！”络腮胡书生又打了个哈哈，道：“这第三喜嘛，姑娘可知我大明开国第一功臣是哪位？”

杨爱耐着性子答道：“想来当是刘伯温大人了。”

络腮胡书生又是哈哈一笑，捻须道：“刘基不过一书生耳，摇摇扇子出谋划策则可，平定天下则非其力也。”

“那就是李善长大人了。”

“李善长被胡惟庸一案牵连，身死族灭，为天下笑，哪里算得上第一功臣？”

“如此，还需先生指教。”

“此公少年追随太祖高皇帝，提三尺剑，起于草莽，出生入死，西灭陈友谅，东平张士诚，南克方友珍，北逐元顺帝，可谓居功至伟。官至太傅、中书右丞相、参军国事，兼太子少傅，封魏国公，追封中山王，谥号武宁，赠三世皆王爵，赐葬钟山之阴，御制神道碑文，配享太庙，肖像功臣庙，可谓身前身后哀荣备至，实为我大明开国第一功臣。”

“先生是说先贤徐达大人？”

“正是，姑娘果然博学。”

“先生所言，都是先朝功业，与小女子又有何干？”

“姑娘莫急嘛，且听在下道来。中山王四个儿子，出了两个国公爷，在北京的是定国公，在咱们南京的是魏国公，魏国公是中山王的嫡传子孙，现在已经传了八代，传到了徐弘基国公爷这儿了，咱们的国公爷可跟其他那些皇亲国戚不一样，他可是兼着守备南京、掌中军都督府事的实职的，手里面有着兵权呢……”

杨爱终于不耐烦了，摇头道：“请先生再喝杯茶吧。”这就是下逐客令的意思了。

络腮胡书生装作不解其意，继续道：“在下不渴、不渴。姑娘的第三喜就是跟国公爷有关，不日后待姑娘你嫁入国公府，即能从此飞黄腾达……”

“先生莫要说笑。”

“哪里是说笑，将来成了国公夫人也未可知啊。国公爷有三个儿子，最疼爱的便是那三公子。徐三公子那晚对姑娘一见倾心，铁了心要迎娶姑娘填房呢。”

杨爱听他聊起魏国公，心里便觉忐忑，听他“图穷匕见”，说起徐三公子，心下反觉坦然。她盯着络腮胡书生的眼睛，冷笑道：“先生原来是做说客来了。”

“哪里哪里，在下不过是三公子的贴心人儿罢了，以后还要仰仗姑娘多多关照呢。”络腮胡子一边解释，一边从袖子中拿出一个匣子来，双手捧着交给杨爱，说道，“这是三公子送给姑娘的。”

杨爱没有接。

络腮胡书生只好自己打开匣子，里面放着一颗硕大的夜明珠，即使是在白天，也是熠熠生辉。

杨爱笑了笑。

络腮胡子大喜，道：“姑娘是答应了？什么时候轿子抬来？你放心，教坊司这些人，谁都不敢阻拦魏国公府的轿子!”

“先生是读书人，且听我暂歌一曲。”

“好，好，先请姑娘明示，再听不迟，在下好回去向三公子复命啊。”

杨爱取出琴来，放在案上，边弹边唱，唱的是一首古老的歌谣：

日出东南隅，照我秦氏楼。
秦氏有好女，自名为罗敷。
……

络腮胡书生听着这首汉乐府《陌上桑》，脸色越来越难看，特别是后来那句她特意压低声音恍似不经意地唱的“罗敷前置词，使君一何愚！使君自有妇，罗敷自有夫”，甚至让他听后不禁打了一个寒战。

他望着杨爱瘦小憔悴的身影，叹了口气，忍不住问了一句：“姑娘想清楚了吗？往前一步是荣华富贵，往后一步可是万丈深渊啊。魏国公府可不都是我这样的读书人，他们可都是遇神杀神、遇鬼杀鬼的人啊。”

“多谢先生提醒。小女子已想清楚，请回去转告三公子，影怜已心有所属。明珠璧还，不敢受赐。”

“还是请姑娘再三思、三思。”

络腮胡书生见已无回转的余地，无奈之下缓缓接过装着夜明珠的匣子，起身告辞而去。

不想他后脚刚走，教坊司的一群姐妹便涌了进来，七嘴八舌地叙叨起来。

“哎呀呀，恭喜国公夫人啊。”

“你傻呀你，三公子是什么人？他能看上你，是你几辈子修来的福气。”

“别说是填房的小妾，就是让我去给三公子当洗脚丫头，我都愿意去。”

“是啊，去了那儿，你就脱离这苦海了，能离开这鬼地方，多好！”

杨爱摇摇头，一句话也不说。

一行清泪潸然落下。

宋公子，你在哪里？

人群散去后，她伏案写了一封信：

直方先生台鉴，鹃声雨梦，遂若与先生为隔世游矣。至归途黯瑟，惟有轻浪萍花与断魂杨柳耳。汉水西流，岂止桃花千尺也。但离别微茫，非若麻姑方平，则为刘阮重来耳。稽叔夜有言：人之相知，贵济其天性。弟读此语，未尝不再三叹也。今以观先生之于弟，得无其信然乎？浮谈谤歉之述，适所以为累，非以鸣得志也。然所谓飘飘远游之士，末加六翮，是尤在乎鉴其机要者耳。今弟所汲汲者，止过于避迹一事。望先生速图一静地为进退。最切！最感！余晤悉。

“直方”正是宋征舆的名号，取自秦朝峄山石刻“皇帝立国，惟初在昔，嗣世称王。讨伐乱逆，威动四极，武义直方”之意，也是在这四方多敌之时对自己的期许。

杨爱在信中感叹了匆匆分别的哀伤，在信末流露出了恐慌的情绪，希望宋征舆尽快“速图一静地”，供其避难。在信中，她并未直接提及徐三公子，只是感慨道“今弟所汲汲者，止过于避迹一事”。

写完信后，她将其密封起来，从自己的积蓄里拿出一两银子，和信一起塞给一个平日相对和善的老衙役，托他转寄到松江着人交给宋征舆手里。

谁料当天晚上，徐三公子便闯进了教坊司，一路直入杨爱的寝房。

他进来就一把抓住杨爱的袖子，开门见山地大声问道：“影怜，你不中意我？”

杨爱盯着他，没有一丝畏惧，回答道：“如三公子所预。”

“为什么？天下的女子，只要是我看上的，没有一个不欢喜的，只有你敢拒绝我，你、你一个烟花女子……”

“士可杀不可辱，匹夫不可夺志。”

“哈哈，笑死了，你是什么身份，算什么‘士’？”

“烟花女子怎么了？大宋韩夫人梁红玉也是出身青楼，却血战沙场，抵抗金兵！”

“哼，打仗是我们男人的事情，轮不着你们这些女人装着瞎操心！”

“男人？公子你像一个男人吗？在这里欺凌弱女子算什么本事！现在天下大乱，建州铁骑上个月就在山东、河北攻破了二十多座城市，掳走了五万百姓，官军只是远远追随，不敢攻击，难道这些官军都不是男人吗？”

徐三公子松开了杨爱的袖子，道：“还有这事，我怎么不知道？”

“连我一个青楼女子都知道，你这个大明开国第一功臣之后，竟然不知道？”

“这、这、这……”他一时语塞。

“你要真是个男人，就立刻去北方沙场，一刀一枪挣个功名，别在这里靠着祖宗欺负女子！”

徐三公子惊呆了，自从他含着金钥匙出生在国公府，得到的都是呵护、赞扬和阿谀奉承，从来没人敢这样对他，突然有这样一个女孩子跟他讲这些，他不禁目瞪口呆，进而恼羞成怒。

他抡圆了膀子，一巴掌打到杨爱脸上。

杨爱的脸颊顿时红肿起来，嘴角流出鲜血，但她仍然瞪视着徐三公子的眼睛，丝毫没有惧意。

徐三公子打完耳光，看着杨爱嘴角的血，便后悔了，嘴上却仍然恶狠狠地嘟囔了一句：“真是够扫兴。”

这时，他看到杨爱竟然笑了。

“你笑什么？”他心底陡然一诧。

“影怜之前听说徐三公子是个敢作敢为的汉子，连威震江南的花公公的老虎须都敢拔，原来不过是个草包，只会打女人。”

徐三公子脸涨得通红，问道：“你当真听说我是个敢作敢为的汉子？”

杨爱“哼”了一声。

徐三公子双手用力拍了案头，拔出刀来。

杨爱平静地望着他问：“你自己说你是不是？”

“好，这就去投军，等我当了大将军，看你服不服。”

“如果你有这个志气，影怜就敬你是个汉子，是个英雄。”杨爱站起身来，冲着窗外喊道，“切两斤熟牛肉，烫一大壶白酒！”

门外的衙役知道徐三公子在里面，都远远候在外面走廊尽头，这时听杨爱一声喊，赶紧飞快地去取酒肉，恭恭敬敬地送进来，放下就走，头也不敢抬起来。

徐三公子从小在江南温柔富贵之乡生活，吃的都是山珍海味、奇果珍馐，从来没吃过这么粗豪的酒肉，这时看到杨爱把酒倒入两个大碗，不禁也大感兴趣，对案坐下。

杨爱斟满酒，道：“小女子敬公子一碗酒，谢公子顾念之意，可惜影怜心有所属，不能相从。”说完便一饮而尽。

徐三公子默然不语，也喝了一碗。

“第二碗酒谢公子，公子虽然打了我，却并未用强占有小女子，故再谢公子成全。”

徐三公子苦笑了一下，也吃了一大口牛肉，把酒灌进嘴里。

“这第三碗酒，祝愿公子扬名沙场，早日凯旋，如今北方父老被铁骑侵扰，民不聊生，请公子以国事为重，重振中山王爷的威名。”

徐三公子终忍不住对她肃然起敬，他回忆起自己小时候家里的老管家抱着他，给他讲先祖徐达征战天下的那些故事，不禁觉得豪气顿生，双手捧碗，一饮而尽。

杨爱喝完三碗酒，脸色已是一片红晕，一如初春城外的桃花胭雨。

徐三公子蓦地看得痴了。

杨爱站起身来，浅吟道：

> 万里平沙一聚尘，南飞羽檄北来人。
> 传道五原烽火急，单于昨夜寇新秦。

这是唐人贾至《出塞曲》，之前在周阁老府中，常听七夫人吟诵，七夫人还说这首比王昌龄那首“秦时明月汉时关”要好，特别是“南飞羽檄北来人”，更是传神。

徐三公子读书不多，听不太懂这些诗词。

于是，杨爱手抚古琴琴弦，道：“容影怜先行弹奏一曲，为公子壮行。”

她弹了一首《十面埋伏》，这本是一首琵琶曲，讲的是秦末汉初楚汉相争、决战垓下的故事，用古琴来弹，消弭了许多杀伐之气，却增加了幽哀的悲壮之情。一个曾经听过杨爱弹奏这个曲子的文人曾记录下了他当时的感受：

> 当其两军决战时，声动天地，瓦屋若飞坠。徐而察之，有金声、鼓声、剑弩声、人马辟易声，俄而无

声，久之有怨而难明者，为楚歌声；凄而壮者，为项王悲歌慷慨之声、别姬声。陷大泽有追骑声，至乌江有项王自刎声，余骑蹂践争项王声。使闻者始而奋，既而恐，终而涕泣之无从也。

徐三公子听了，也是“始而奋，既而恐”，开始是感受到慷慨的风骨，继而感觉到沙场的残酷，然而也许是先祖的豪迈之血在其身上渐渐复苏。他没有哭泣，只是平静地度过他人生最大的一次转折点。

几年之后，杨爱开始后悔那天为徐三公子弹奏了这首曲子。

那是弘光元年(1645年)的春天，在淮河岸边一个不知名的北方小城，四周全是敌军，城中只剩残军数百，那些自诩圣贤子弟的文官全部渡江而去。负责守城的正是徐三公子，这时他已因军功晋升为千户，他率领这支军队，全部死于巷战之中。

噩耗很久之后才传到了江南。

那时，煊赫数百年的魏国公府也已成为一片废墟，群鸦乱飞，众人皆散。世袭的末代魏国公，也就是徐三公子的长兄，被俘虏到北京去了。

没有人想起祭奠徐三公子。

只有杨爱那时身着一袭白衣，独自泛舟秦淮河上，为徐三公子招魂吟悼。

那一刻，她泪下如雨。

十二 眉公宴

收到宋征舆的回信，已是一月之后。

杨爱手捧那张薄薄的纸，叹着物是人非。

在信里，宋征舆并未提出任何建议和帮助，除了一些风花雪月之言，便都是引用古代先贤的话，劝说杨爱暂且忍耐。

杨爱读罢，伤心不已，任凭这张纸被风吹落、飘零。

其实就在几日之前，教坊司的长官突然传下文书，批准杨爱脱离乐籍，也就是说杨爱不再是一个官营妓院的妓女，可以离开教坊司，自由自在地去其他地方了。

那个络腮胡书生又来了，这一次他带来了徐三公子的口信：他要启程去北方了，邀请杨爱住在他的私宅里，会有仆人好好照顾她。

杨爱感谢徐三公子帮助她脱籍的恩情，却谢绝了他的邀请。

她呼吸着清爽自由的空气，租了一辆马车，朝着归家院的方向飞速奔驰。

她想念她的佛娘娘了。

到了归家院门口的巷子，她的心里忽然有点忐忑，似乎有“近乡情更怯”的感觉，不知道佛娘娘、颜婆婆、小阮她们怎么样了？

门口的看门人还认得杨爱，满脸堆笑地打招呼：“杨姑娘回来了？”

杨爱冲他一笑，就着急地往徐佛的房间奔去。

“佛娘娘！”

开门的却是一个素未谋面的少女。

“你是？”

“你是？”

二人同时发问。

杨爱自我介绍了一下，又接着问：“徐佛娘娘现下可在这里？”

少女摇摇头。

“那颜婆婆呢？”

少女还是摇头。

“那小阮呢？”

少女想了一想，方道：“啊，你是说阮姑娘吧？她在呢，你随我来。”随即拉着杨爱的手，去找小阮。

不想小阮一见到杨爱，便抱住她痛哭起来。

杨爱赶紧问她发生了什么。

小阮边哭边径自讲述起来。

原来，徐佛得知当年蓝衣书生的死讯之后，又听闻杨爱代替她被周府抓去，更是心里难过，急火攻心，生了一场大病。请郎中开药诊治，也没有效果，十几日便病入膏肓。“白脸曹操”看这情景，就要赶走徐佛，被颜婆婆和小阮苦苦劝住。不几日，徐佛便香魂一缕随风而散，弥留之际还紧紧握着那把短剑。徐佛死后，颜婆婆也回了老家，临走之前，还交给了小阮一个包裹，说是让她将其转交给杨爱。

小阮说完便翻出了那个包裹，打开一看是一双鞋子，正是当年佛娘娘亲自给自己做的一双绣鞋，是她今生穿过的第一双绣鞋。

杨爱回忆往事，泪眼婆娑，她紧紧拥着小阮，说不出一句话来。

数月后，她收到了一份请帖，是来自松江老名士陈继儒的邀请，请她参加自己的寿宴。这在当时也是惊世骇俗的举动，老名士不是请她去唱堂会，而是发了正式的请帖，视之为正儿八经的客人，与本地的达官显贵、才子名流同席而坐、“分庭抗礼”。

这个不顾礼俗的陈继儒又是何许人也?

万历十三年(1585 年)，陈继儒，字仲醇，后来号眉公，又号麋公，少年时代便扬名松江，文名卓著，连前内阁首辅徐阶也对其施以青目，却在乡试中名落孙山。他在贡院门口脱掉自己的儒冠儒服，当场烧掉，还写下一篇《告衣巾呈》，以示彻底断绝科考之路，其中写道：

> 某齿将三十，已厌尘氛。生序如流，功名何物？揣摩一世，真拈封镜之空花；收拾半生，肯作出山之小草。故于广众大庭，预绝进取之路。

这在当时是让人瞠目结舌的举动，以至于“一郡之人皆惊”。随后他便跑到山里隐居起来，“于九峰间披剔岩窟、发除榛莽，结草堂药室以居”。九峰，即“松郡九峰”，指松江西北部的掠影山、凤凰山、薛山、佘山 、辰山、天马山、机山、横云山、小昆山，风景秀美，自古为江南名胜。

陈继儒主要隐居在小昆山，在那里他还专门建了一座小草房，用来祭祀松江先贤、晋代名士陆机、陆云，二陆亦尝隐居于小昆山十年之久，后来去了洛阳，不幸死于“八王之乱”。松江亦称云间，即是源于陆云的自称“云间陆士龙”。陈在屋前种下很多鲜花，自言自语“我贫，以此娱二先生”。只是不知其特意为二陆建祠，是纪念二人隐居山间的岁月，抑或是拿二人的命运来自我警告？

在山中的岁月，他写了很多书，或谈今说古，或吟诗赋曲，从天文地理到经史子集，无所不涉，著作等身，其中最有名气的或许是一本小册子《小窗幽记》。

此书流传极广，这本小书似乎可作陈继儒一生写照来读，如其中的名章：

富贵功名，荣枯得丧，人间惊见白头；风花雪月，诗酒琴书，世外喜逢青眼。

江山风月，本无常主，闲者便是主人。

宠辱不惊，闲看庭前花开花落；去留无意，漫随天外云卷云舒。

这些流丽的文字、淡泊的风格，加上其和煦的性情，让很多人慕名前来拜访，朝野之间也对其赞不绝口，誉之为“一代风流之冠”。董其昌特意修建了一座来仲楼(陈字仲醇)，数次邀请这位老友来住。黄道周等大臣曾多次向皇帝上奏折推荐他出仕，东林书院顾宪成也曾盛情邀他出来讲学，陈继儒都婉言谢绝了。但对于前来拜访他的人，不论是高官显宦，还是布衣书生、三教九流之人，他皆以礼相待、促膝交谈，因此在各界人士中得到了普遍赞许和敬仰。

然而，陈继儒并非只是一个两耳不闻世间事的隐士，他也在密切关注着他的时代。当时，明朝最大的敌人建州女真已经强大起来，虽然在远离前线的江南腹地，陈继儒依然密切关注着时局，并且提出了很有眼光的四个字“奴是守局”。这比起朝堂上动辄要求保持进攻姿态的士大夫们，无疑要高明、清醒许多。对于朝廷的党争，他也忧心忡忡，曾写信给学生说“国家全副财力悉用于辽东，士大夫全副精神又悉用于门户”，虽然如此，他还是坚信“天下事尚可救也”(《答钱去非》)。

陈继儒的侠气在当时也为人称道，当晚明的灾难开始露出獠牙的时候，素称繁华的松江也遭遇了罕见的旱灾。万历三十六年(1608 年)，松江大饥，“吾松十室九空，嗷嗷枵腹，将有揭竿而起者”(《眉公府君年谱》)，当此之际，松江第一个站出来的士大夫就是陈继儒，虽然他没有任何官职，却捐出家财，带领全家人丁，又雇了五十余人，日夜不停地做一件事，就是每天煮一百锅粥赈济饥民。

当地府县官员来视察，有人劝他提前置办好一桌宴席，陈继儒淡淡道：“这是救荒的时候，岂可借此求媚?”当地官员到了之后，只盛给他们每人一碗粥，外加一小碟咸菜。他还广泛给朝中官员写信求助，请求他们代为上奏，减免松江的赋税，以期缓解灾情对民众的伤害。

万历末年，由于明朝太监在松江“设税官于江南津渡处，凡米盐果薪鸡豚之属无不有税”，于是“吴人罢市，行路皆哭”，织工葛成振臂一呼，带领穷兄弟，击杀太监的爪牙，被捕下狱。

葛成死后，陈继儒不顾安危，自称“余以山人职稗史，不可无一言以志其事实”，为其写下《葛将军墓碑记》，称葛成为将军，并说“将军真足千古矣 ”，此事遭到宦官们的嫉恨，陈继儒却义无反顾、一意孤行。

正因如此，陈继儒成为江南最有名的老名士，受到朝野广泛尊重，甚至几乎可以左右历史走向。

还有一个流传甚广的故事，松江华亭人钱龙锡也是陈继儒的崇拜者。崇祯元年，皇帝选择内阁成员，一时难以决断，竟然采取了抽签的形式，而第一个被抽到的就是钱龙锡，与那位周道登周阁老一同入阁，被征召来京，出任次辅。离开家乡松江之前，他专程去拜访了陈继儒，请求临别赠言。

陈继儒神神秘秘地说了一句“拔一毛而利天下”，他不解其意。后来，袁崇焕私下向他请求诛杀毛文龙，钱龙锡忽然想起这句话，才恍然大悟，于是默许了此事。

他这次过七十大寿，几乎所有的江南知名士大夫都来参加寿宴，从老一辈的顾炎武、黄宗羲、施道渊等人，到年轻一代的冒辟疆、侯方域、方以智等人，都纷纷聚集到小昆山，祝贺老名士的古稀寿辰。远近数千人聚集到他居住的山林，松江官府都为之惊惧，专门调来五百士兵在附近戒备。

一个少年书生也翩翩而来，他在门口投递了“侍晚生松江柳隐拜上”的名札，贺礼是一幅精妙的兰花图，洁白的兰花傲然生长于南山之上。书生顾盼之间，谈笑自若，风采飞扬，吸引了很多人的目光。大家都纷纷打听此人是谁，怎么从未见过，要知道陈眉公的寿宴客人可是“谈笑有鸿儒，往来无白丁”的。

他那乌黑的秀发在端正的儒冠之下光彩照人，挺拔的鼻梁在白皙的脸庞上英气勃发，目光自信地看着人群，嘴角却微微翘起，更增添了灵动的神韵。

这个少年书生对着人群一一施礼，在诗词唱和的环节，才思敏捷，七步成诗，特别是那一首《感怀》更是直抒胸臆，全然没有当时江南文坛的温软缠绵之风和士大夫诗作的腐儒气息：

扶风歌起向人寒，四月洪涛触望看。
夏服左弯从白马，铙歌清彻比乌弹。
千金元节藏何易？一纸参军答亦难。
我欲荣阳探龙蛰，心雄翻是有阑珊。
荒荒慷慨自知名，百尺楼头倚暮筝。
勾注谈兵谁最险，崤函说剑几时平？
长空鹤羽风烟直，碧水鲸文澹冶晴。
只有大星高夜半，畸人傲我此时情。

此诗一出，全场轰动，白发苍苍的陈眉公亲自斟满了一杯酒，连声呼唤："柳隐小友，柳隐小友！"

人群中的陈子龙却一眼就认出这是杨爱，她穿男装的样子，还是那么美！

这，是陈子龙第一次发觉自己对这个女子有莫名好感，他认真地盯着杨爱，心中充满复杂的情愫。因为他知道自己的朋友宋征舆是心系杨爱的。

杨爱也认出了陈子龙，在他炽热的目光中，不禁感到羞涩，不由低垂了头，她毕竟是个只有十六岁的女孩子，还没有经历过真正的感情。

那一低头的温柔，更是让陈子龙心动不已。

宴会之后，陈眉公专门留下了十几名客人继续闲话，都是自己的至交好友，陈子龙也在其列。意外的是，名不见经传的杨爱竟然也被一同留下。

大家在位于山林深处的眉公茶室凭轩品茗，茶是新采集的虎跑龙井，水是江南最有名气的惠山泉水，茶炉已沸，冲泡之间，清香满室。

惠山在无锡，因为古代西域和尚慧照曾在附近结庐修行，古代“慧”“惠”二字通用，便称惠山。惠山泉水是南方最有名的泉水，源于若冰洞，呈伏流而出成泉。泉池先围砌成上、中两池。上池呈八角形，由八根小巧的方柱嵌八块条石以为栏，池深三尺余。池中泉水水质很好，水色透明，甘洌可口。中池紧挨上池，呈四方形，水体清淡，别有风味。至宋代，又在下方开一大池，呈长方形，实为鱼池。明代雕刻家杨理特在下池池壁雕刻了一具螭首，这螭首似龙非龙，俗称石龙头，中池泉水则通过石龙头下注到大池之中，终年喷涌不息。

相传唐代“茶圣”陆羽评定了天下水品二十等，惠山泉被列为天下第二泉。随后，刘伯刍、张又新等唐代著名茶人又均推惠山泉为天下第二泉，所以人们也称它为二泉。唐武宗时，宰相李德裕嗜饮二泉水，便责令地方官派人通过驿站，把泉水送到三千里之遥的长安，供他煎茗。

中唐时期诗人李绅曾赞扬道：

> 惠山书堂前，松竹之下。有泉甘爽，乃人间灵液。清鉴肌骨，漱开神虑，茶得此水，皆尽芳味也。

宋徽宗时，此泉水成为宫廷贡品。南宋皇帝赵构在金军追击下被迫南逃途经无锡时，仍有雅兴专门前往惠山泉品茗。泉旁的二泉亭，就是当年地方官吏为迎接赵构所建。

元代翰林学士赵孟頫吟了一首咏惠山泉的诗：

南朝古寺惠山泉，裹名来寻第二泉。
贪恋君恩当北去，野花啼鸟漫流连。

惠山泉因此名重天下，四方茶客们不远千里前来汲取泉水，达官贵人更是闻名而至。北宋时，京城一些显贵和名士也常常不惜千里之遥，以舟车载运惠山泉水至开封。为了防止长途跋涉，水味变质，惠山泉水运到汴州后，用细沙淋过，便像新汲的一样，号称折洗惠山泉。大文学家欧阳修撰《集古录》十卷，请他的好友大书法家蔡襄写序，为了酬谢蔡襄，他精心准备了四件礼品算作润笔，一为鼠须栗毛笔，一为铜渌笔格，一为大小龙团茶，都是当时的少见之物，但最珍贵的一件就是一壶惠山泉水。到明代，来惠山取泉水的人更是络绎不绝，当地官府不得不在惠山专门设立关卡，征收重税，号称“泉税”。

众人问道惠山泉烹茶的清香，均觉得舌尖沁香，口渴难耐。

“热肠如沸，茶不胜酒；幽韵如云，酒不胜茶。酒类侠，茶类隐，酒固道广，茶亦德素。”陈眉公沉吟道。

陈子龙由衷赞叹道：“老先生果然见识宏达。”

“说起这惠山泉水，老朽倒是想起年轻时候的一个笑话。”陈眉公神态轻松地靠在太师椅上，卖着关子。

大家纷纷七嘴八舌地催他快说。

陈眉公清了清嗓子，讲了起来：“江南有个赋闲在家的官员，酷爱惠山泉水，于是亲自率领仆人们去装了三十坛惠山泉水回来。他先回来，让仆人们随后担回泉水。仆人们嫌泉水太重，老爷一走，他们就把它全部倒进江里，等回到家乡，才用附近的山泉水装满坛子。”

“那不一喝就露馅儿了嘛。”有人插嘴道。

陈眉公眨了眨眼睛，接着讲道：“那个官员不知底细，第二日便邀请城中各位爱好风雅之事的读书人来尝水。那些人都按时来了，围坐在房中，显得很高兴。他拿出酒樽，取来小瓷盆，里面盛一点点泉水，大家互相传递，议论一番，然后喝到嘴里，品味好一会儿，才一点一点慢慢咽下去，喉咙中发出细微的声音。尝过之后，你看看我，我看看你，赞叹道：‘这水味道好美啊，要不是您这么雅致，我等这辈子怎么能喝到这样好的水！’众人皆连连赞叹，羡慕不已，心满意足地走了。半月后，仆人们争吵起来，互相揭发底细，抖出了这件事。官员大为恼怒，便把仆人们全都轰走了，从此再也不喝惠山泉啦。”

“哈哈，这是叶公好龙啊。”

“呀，老先生，您这泉水应该是真的吧？”

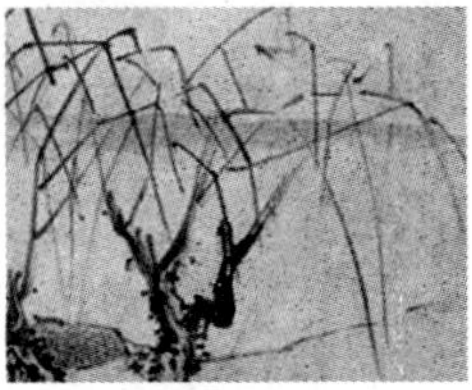

十二 相见欢

大家嬉笑一番，陈眉公突然指着杨爱，笑着说道：“阿弥陀佛，如何是本来面目？”

杨爱也笑了，接道：“老先生，原来您知道我是谁。”

“老朽好歹也虚度了七十载，君一进门，我便知晓。”

杨爱摘下头上的儒冠，一头秀发便飘然散开，就像一片倾注而下的瀑布，也像一朵倏然绽放的墨兰，呈现在众人惊讶的目光之下。

客人中间的杭州人张岱最先拍手笑道：“莫非这位就是眉公欢喜赞叹的杨君？”

另有大名士侯方域笑问：“这位佳人是哪位杨君？”

参加过花魁大会的冒辟疆这时才认出杨爱，出言道：“我道是谁，原来是杨影怜杨姑娘，花魁大会的探花郎！”

众人纷纷大笑，竟然被这个小女子“骗”了一天。而笑罢却更加敬佩起她来。一个年少的青楼女子写的诗，竟然赛过了很多江南士林的文豪们。

陈眉公摆摆手，大家顿时安静下来。只听眉公说道："留各位来茶室，可不是为了陪我这个糟老头子，而是请大家听一听难得的天籁之音。"

随即仆人便抬来一张古琴。其形制浑厚古朴，琴表朱漆，其下为黑漆，再下为栗壳色漆，层次分明，琴尾断纹处清晰可见，一徽之旁亦露黑漆，纯鹿角灰胎，琴面发小蛇腹及细纹断，琴背为蛇腹间大冰纹断，池上冰纹相聚处如梅花头，鹿角灰胎之下有黄色葛布底，龙池凤沼均作扁圆形。琴为白松或杉木斫，腹内纳音乃梧桐所作，镶嵌于当龙池凤沼处面板之上。其项、腰上下边际均作圆楞，额下亦向外斜出作坡状。

众人里面，尚属张岱最通琴道，他仔细辨认了琴身上不易察觉的隶书铭，念道："'其声沈以雄，其韵和以冲'，哎呀！这张古琴莫非竟是唐时的春雷琴？"

陈眉公含笑不语。

大家也都吃惊非常，要知道传世古琴，以唐琴为最珍贵之"神器"，唐琴之中，以雷威所制作的雷公琴为最。而雷威一生所斫之琴中，又以"春雷琴"为最。春雷琴曾经被宋徽宗精心收藏，宋徽宗在其宣和内府设"万琴堂"，广罗天下古琴神品于其中，春雷琴被列入其中的第一品。金灭北宋后，金人将夺自宋宫的珍宝运往燕京。春雷琴也随之到了北京，成为金帝宫中的第一琴，被收藏于承华殿中。

金章宗死后，由于太喜欢春雷琴了，下令以此琴陪葬。在地下埋了十八年后，春雷琴又复出于世，成为元宫中的珍宝。后来，春雷琴被赏赐给了元朝丞相、大琴家耶律楚材。元朝灭亡之后，春雷琴不知去向。未曾料到这件稀世珍宝竟然在隐居山林的陈眉公手中。

杨爱也是吃惊地望着这把春雷琴，上面经历了近千年的风霜痕迹、战火洗礼，历经万千劫难，幸存于世。她忍不住伸出纤细的手指，轻轻抚摸琴身，就像抚摸最心爱的恋人的脸颊。

陈眉公爽朗一笑道："列位君子，古琴尚需知音，大家安坐，侧耳倾听，请杨君为我等抚上一曲。"

杨爱看着老人，惊道："我？如此宝物，小生，不，小女子不敢。"

陈眉公答道："如君不弹，天下便没有第二个人有资格去弹了。"

这时，陈子龙站起身来，走到杨爱身边，轻声说了一句话。

杨爱听了之后，看着子龙的眼睛，认真点点头，然后回头对眉公和众人施礼道："如此，容小女子献丑了。"

张岱拉住陈子龙的袖子，问："兄台方才说了些什么？"

子龙不答话，只淡淡一笑。

杨爱洗净双手，焚香完毕。

她端坐在琴前，问眉公道："老先生想听哪首曲子？"

陈眉公还没说话，张岱插言道："眉公最是性情中人，便来一首《凤求凰》如何？祝贺眉公梅开二度啊！"

眉公拍了下他的肩膀笑道：“就你顽皮。”

张岱就着他的话吐了吐舌头。

杨爱看着眉公，等他示意。

陈眉公摇摇头道：“主随客便吧。”

于是，杨爱就弹奏了一曲《凤求凰》。

众所周知，这是源自汉代的古琴曲，传说是西汉蜀郡司马相如为求得卓文君而作的曲子。当时文君新寡，而善辨器乐，相如知而作此曲，附琴歌以挑之。此曲缠绵悱恻，引人入胜。

杨爱则在里面注入了清澈见底的感觉，手挥五弦，如同一颗石子落入了清澈的潭水，空灵美妙。

所有的人都被打动了。

陈子龙听着这首曲子，回忆起第一次在归家院见到杨爱的情景。那时杨爱也是身着男装，弹了一曲《酒狂》，琴声如泠泠流水，潇洒从容，忽而又夹杂金石之声，慷慨激昂。回忆往事，他不禁恍然，这一晃之间，竟过去了数载。

他望着杨爱的玲珑模样，看她眉目之间那种莫名的淡淡忧伤，心中涌起一阵怜惜，这个可怜的姑娘啊！他又不禁想起《凤求凰》的歌词：

> 有美人兮，见之不忘。
>
> 一日不见兮，思之如狂。
>
> 凤飞翱翔兮，四海求凰。
>
> ……

“有美人兮，见之不忘”，陈子龙在心中喃喃道，其实，不论征舆，我又何尝不是一直也忘不了她！

一曲奏毕，杨爱起身敛衽下拜，众人纷纷答礼。

陈眉公激动地抖了抖白胡子，赞叹道：“没想到老朽有生之年还能听到如此天籁，杨君小友琴技超凡，一听之下，果然名不虚传！”

张岱接口道：“如此清妙之夜，何不泛舟而行？闷在这茶室，又有何趣味？”

众人皆点头表示赞同。

于是，一行人乘了三艘乌篷船，泛舟湖上。其时月明如雪，众人兴意翩然，惊起湖中栖息的鸥鸟数只，远远望去像是画里神仙中人。

大家在船上赏月说笑的时候，杨爱却独自倚在舱门，望着黛碧色的湖水发呆。陈子龙悄悄走到她身边，默默陪她看着那片湖水。

杨爱回头发现了陈子龙，赶忙轻声问候道：“陈公子安。”

陈子龙微笑着点点头，道：“姑娘为何独自在此？”

杨爱望着平静的湖面，轻声吟道：

凄亭云幄对江湖，城上青髦隐大乌。
婉娈鱼龙问才艳，深凉烽火字珊瑚。
谁人明月吹芦管，无数清笳起鹧鸪。
愧读神经并异注，愁来不觉有悲歌。

陈子龙点了点头，随道：

杨柳迷离晓雾中，杏花零落五更钟。
寂寂景阳宫外月，照残红。
蝶化彩衣金缕尽，虫衔画粉玉楼空。
惟有无情双燕子，舞东风。

二人相视一笑，都觉得千言万语皆在诗词之中，不必多言。

当他们安静地站在小舟之上的时候，众人喝醉了酒，都沉沉睡去，张岱的脚压在了陈眉公的肚皮上，眉公浑然不觉，已打起鼾声。

杨爱这才笑出声来，低语道：“眉公老爷子果真是性情中人。”

“岂止性情，眉公是神仙。”陈子龙悠悠地赞叹，“太平神仙。”

“那陈公子您呢？”

“东坡有言，‘长恨此身非我有，何时忘却营营？小舟从此逝，江海寄余生’。”陈子龙叹了口气，“我是做不了神仙了，如今天下大乱，我们这些读书人注定在劫难逃。”

“公子为何如此悲观？小女子觉得天下事尚有可为。”

“今年的正月初二，在下故友张大可在登州殉国，他以前在南京担任羽林卫指挥使，后来以总兵官左都督镇守山东，叛将孔有德投降建州，连陷临邑、陵县、商河、青城诸城，率兵直趋登州要塞，他恰好在城中，主张趁叛军立足未稳，一举击破之，可惜巡抚孙元化按兵不动。如今他战死沙场，朝廷只是给了一个‘壮节’的谥号，却并未吸取战败的教训，误国之臣均未惩处。如此行事，国何以为国？”

陈子龙说到激动处，忍不住用手拍打船舷，道：“今年六月初六日，黄河决口于孟津，军民商户死伤无数。百姓转徙，到处丐食，而当地官府谎报灾情，只说是小灾无害，继续加派辽饷、剿饷和练饷，百姓无路可走，乃聚而造反，去山西迎接李自成。如此行事，民何以为民？

还有，天下汹汹，士大夫当及时勉励、力挽狂澜，然而阉党虽平，士林却依然分为东林、浙、齐、楚、宣、昆各党，彼此攻击，了无宁日，党争不止。而我江南的士大夫们流连于山水之间，只知风花雪月，对国家大事、民生疾苦漠然视之，如此行事，士何以为士？”

杨爱听其指点江山，气概凛然，也甚觉动容，不由走过去拉住陈子龙的手，那双手在船舷上拍得红肿起来。陈子龙也顺势握住了她的冰凉纤弱的柔荑。

杨爱轻声说道：“还好，现在还有如此良夜。”

陈子龙闻到她发间如兰的香气，心情渐渐平复下来，喃喃说道：“是啊，如此良夜。不说这些了。说说你自己吧。”

“我自己？我有什么好说的？”

“我想听你的故事。”

于是，杨爱就把自己这些年的经历简单向陈子龙倾吐了一番，过滤掉了那些难过悲伤的事情，说的都是美好快乐的经历，比如父亲在晚上昏黄的灯光下教她读书，徐佛耐心地手把手地教她画兰花，一笔又一笔，七夫人跟她互相考问对方的诗词，相看两不厌。甚至聊到了徐三公子，也只说他是个豪爽仗义的人，现在去北方从军报国了。

陈子龙大为惊叹，杨爱的这些经历，是他所不能想象的。

他怜惜地用手摸了一下杨爱的头，就像抚摸自己的晚辈，没有一丝杂念。

他们都没有再提起宋征舆，仿佛这个人没有和他们共同出现过。

从此，陈子龙便常常邀请杨爱一起泛舟江湖之上，杨爱每次都是扮作男子装束，自称柳隐。柳对应了杨，隐便是隐去性别、隐于江湖之意。二人兄弟相称，她叫陈子龙“卧子兄”，因为卧子是他的字，陈子龙则称她为“柳贤弟”。

有一次，二人结伴去拜访老名士陈眉公，返程在佘山游玩，看到陆机、陆云的遗迹，二人乘舟东下，聊起了魏晋人物，一路上从陆云聊到了嵇康，进而聊到曹植。

此时，陈子龙正凝望着杨爱清丽温婉的脸庞，时值黄昏时分，暗黄的光影落在她侧脸柔和的轮廓上，虽只是浮光掠影，陈子龙却已沉醉在了她那略显消瘦的瓜子脸、精美绝伦的眉眼，和白皙柔嫩的肌肤上带起的淡淡光晕之中，特别是她那双黑漆漆的眼眸更是闪烁着动人心魄的光芒。

陈子龙忍不住想起曹植的《洛神赋》，遂随口诵道：

其形也，翩若惊鸿，婉若游龙，荣曜秋菊，华茂春松。髣髴兮若轻云之蔽月，飘飖兮若流风之回雪。远而望之，皎若太阳升朝霞。迫而察之，灼若芙蕖出绿波。秾纤得衷，修短合度。肩若削成，腰如约素。延颈秀项，皓质呈露，芳泽无加，铅华弗御。云髻峨峨，修眉联娟，丹唇外朗，皓齿内鲜。明眸善睐，靥辅承权，瑰姿艳逸，仪静体闲。柔情绰态，媚于语言。奇服旷世，骨像应图。披罗衣之璀粲兮，珥瑶碧之华琚。戴金翠之首饰，缀明珠以耀躯。践远游之文履，曳雾绡之轻裾。微幽兰之芳蔼兮，步踟蹰于山隅。

杨爱明眸皓齿、超凡脱俗的样子，岂不就是陈思王笔下的洛神吗？

杨爱却笑道："自古作赋都是写女洛神，连七步成诗的陈思王都不能免俗，弟愿写篇《男洛神赋》，不知卧子兄允否？"

陈子龙也倍感惊奇，从囊中取出纸笔来，亲自为其研墨。

杨爱握住笔，沉思须臾，便提笔写道：

友人感神沧溟，役思妍丽，称以辨服群智，约术芳鉴，非止过于所为，盖虑求其至者也。偶来寒溆，苍茫微堕，出水窈然，殆将惑其流逸，会其妙散。因思古人征端于虚无空洞者，未必有若斯之真也。引属其事。渝失者或非矣。况重其请，遂为之赋。

陈子龙笑道：“这序写得有趣，颇见魏晋风度，只是愚兄这个友人可没求着你写啊，何来‘况重其请’？”

杨爱调皮地秀眉一扬，提起一口气，继续挥毫写道：

格日景之轶绎，荡回风之濙远。绛淙然而变匿，意纷讹而鳞衡。望便娟以熠耀，粲黝绮于琉陈。横上下而仄隐，寔澹流之感纯。配清显之所处，俾上客其逶轮。水集集而高衍，舟冥冥以伏深。虽藻纨之可思，竟隆杰而飞文。骋孝绰之早辩，服阳夏之妍声。于是徵合神契，典泽婉引。揽愉乐之韬映，撷凝蚬而难捐。四寂漻以不返，惟玄旨之系搴。听坠危之落叶，既萍浮而无涯。临汜藏之萌滥，多泤裔于肆掩。况乎浩觞之猗靡，初无伤于吾道。羊吾之吟咏，更奚病其曼连。善憀栗之近心，吹寒帷之过降。乃瞻星汉，溯河梁。云驳嵺而不敷，波窴杂以并娘。凄思内旷，槭理妙观。消曖崪于戾疾，承辉婍之微芳。伊苍傣之莫记，惟隽朗之忽忘。惊淑美之轻堕，怅肃川之混茫。因四顾之速援，始嫚嫚之近旁。何燌耀之绝殊，更妙鄢之去俗。匪楡曳之嬛柔，具灵矫之烂眇。水气酷而上芳，严威沆以窈窕。尚结风之栖冶，刻丹楹之纤笑。纵鸿削而难加，纷琬琰其无睹。凫雁感而上腾。漭灏回而争就。方的砾而齐弛，遵襳睃以私纵。尔乃色愉神授，和体饰芬。启奋迅之逸姿，信婉嘉之特立。群妩媚而悉举，无幽丽而勿臻。梗乎缈兮，斯因不得而夷者也。至其浑摅自然之涂，恋怀俯仰之内，景容与以不息，质寄焕以相依。庶纷郁之可登，建艳蓥之非易。愧翠羽之炫宣，乏琅玕而迭委。即濯妙之相进，亦速流之诡词。欲乘时以极泓，聿鼓琴面意垂。播江皋之灵润。何瑰异之可欺。协玄响于湘娥，匹匏瓜于织女。斯盘桓以丧忧，雕疏而取志。微扬蛾之为譽，案长眉之眊色。非仿佛者之所尽，岂漠通者之可测。自鲜缭绕之才，足以穷此烂漾之熊矣。（《男洛神赋》原文）

陈子龙惊叹道："柳弟啊柳弟，你这篇《男洛神赋》与陈思王的《洛神赋》真可谓相得益彰啊。这篇文字可否赠予愚兄？"

十四 江湖路

杨爱还没来得及回答，忽听得水面上传来一声大喊，“快！停船检查！”

夜幕将至，声音在河面上传播很远，在山谷间产生回声。

“啊哟，差官老爷，这么晚了您还没歇着？”划船的艄公向着对岸的船喊了一声。

接着便从远处传来一声粗鲁的男子声音：“哼，知府方大人有令，来往船只都要仔细盘查。”

杨爱惊恐地望了望陈子龙，拉住他的袖子，问道：“不会是周阁老派人抓我回教坊司吧？如果是，我宁可投水而死，也再也不愿回到那个人间地狱。”

陈子龙握住杨爱的手，温言安慰道：“柳弟何出此言？知府方岳贡大人为人正直，不会做这种事的。”

杨爱这才放下心来。

这时，突然小舟后面的水里冒出一个人头来，杨爱一眼瞥见，吓了一跳，“啊”了一声，陈子龙却依然淡定，只见水里这人戴着方巾，嘴里呼呼往外吐气，隐约听他嘀咕道：“子龙兄救我。”

陈子龙未及多想，侧身绕到船舱后面，抓起船桨，递给此人，拉他上来，三人一起挤坐在乌篷船船舱里。

就在此时，对岸的船已经划了过来，船头旗杆上挂着“松江府巡江水师衙门”的旗号。

两个官差敏捷地跳到陈子龙的船上。

艄公赶紧恭敬地向他们作揖道：“王总爷辛苦！快请喝杯热酒！”

走在前面的那个把总“哼”了一声，厉声喝道：“老家伙少来这套，爷奉令检查过往船只，捉拿反贼！”

艄公赔笑道：“反贼哪里敢跑到咱们松江府来！”

“哪里如此多的屁话！”把总不耐烦地打断他，招招手，让随行的兵丁进船舱检查。

艄公赶紧叫道：“舱里只有两位相公。”

这时，陈子龙、杨爱一前一后走出船舱，果然都是秀才装扮。

陈子龙拱手道：“二位官差，一路辛苦。此船有病患在，不便探视，尚请见谅。”

走在前面的那兵丁没想到这个白面书生还敢跟自己啰嗦，冷笑道：“你等该不会就是反贼吧？”

“区区一个小卒，竟然也敢在此放肆!”陈子龙平生最看不惯这帮狐假虎威的家伙，当即冷着脸顶了回去，头一昂，傲气地望着对方。

“这书呆子真是讨打!”把总也走上前来，他没料到一个书生竟然敢对官差这么牛气，发飙道：“你一个小小秀才，竟敢公然违抗知府大人的命令，不是贼首也是同党，爷这就宰了你回去领赏!”

前面那个兵丁突然扭过头来，对把总附耳嘀咕了一句。

把总听完，从头到脚看了看陈子龙身后的杨爱，拔出佩刀来，向前逼近，狞笑道：“嘻嘻，不宰你也可以，后面那个小子真俊……”

杨爱又惊又怒，气得满脸通红。

陈子龙怒道：“知府大人？方岳贡大人是吧？我倒要去问他，怎么他的手下会这样无礼？”

见陈子龙说话的口气盛气凌人，两人倒是狐疑地相互看了看，来这游山玩水的常常有一些贵胄子弟，他们这些小兵还真得罪不起，万一这人真的有什么后台，可不好办。

这时，艄公插嘴道：“这位可是大名鼎鼎的云间陈子龙先生啊!”

“呀呀呀，原来是陈先生，方才多有冒犯，小的们有眼不识泰山。”刚刚还凶神恶煞的把总脸色马上变了，要知道陈子龙这位松江大名士可是知府大人最欣赏的座上宾啊，于是他瞬间满脸堆笑道：“先生见了我们大人，万望不要说起今天的事啊，要不小的们就死无葬身之地了。”随即扭过头去，给了艄公一巴掌道："你他娘的怎么不早说!"

艄公委屈地捂着脸不敢吭声。

把总又恭恭敬敬地对陈子龙道："陈先生，适才实在是误会，因为我们追查的贼首恰恰也是个秀才。还请您多包涵！小的们这就告退。"随手又给了同行的兵丁一个响亮的耳光，骂道，"混账玩意儿，还不快向陈先生的朋友赔罪!真是吃了熊心豹子胆了!"

那兵丁赶紧向杨爱跪下，磕头如捣蒜，求饶道："相公饶命，小人知罪了。"

杨爱皱着眉头、捏着鼻子对他们摆摆手。

二人退回官船上去了。

看到官船划远，陈子龙、杨爱赶紧一边闪身回到船舱，一边叫艄公赶紧把船划走。

陈子龙探身一看，船舱里躺着的那名男子三十余岁，相貌清俊，浑身是伤痕，面色有点发青，似乎已经没有了鼻息。

二人心下大惊。

这时，杨爱忽然想起之前随周阁老的七夫人划船的时候，听七夫人讲过她的故乡救溺水人的故事，七夫人生自水乡，常有水中救人的事情，救上岸之后，要先清除溺水者口鼻之中的泥沙，将其舌头拉出，以免堵塞呼吸，如果溺水者已无呼吸，必须以口对口吹气，托起其下颌，捏住其鼻孔，深吸一口气后，往溺水者嘴里缓缓吹气，待其胸廓稍有伏起时，放松其鼻孔，并用一手压其胸部以助呼气，反复并有节律地进行，直至恢复呼吸为止。

七夫人讲这个的时候是当笑话讲的，因为据说一个小伙子用这个方法救了一个多年寡居的老太婆，老太婆苏醒之后得知此事，不依不饶，非得到衙门里告小伙子非礼，坏了她的一生清誉。最后，衙门判决小伙子要娶这个老太婆，才算了了这桩公案。

杨爱回忆起这段，来不及多想，便按这个方法操作起来，在陈子龙惊讶的目光下，用嘴对着这个男子的嘴吹起气来。但半晌都没有效果。

陈子龙拍了拍杨爱的肩膀，摇摇头道："柳弟，你尽力了。"

杨爱的泪水缓缓流淌下来，虽然与这个溺水者素不相识，但看着一条生命就这样消逝，也是心里难过，她叹息道："都是那俩官差耽搁了时间，否则这人不会死。"

陈子龙也长叹一声："恶吏横行，我大明朝焉得不乱？知府方大人还算清正，属下都敢如此，其他州县只怕会更乱！"

他扶起杨爱，轻声道："我们把他葬在水中吧。"然后，抱起溺水者，正要抬到船板上去，忽然听到这个男子咳嗽了一声，吐出一大口污水来。

杨爱惊喜地叫道："活了活了！他活过来了！"

陈子龙一时赞许地望着她。

待了半晌，溺水的男子渐渐苏醒过来，他摇晃着虚弱的身子，忙俯身下拜道："多谢陈相公回护，多谢二位相公救命之恩!”

陈子龙一边扶起他，一边问道：“兄台识得陈某?”

男子答道：“松江一府三县，谁人不知卧子先生!”

陈子龙拱手道：“惭愧，浪得虚名而已，还没请教兄台尊姓大名?”

男子答道：“小弟许都，字子口，东阳人，进学于嘉兴府学，现游学松江，久慕卧子先生大名，可惜无缘一见，不曾想在此处见到先生!”

陈子龙问：“松江府的差役为何要追捕你?”

许都叹了一口气，方答道：“上个月松江府发了府令，要求沿海渔村的渔民一律不得出海，名目是防海贼。靠山吃山靠水吃水，渔民不出海捕鱼，何以谋生? 小弟实在看不过去，于是就联络了几个志同道合的朋友，发了一张揭帖，要求松江府收回成命。”

陈子龙点点头道：“此事我亦有印象，只因北方登州一带孔友德叛军聚于海上，松江府怕叛军南下，所以搞起了海禁。”

“可是海禁也得考虑到百姓的生计啊，其实让渔民捕鱼的渔船追随官军巡海的舰船一起出海，置于官军监管之下，便可解决。”

杨爱插言道：“这是个好主意。”

许都愣了一下，随即拱手道：“失礼失礼，光顾说话了，还没有请教恩公尊姓。”

“恩公?”杨爱“扑哧”笑了。

“是啊，先生大恩，没齿难忘。”

“何至于此。”

“先生不嫌弃小弟，亲自诊治，才救得小弟一命。”

“啊，你还记得？”

“小弟感觉已走向黄泉之路，忽然感觉口中有一股仙气进入，眼睛也瞬间明亮，恍惚之中就看到先生亲自……”

“你……你快别说了。”杨爱脸庞瞬间涨得艳红。

“还没请教恩公名讳？”

陈子龙笑道：“这是柳隐柳公子。”

许都又朝杨爱拜了一拜，口称：“多谢柳公子！”

杨爱“哼”了一声：“接着说啊。”

“多谢柳公子！”

“不是让你说这个，接着说那些渔民啊！”

许都站起身来，续道：“然后我和几位同道发了揭帖，请求松江府收回成命，却是石沉大海。前几天，听说几个悄悄出海捕鱼的渔民在海里被官军杀了头，拿首级回来当海贼报功请赏！其中一个小渔民只有十四岁！”

这个倔强刚硬的浙东汉子说到伤心处，不禁落下泪来。

陈子龙和杨爱也大为触动，问道：“知府大人不管吗？监司、巡按衙门不管吗？”

“小弟知道此事之后，便联名几位同道为民请命，要为渔民写状子给监司、巡按衙门，要求彻查渔民被杀一事，并撤销禁海令。结果消息走漏，松江府将小弟开除学籍，取消生员资格，发出布告，列为通海匪的贼首捉拿。当时小弟正在渔村取证，来抓我的官兵来了之后，几十位渔民舍命相救，才把我救了出来，我游了十几里路，看到前面还有拦截的官兵，感到筋疲力尽，实在撑不住了，就要命丧于此，恰好遇到两位相公的船……”

陈子龙慷慨怒道：“真是没想到，为民请命的正直士大夫，反倒被污蔑为贼！”

杨爱也说起前朝有首曲子叫《醉太平》，辞云：

堂堂大元，奸佞专权。
开河变钞祸根源，惹红巾万千。
官法滥，刑法重，黎民怨。
人吃人，钞买钞，何曾见。
贼做官，官做贼，哀哉可怜！

陈子龙用力拍了下船舷，道：“此事我陈某管定了，柳弟取笔墨来，我这就给浙江抚台赵大人写信，请他过问此事。”

杨爱正要去取，许都拦住了她，劝道：“此事小弟一人承担，不敢牵连先生，如今官官相护，赵抚台也不会因为小小许都、几个渔民得罪方知府啊！”

陈子龙怒道：“抚台不管，我就去南京，去京师，去朝廷，去告诉当今圣上，这大明朝的朗朗乾坤，究竟还有没有王法！”

许都只好宽慰他道：“如此，就请先生给抚台大人写信吧。我替松江府的渔民百姓谢谢先生!”随即肃然一拜，告辞而去。

在陈子龙奋笔疾书的时候，杨爱陪伴在他身边，忽然看到了子龙眼角的泪光。

“卧子兄，不要太难过了。”

“柳弟，愚兄不是难过，而是绝望。”

“绝望?”

“像许都这样正直的书生，却落得如此下场，我们这些只知道吟诗作赋的所谓才子，却是达官贵人的座上宾，而一旦飞黄腾达、戴上官帽，更是摇身一变，忘却了圣贤教诲、民生疾苦。”

“卧子兄，我相信你不会这样的。”

“其实，圣人有的教诲也是错的。”

“兄又何出此言?”

“便如孟子所言‘穷则独善其身，达则兼济天下’，其实，身为士大夫，无论自己一身之穷达，均应怀有兼济天下的抱负，就像许都这样，一个没有中举的穷书生，客居他乡，却仍要为斯土斯民请命，全然不够自己的功名前程甚至身家性命。这样的人，才是真正的士大夫啊！否则，士大夫先谋求自己的发达，又如何还有报国的志向啊?”

“卧子兄所言极是，另外，小弟也感觉圣贤的有些话，是被后人曲解了。”

“喔?”

“比如《论语》里的‘唯女子与小人为难养也，近之则不逊，远之则怨’。”

“柳弟不必在意，似柳弟这般女子，才华气节胜过天下男子。”

杨爱高兴地问：“是吗？弟受宠若惊。”

陈子龙认真地点点头道：“多少人想进入国公府？连须眉男儿都受不了的诱惑，君却视之如敝屣！”

“卧子兄过誉了，容弟接着说，这句‘唯女子与小人为难养也’其实错了。”

“错了？”

“不是圣人说错了，而是后人理解错了。”

“且说来听听！”

“这句话里的‘女子’并非女子。”

“那是什么？”

“是‘汝子’！‘汝’是‘女’的原字而已。这句话圣人是对学生们说的，说你们这些小子啊，和小人一样难以相处。”

“倒也有道理。”

“圣人在陈，说的那句‘归与，归与！吾党之小子狂简，斐然成章，不知所以裁之’也可作为旁证，这句里的‘小子’说的也是他的学生们。”

陈子龙猛拍了一下自己的大腿，喜形于色道：“柳弟啊柳弟，可惜你不是男子，否则肯定能考中状元！”

杨爱又道：“现在考状元都得考八股文章，背的都是朱子裁定的《四书章句》，小弟这些离经叛道的言论，不被杀头就算好啦！”

陈子龙也哈哈大笑，之前的不快瞬间消散了。

方此时，他的信也写完了，封好之后，两人一起停船上岸。

十余日后，松江海禁取消了，许都的通缉令也算解除了。

可是一直没有见到许都上门答谢。

陈子龙觉得很奇怪，闷了几天，终于忍不住问杨爱："此事已了，许都为何不来见我？"

杨爱答道："古人云，'人之有德于我也，不可忘也；吾有德于人也，不可不忘也'。"

陈子龙正色道："正是呢。多谢柳弟指教。"

十五　赴长安

陈眉公到了古稀之年，自重身价，已经很少夸人。

那一年，却忍不住提笔写了首《夏童子赞》，夸奖一个小孩子，其中写道：

包身胆，过眼眉。
谈精义，五岁儿。
矢口发，下笔灵，
小叩应，大叩鸣。

五岁小儿即可谈论儒家义理，可谓神奇，难怪眉公要写在诗里。

等到这个小孩长到八岁上，另一位当时的大名士钱谦益见了之后，甚至写诗云“若令酬圣主，便可压群公”(《赠夏童子端哥诗》)。这个褒奖可谓惊世骇俗，堂堂大明，衮衮诸公，将来都要拜伏于这个乳名“端哥”的娃娃?

这位倍受嘉赏的娃娃就是松江少年夏完淳，其父是夏允彝，其师是陈子龙。

与老师陈子龙一样，夏完淳也是出生在一个“素封之家”，祖上都是务农，到了父亲才通过科举，成为真正的士大夫。崇祯十年(1637 年)，他的父亲夏允彝与陈子龙同年考中进士，外放福建长乐知县，带着小小的“端哥”，在福建生活了五年。十年之后，天崩地裂，国破家亡的夏完淳写诗说“武夷空翠如天际，夜夜随君梦里行”，那时，他将无比怀念和父亲在福建的日子。

夏允彝在闽，颇不负所学，清廉自守，善待百姓，短短五年，长乐百废俱兴，且其善断疑难案件，以至相邻郡县有什么难以判决的案件，上司便移交到长乐来，他不避权贵，甚至不惜得罪称雄一方的福建总兵郑芝龙。在考察全国官吏的“上计”之后，时任吏部尚书郑三俊推荐了全国七个政绩卓著的知县，列夏允彝于首。崇祯皇帝亲自召见了他，还把他的名字写在了自己书房的屏风上，以示褒奖。正要委以重任，恰逢完淳的祖母去世，夏允彝只能丁忧回乡。

那一天，陈子龙来拜访夏允彝，恰逢其不在家，夏完淳出面接待，陈子龙见其案头摆有一本《世说新语》，就问他“诸葛靓不见司马炎，嵇绍却死于荡阴之役，何以忠孝殊途”，诸葛靓是魏国扬州刺史诸葛诞之子，其父为司马氏所杀，他逃亡东吴，吴国灭亡后，他终身不仕，司马炎与其有旧，数次召见，他都不见；嵇绍是魏国大名士嵇康的儿子，嵇康也是为司马氏所杀，嵇绍却做了晋朝的忠臣，在战场上为保护惠帝而赴死。二人也都是《世说新语》里的人物，其所作所为，究竟哪个是忠哪个是孝呢？陈子龙抛出了这个尖锐的问题。

夏完淳随即回答，“此时当计出处。苟忆顾日影而弹琴，自当与诸葛为侣”。他用的也是《世说新语》里的典故，“顾日影而弹琴”是描写嵇康临刑弹奏广陵散的情景，说如果嵇绍回忆起这个场景，自然能够像诸葛靓一样。陈子龙拍手道“君言先得吾心者”。

通过这场对话，陈子龙感觉到这个少年不仅仅有才学，而且有自己清晰的是非观念，有望能够传承自己的衣钵，于是同意收其为弟子。他们师徒常行走于山水之间，研习经典，吟诗填词，畅谈天下大事，说到激动处，常常拔剑击柱共叹息。

每当此时，杨爱总是给他们煮上一锅银耳莲子羹，清清火气。这时候，她已与陈子龙住在一处，院子在一个叫南楼的地方。

“师娘，谢谢你。”夏完淳嘴巴很甜。

杨爱听他这样叫，脸马上就红了。

陈子龙呵斥他：“叫柳先生。”

杨爱心底悄然闪过一丝失望。

夏完淳问道：“老师，您的书编的如何了？”

陈子龙笑了笑，道：“还在编，多亏柳弟了。”他说这句话时，眼睛看着杨爱，眼神无比温存。

陈子龙、杨爱正在编纂的书稿，名字叫作《皇明经世文编》，陈子龙计划将有明一代经世济用的文章都收录进去，涉及兵饷、马政、边防、边情、火器、贡市、番舶、灾荒、农事、治沙、水利、海运、漕运、财政、盐法、刑法、钱法、税法、役没、科举等各个方面，希望有助于朝廷总结治理国家的经验教训，有利于国计民生。

陈子龙编写这部书的消息，也在江南士大夫中间引起了震动，因为当时大家觉得文人生活应该是“极爱繁华，好精舍，好美婢，好娈童，好鲜衣，好美食，好骏马，好华灯，好烟火，好梨园，好鼓吹，好古董，好花鸟”(张岱语)才对，像这样用功于经世致用的，被视为另类。

为了这部书稿，杨爱每天起早贪黑，帮助子龙查阅浩瀚如海的书典，有时为了找到子龙的藏书楼没有的书，还要冒着风雨，到其他士大夫家中借阅，有时对方不愿将书借出，就要在人家家里快速抄录誊写。如此辛苦数月，才编写了三卷。

杨爱听了陈子龙的话，马上开心起来，嗔怪道：“哪里有我的功劳？我就是打打杂罢了。呀，羹快糊了，你们聊，我先出去了。”

夏完淳看着杨爱的背影，忍不住嘀咕了一句：“老师，大丈夫娶妻当如是。”

陈子龙叹息道：“完淳，你还小，其实人生不如意事，十之八九。”

“大师母不许柳先生进门吗？”

“不是，她很是贤惠，多次主动提出为我纳妾，应该不会反对的。”

“那是何故？”

“家中祖母大人出身书香门第，恐怕难以接受……”

“啊，如此，当如何是好？”

“现在科考之日渐近，若能考中进士，博得祖母大人欢心，到时候再提此事，或许可以一搏。”

“老师要去科考？”

陈子龙站起身来，点点头。

完淳指了指案头的书稿，不解地问：“学生还以为老师要闭门著书了。”

陈子龙摇摇头，平淡道：“编这部书是为师一生心血和希望，考科举与之并不矛盾。”

“您是为了柳先生吗？”

“是，也不全是。为师毕生所学，不能荒废于山野。如今天下多变，四海鼎沸，百姓沦亡于兵戈之间，治兵抚民，最为要紧。然而，不考中进士，朝廷怎么会重用你？”

“学生不敢苟同，我大明八股取士，考中的进士有几个是有真才实学的？又哪里懂得治兵抚民。”

“完淳，你还年轻，道术而为天下裂啊，心中的理想抱负是道，然而也要讲求术，科举就是将来建功立业的术啊。”

“圣贤不是说过么，舜独居深山，与鹿豕木石相伴，在山林里面快乐地生活，忘了天下。”

“那是因为有尧在上，舜才忘了天下。现在是乱世，皇上虽然贤明，但也需要我们这些读书人‘致君尧舜上，再使风俗淳’啊！”

“杜甫写的这句诗，下面还有‘骑驴十三载，旅食京华春。朝扣富儿门，暮随肥马尘。残杯与冷炙，到处潜悲辛’之句。”夏完淳盯着陈子龙的眼睛，问道，“难道老师也想去逢迎那些皇亲权贵吗？”

陈子龙激动地抓住了案上的书稿，道：“完淳，你是知道为师心思的。”

“是呢，我现在还记得老师吟诵的那首‘并刀昨夜匣中鸣，燕赵悲歌最不平。易水潺湲云草碧，可怜无处送荆卿’诗时的慷慨悲怆、意气难平的样子。天青草绿，河山依旧，可惜到哪里再去找荆轲那样的壮士呢？老师，我们都是荆轲啊！壮士一去兮不复还！生在这个乱世，这就是我们的命运。”

“完淳，你，还小……”陈子龙的鼻子酸了，未往深处说。

“老师，学生明白。”

杨爱端着碗立在门口，脸上也流淌下热泪来。

多年以来，她接触的都是流连于声色犬马的男人，或者是胆小怯懦、苟活于世的男人，直到遇到陈子龙，她才知道什么叫作士大夫，什么叫作男子汉，现在就连这么年幼的夏完淳，都在他的影响下，变得如此胸襟广阔、慷慨轩昂。

只是，当她得知陈子龙要去参加会试去考进士的时候，她的情绪变得复杂起来。

卧子兄，我是多么想和你一起在这书楼里，好好编纂我们的书稿，哪里也不去，这部巨著凝聚着我们的青春、才华、抱负甚至生命。然而，杨爱明白，作为一个士子，陈子龙的选择是对的，她没有任何理由阻拦，反而应该支持。她需要她的卧子兄，但是这个国家、这个内忧外患的大地以及生灵涂炭的百姓也需要卧子兄。

想到这里，杨爱扭头擦去眼泪，转身过来，对师徒二人笑道："你俩别讨论国家大事啦，快用些银耳莲子羹润润喉咙吧。"

陈子龙、夏完淳接过来，一口气喝光。

夏完淳赞叹道："师娘，不不，柳先生熬的银耳莲子羹真是绝了，比我娘熬得好喝多啦。"

"哪有，都是山里的物件，粗糙得很。"

岁如逝水。

不知不觉，距离陈子龙进京赶考的时间只剩两个月了。

这个夜晚，杨爱为他收拾了行囊，准备好衣物、干粮和书籍。

陈子龙深情地望着她忙碌的身影，心中涌起无限涟漪：柳弟的才华不下于我，她若有资格参加科举，一定可以金榜题名，横扫那些须眉男儿。不过，以柳弟的风骨，她才不屑于参加这种死气沉沉的八股考试，她应该到魏晋去，与曹植一起泛舟洛水，作一篇飘逸洒脱的赋文；去看嵇康旁若无人地打铁，与他一同弹琴，奏一曲《广陵散》；她应该到唐宋去，与李白、白居易一起狂歌痛饮，写诗唱和，与欧阳修、柳永一起吟诵最清婉的宋词……

在那些时代，她不会因为身为女子而无法舒展自己的才华，可惜她生在了这样一个乱世，而且身为一个弱小的女子！

收拾完东西，杨爱亲自下厨，做了两个小菜，一道是清蒸草鸡，一道是凉拌青笋，都是最家常的菜肴，却是陈子龙平日里最爱吃的。

二人对案而坐，杨爱斟满酒，道："祝愿卧子兄马到成功！"

"柳弟……"

"卧子兄，我明白你的心意，不必多说的。"

"只是我这一去京师，来回路程三个月，在京师逗留恐怕也得两月有余，算来就得半年不能见到你了。我们还未分离过这么久。"

"'男儿西北有神州，莫滴水西桥畔泪！'卧子兄，我明白你去考进士，不是为了你自己的富贵荣华、功名利禄，而是为了大明，为了苍生。"

"柳弟，"陈子龙激动地握住了她的手，"'骥于是俯而喷，仰而鸣，声达于天，若出金石声者，何也？彼见伯乐之知己也。'人生啊，知己最是难求，当今世上真正懂我陈子龙的，也仅柳弟一人而已，得此知己，夫复何求？”

“卧子兄……”

二人紧紧依偎在一起，那一刻，陈子龙似乎忘记了天下。

次日清晨，二人早早起来，陈子龙背上行囊，骑上马，挥手告别杨爱，踏上北上的道路。

马已经奔出一里路，陈子龙蓦然回首，竟然发现杨爱瘦小的身影正在往前奔跑，他赶紧调转马头，回到杨爱身边。

“柳弟，不必苦苦相送。”

“卧子兄，请带上这个。”

陈子龙低头一看，是一束新折的柳枝。

“卧子兄，古人折柳相送，愿兄见柳如见弟。”

陈子龙的眼泪马上落下来了，他拿马鞭奋力鞭打了马臀一下，冲杨爱挥挥手，扬尘而去。

“我一定要考中，不负柳君之心。”

残阳殁，月又升，风烟漫，马蹄疾。

不数日，陈子龙已到达扬州地界。

他夜宿于运河边上的一家客栈，夜晚运河上游船、货船依然穿梭不息。他目睹着扬州城的繁华，要了一壶酒，坐在运河边上，吹着清凉的风，吟诗道：

广陵寒食天，无雾复无烟。
暖日凝花柳，春风散管弦。

园林多是宅，车马少于船。
莫唤游人住，游人困不眠。
满郭是春光，街衢土亦香。
竹风轻履舄，花露腻衣裳。
谷鸟鸣还艳，山夫到更狂。
可怜游赏地，炀帝国倾亡。
江北烟光里，淮南胜事多。
市鄽持烛入，邻里漾船过。
有地惟栽竹，无家不养鹅。
春风荡城郭，满耳是笙歌。

吟毕，只听旁边传来一声“妙、妙、妙”，一个三十多岁书生模样的男子连连拍手赞叹。

男子拱了拱手道：“老兄这诗，真是写活了扬州城，隋炀帝地下有知，也应含笑了。”

“兄台见笑了。”

“小弟扬州戴利，兄台怎么称呼？”

“戴兄好，愚是松江陈子龙。”

“久仰久仰。”

“哪里哪里。”

“陈兄下榻何处？”

“就在前面魏家客栈。”

“陈兄河边独饮，无甚乐趣，可否登楼与小弟同饮几杯？小弟是扬州本地人，正好跟兄台聊聊此地风物，也想听兄谈谈松江风物。”

“如此，甚妙！”

陈子龙生性豪爽，于是二人一起登上一个叫醉月楼的酒家，就在运河边上，观景很是方便。

戴利点了一桌子维扬菜，有清炖蟹粉狮子头、拆烩鲢鱼头、扒烧整猪头，特别是那猪头烧得是酥烂脱骨而不失其形，色泽红亮，肥嫩香甜，软糯醇口，油而不腻，香气浓郁，让陈子龙胃口大开。

陈子龙忙问：“这猪头，弟在江南也吃过，只是没有如此入味。”

戴利笑道：“陈兄，且听我念一段扬州民谣。‘扬州好，法海寺闲游。湖上虚堂开对岸，水边团塔映中流，留客烂猪头。’这民谣里呀，说的就是这道猪头。”

“哈哈，好一个‘留客烂猪头’！”

“兄台不要小看这猪头，可是大师傅文火炖了三天，最难得是火候，水多加一分、少加一分，火多熬一分，少熬一分，味道均会大不相同。”

“的确，技近乎道也。”

“听老辈人讲，本朝太祖高皇帝最喜欢吃的一道菜便是这扒烧整猪头，每天要吃一个猪头，这醉月楼的大师傅就是当年给太祖爷炖猪头的御厨的后人啊。”

“失敬失敬。”

“来，多饮上几杯，这酒也是扬州最出名的‘宝应乔家白’。”

“嗯，味道确是浓烈，入口却又显绵柔。”

戴利摇头晃脑地吟诵道：

注玉倾银但有香，梨花一色恰相当。
风帘要署乔家白，怕把书巢作醉乡。

“戴兄，好酒，好诗。”陈子龙喝了几杯，不觉诗兴大发，凭栏赋道：

淮海名都极望遥，江南隐见隔南朝。
青山半映瓜洲树，芳草斜连扬子桥。
隋苑楼台迷晓雾，吴宫花月送春潮。
汴河尽是新栽柳，依旧东风恨未消。

“妙哉！陈兄果然诗坛独步，这一句‘隋苑楼台迷晓雾，吴宫花月送春潮’便可以一较唐人了！就为这首诗，某敬陈兄三杯。”

陈子龙没有推辞，一饮而尽，想要起身小解，忽然头一晕，栽倒到地上。

戴利赶紧扶起他，轻轻喊了几声“陈兄”。

陈子龙都没有回答，似已昏昏睡去。

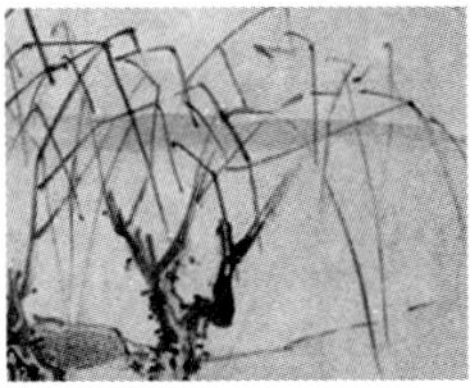

十六 风波恶

戴利拍了拍手，就有一个汉子钻了过来。戴利吩咐道："一起抬到魏家客栈去。"

到了客栈，柜台只有一个店小二在油灯下打着哈欠。

戴利喊道："小二哥，我们是陈子龙公子的朋友，他喝多了，送他回来，烦请开下房门。"

店小二拿油灯照了照，果然是陈子龙，于是就带着他们几个进了陈子龙的房间，满含厌恶地埋怨道："这公子看着斯斯文文的，却原来是个醉鬼。那你们送进去就赶紧走吧。"

戴利赔笑道："还得烦请小二哥给煮碗姜汤醒醒酒，我哥儿俩伺候公子喝了就走。"

店小二正要破口大骂，忽然看到戴利手中伸过来一吊钱，顿时眉开眼笑，点头道："应该的，进门是客。小的这就去，爷们稍候。”

店小二一走，戴利赶紧关上门，对汉子吩咐道：“赶紧搜他行囊。”

汉子问：“这牛子不会醒来吧？”

戴利冷笑了一声：“放心，酒里放了双份蒙汗药，俩时辰都醒不了。”

汉子也笑了，动手在房间里翻来翻去，很快便搜出了陈子龙的行囊。

打开一看，除了一堆书，就是几件衣物，只有零零碎碎的几两银子，再搜陈子龙的身上，除了玉佩值钱外，再没什么长物。

汉子大失所望，骂道：“娘的，还以为是个贵公子，原来是个穷鬼！白忙活一晚上了！还不够醉月楼那顿饭钱！”

戴利“哼”了一声，抓起那堆书，抖了抖，只见其中一本《四书章句正解》里掉出几张银票来。

汉子凑过头一看，喊道：“啊，一百两！”

戴利“嘘”了一声。

汉子吐了吐舌头，赶紧闭嘴。

戴利笑道：“怎么样？我看准了吧。看这小子的谈吐举止，就不是小门小户的书呆子。呵呵，五六百两，够咱们歇息一年啦。”

汉子点点头，拿手比画了一下脖子。

戴利沉吟了一下，点头道：“咱们露了脸，也只好如此了。”

他转头对还在沉睡着的陈子龙低语道："陈公子，对不住了，你到了那边再找隋炀帝谈诗文吧。乱世人命如狗，兄弟们也是讨口饭吃，千万不要怪罪。"

汉子着急着掏出刀来，正要捅向陈子龙的胸膛，忽然听到屋门"吱呀"一响，传来了店小二欢快的声音："醒酒汤来了，二位爷久等……"

他进门之后，话还没说完，就看到了汉子手中的尖刀，"哎呀"一声就往外跑，装醒酒汤的瓷碗"嘭"的一声碎了一地，还没出门就被戴利一脚绊倒，一刀扎进后背，结果了性命。

汉子愣了一下，转头就要刺陈子龙。

只听"啊"的一声，汉子的喉咙上插了一把飞刀！

戴利赶紧一看，门口两个书生堵住了门，其中一个白衣书生面色苍白，另一个黑衣书生则手持长刀，正恶狠狠地盯着他。

戴利看来者不善，拱了拱手，笑道："这位大哥请了，江湖规矩，见面分半，这一趟剪镖(劫财)共六百两，对半三百两，请拿去。"

手持长刀的书生"哼"了一声。

戴利咬咬牙道："大哥，差不多了，莫惊动了鹰爪子(朝廷差役)。"见书生仍无反应，叹了口气，"这样吧，兄弟认栽了，这一趟全归大哥，求大哥放条生路。"

说着便俯身拜倒。

另一个白衣书生径直向陈子龙的床榻走去。

戴利侧身翻滚了一下，轻松便制住了白衣书生，反手扼住他的喉咙，另一只手拿尖刀抵住了他的胸膛，白衣书生“啊”了一声，吓得浑身发抖。

戴利翻身过程中，顺带用袖箭射灭了油灯，屋内顿时一片漆黑。

在黑暗中，戴利一边移动方位，一边低语道：“这位大哥，都是江湖儿女，何必苦苦相逼？在下也是秀才出身，不得已在这乱世谋口饭吃，还请放条生路。否则，咱们只好同归于尽了。”说着便用刀尖往白衣书生胸口扎了一点。

白衣书生这时却冷静了下来，并没有叫疼，而是对着门口的方向喊道：“不要管我，快去救人！”

黑衣书生闻言，“哈哈”仰天一笑。

戴利在黑暗中辨识到他的方位，“嗖嗖”甩出三支袖箭，只听门口“啊”的一声，戴利顿时放下心来，去用火折子点油灯。

刚俯下身，便感到后心一凉，被刀尖抵住。

戴利慌忙跪地求饶。

这时，灯被点亮，戴利回头看到黑衣书生冷峻的脸，心里闪过寒意，这么快的动作，是人是鬼？

黑衣书生冷冷地从嘴里迸出两个字：“解药”，这是他出现之后开口说的第一句话。

戴利颤抖着手往怀里探去，黑衣书生快速用刀柄猛击了一下他的手腕，就听到骨头碎了的声音，戴利痛苦地捂着自己的手腕。

黑衣书生自己伸手往他怀里一摸，竟然摸出一排毒针，个个都是针尖发黑，显然是喂了剧毒之物，顿时一笑，戴利听了感到毛骨悚然。

黑衣书生蹲下身来，叹了一口气：“唉，看来你真是有九条命，这些毒针是不是也要不了你的命？”

戴利强忍着手腕的痛苦，跪下磕头如捣蒜。

“还不快拿出解药！”

戴利指了指自己腰间的锦囊，黑衣书生从里面找到一只青玉小蓝瓶。

“是这个？”

“是、是。”

“好，且先拿你试试。”

黑衣书生一边说，一边灌进戴利嘴里，等了一会儿看戴利无恙，才把他用绳子捆住，拿起解药去床前。

这时，白衣书生正伏在陈子龙身上痛哭。

黑衣书生将小蓝瓶里的粉末倒入陈子龙口中，又灌进去一碗清水，不一会儿，陈子龙便慢慢睁开了眼睛。

“啊，柳弟！你、你怎么来了？我是在做梦吗？”

“卧子兄、卧子兄……”

“这位是？”

“恩公不认得小弟了吗？”黑衣书生笑道。

“许都许子口？”

“正是在下。”

“你们怎么来了？头好晕……这是在哪里？”

陈子龙从床上坐起来，才看到躺在地上的两具尸体，以及在地上不断呻吟的戴利。

他吃惊地问道："这是怎么了？"

杨爱擦干眼泪，告诉他："卧子兄，你刚走，许都许大哥就来拜访你，听说你去京师了，他说这一路盗贼遍地，坚持要追赶过来护送你，我、我也很是放心不下，于是就一起过来了……"

陈子龙打断她，指了指地上，问道："他们是怎么回事？这位戴兄是我的朋友，快扶他起来。"

"朋友？"许都冷笑道，"差点儿要了恩公的命的朋友？"

陈子龙睁大眼睛，疑惑地看着许都，又看看杨爱。

杨爱点点头，把刚才发生的事情原原本本讲给了陈子龙听。

陈子龙听了，立马从床上爬起来，对着许都拜了一拜。

许都赶紧扶起他道："恩公折煞小弟了。没有恩公，世上哪里还有许子口这号人物。"

适时，只听到戴利喊道："陈相公，陈公子！实在是家奴见了你起了歹心，要图你钱财，小弟却没有害你之心啊！'汴河尽是新栽柳，依旧东风恨未消。'你看你看，小弟清清楚楚地记得老兄的诗呢！陈兄救命啊！"

陈子龙犹豫了一下，转头对许都劝解道："这、这也许是误会。"

许都怒道："误会？你来看。"

他一把抓住陈子龙的袖子，把他拉到杨爱身边，指着杨爱胸口衣襟的鲜血。

“柳弟，你、你受伤了！”

杨爱摇摇头，温言道：“卧子兄，我没事。”

许都冷笑道：“这就是拜你这位朋友所赐。”

陈子龙站起身来，浑身发抖，指着戴利，喝问道：“你也算是斯文人，怎会做出如此禽兽之事！”

没等戴利说话，许都就叫道：“恩公……”

陈子龙插嘴道：“贤弟，我救你一命，你也救我一命，两清了，从此我们兄弟相称，‘恩公’二字，不要再提。”

“好，子龙兄，不要跟他啰唆了，小弟这就宰了这贼子！”

陈子龙拦住他道：“贤弟，杀人者死，大明朝自有大明律，何不报官？”

跪在地上的戴利一听这句话，顿时喊道：“对对对，宁愿报官，甘愿受罚！”

许都听了，沉吟片刻，摇了摇头，道了声“奇怪”。

一边说，一边闪身到戴利身旁，仔细搜了他的身，找到一块腰牌，正面竟然写着几行篆书“大明锦衣卫指挥使司锦字叁百肆拾号百户”，背面浅刻两行楷书“缉事旗尉悬带此牌，不许借失违者治罪”。

“锦衣卫？”三人同时惊呆了。

戴利脸上这时露出狞笑的神情。

许都赶紧去搜那个汉子的尸体，果然也发现了一块质地和文字一样的腰牌。

陈子龙惊问："你们真的是锦衣卫？怎么做这些杀人越货的勾当？"

戴利冷笑了一声："现在这世道，没办法，混口饭吃。陈兄，你放了我，我也不会再纠缠你，否则，杀了锦衣卫，可是要灭九族的。"

陈子龙犹豫了片刻，望了望许都。

许都指了指地上那汉子，漠然道："可是，我已经杀了一个了。"

戴利答道："谁说那汉子是你杀的？明明是这个店小二图财害命、行凶杀人！我大明锦衣卫英勇殉职！"

许都仰天大笑："好好，天衣无缝！"

戴利惊喜地问："那二位是答应了？"

这时，杨爱拉过陈子龙，悄声道："卧子兄，我看他不是好人，咱们放了他，恐怕他也不会饶了我们。"

"柳弟，可咱们不能杀人啊，别说他是锦衣卫，就是普通的盗贼，也不能杀啊，要报官才是。"

"报官？官府敢治锦衣卫的罪吗？说不定反而会把咱们定个罪名、下大狱啊！"

"朗朗乾坤，何至于此？"

正说话间，忽然听到许都在审问戴利的声音。

"快说，你们这是做了第几单了？"

"啊？头一次，真的头一次。"

"那你钱囊里的怎么有川、鲁、晋、扬等好几个地方的银票？"

“这、这，都是朝廷俸禄啊。”

“胡说！连年灾荒，朝廷俸禄能发你几百两银票吗？”

“小弟知罪了，山水有相逢，不打不相识，求大哥放条生路吧。”

“好，我这就放你，跟我来。”

说完，许都用刀抵着戴利的后背走出门去。

陈子龙想要叫住他，许都没吭声，继续往前走。陈子龙也要跟着去，被杨爱拉住了。

他看了看杨爱，杨爱摇摇头。

不一会儿，许都便从茫茫夜色之中回来了。

陈子龙赶紧问：“人放了？”

许都“嗯”了一声。

“为何不报官？”

“这里的两具尸体就交给官府处理了。”

“放了他，他再祸害百姓行旅怎么办？”

“他再也不会了。”

“那就好。”陈子龙松了一口气。

“我把他扔到大运河里了。”许都淡淡地说道。

“什么？”

“以德报怨，何以报德？”

许都说完，扛着两具尸体，闪身出去了，回头说道：“你们好好休息吧。明早还要赶路。”

一夜无语。

第二日清晨，陈子龙、杨爱并驾齐驱，一起踏上北上的道路，许都则背着长刀，在后面远远跟随。

几天之后，便到了淮安府地界。

一路上，田野荒芜，村庄萧条，杨爱问陈子龙：“为何此地景象如此？”

陈子龙指着远处一处大河，道：“淮安本是鱼米之乡，且扼漕运、盐运、河工、榷关、邮驿之机杼，与扬州、苏州、杭州并称繁华之地。只是弘治七年，黄河全流夺淮，境内水患愈演愈烈，从此衰落。朝廷还在淮安专门设了漕运衙门，专门治河呢。”

杨爱望着那条浑浊的大河兴奋地喊：“啊，那就是黄河！我第一次看到黄河！”

她记忆里关于黄河的诗相继浮上心头，她最喜欢念的是李白诗里的黄河：

> 金樽清酒斗十千，玉盘珍馐值万钱。
> 停杯投箸不能食，拔剑四顾心茫然。
> 欲渡黄河冰塞川，将登太行雪满山。
> 闲来垂钓碧溪上，忽复乘舟梦日边。
> 行路难！行路难！多歧路，今安在？
> 长风破浪会有时，直挂云帆济沧海！

轻声念了这首诗，杨爱对陈子龙道：“卧子兄，最后一句是送给你的。无论道路如何崎岖，你终将会乘长风，破万里浪！”

陈子龙眼波流转地望着她，这一路的奔波和惊吓让杨爱更加显得憔悴。他心疼地握了握她的手，轻柔道：“柳弟，咱们到了黄河边的村庄，就歇息一下吧。”

“我不累呢，卧子兄。”

“可是我累了。”

“你累了？要不要紧？”

“没事的，到了村里，歇息片刻就好。”

“好，我们到了就歇着，我现在就告诉许大哥。”

“傻丫头，许大哥能看得到我们，放心吧。”

终于，到了黄河边上。

陈子龙望着这条奔流不息的宽阔大河，感慨万千。想当初，大明朝的开国也是与这条河有着解不开的关联。

元朝末年，一则古老而神秘的预言广泛流传，“黑暗的时代就要结束了，明王即将出世，他的光明将普照大地，幽暗之处皆常大明”。预言盛行之时正是元末的社会黑暗和吏治腐败达到顶峰的时候，不必翻找连篇累牍的史书，姑且听听杨爱会唱的那首元曲小令，“堂堂大元，奸佞专权，开河变钞祸根源，惹红巾万千。官法滥，刑法重，黎民怨；人吃人，钞买钞，何曾见？贼做官，官做贼，混贤愚，哀哉可怜”便已可见，当时吏治已经到了“贼做官，官做贼”的地步，百姓的生活已经到了“人吃人”的境地，最具讽刺风味的是，这首小令的曲牌名竟然是《醉太平》。当时，就连民风温顺的江南温州一带，都已经在传唱“天高皇帝远，民少相公多，一天三遍打，不反待如何”这样的歌谣了。

而就在这条黄河边上，有一则广泛流传于民间的谣谚：“莫道石人一只眼，挑动黄河天下反”，恰好这时候元朝朝廷强征民夫修治黄河，民工不堪重负，常常倒地身亡，就在某一天民工挖河时，竟然果真发现有一独眼石人。是时，民谣的预言得以应验。于是，韩山童、刘福通聚众三千人，杀白马、黑牛立盟起义，以红巾为号，称“红巾军”，拥韩山童为明王，反抗元朝。朱元璋也参加了红巾军，这才有了大明朝。

陈子龙骑马立在黄河边上，想起了几百年前的这段历史。

是啊，不重视民生疾苦，就是这样的下场。可是现在大明朝的百姓除了向朝廷缴纳田赋、服徭役之外，还要缴纳加派的辽饷、剿饷和练饷三项赋税，号称“三饷”，更有甚者，崇祯四年又把田课由九厘提高到一分二厘，赶上连年战乱灾荒，逼得百姓走投无路、饿殍遍野。

陈子龙看着滚滚黄河水，以及两岸萧条的村庄，不禁感到无比难过。

杨爱也看出了陈子龙的忧伤，她拉着他的衣袖道：“卧子兄，我们去村里吃点东西好不好？”

陈子龙回过神来，看着眼前美丽清纯的女子，笑了一笑，道：“好。”

十七 史可法

此时，许都也已赶来，三人一起骑马进入一座河边小村庄。

还没到村口，就听得一阵紧张的锣鼓响声。

许都顿时横刀立马，挡在了陈子龙、杨爱前面。

登时，村里钻出来二十多个汉子，个个手持锄头、菜刀。

为首的一个大胡子老者，虽然年老，白发苍苍，但紫色的面孔依然威严，他厉声喝问道："来者何人?"

许都回问道："尔等又是何人?"

老者仍然握紧锄头，凶道："吾等是曾家庄的，你们这几副生面孔，可是贼寇?"

陈子龙赶紧下马，施礼道："老人家莫要误会，我们都是江南的读书人，哪里是什么贼寇?"

杨爱也笑了笑道："老爷爷，你看我们哪里像贼寇啦！"

老者观察了他们，又看了看许都，沉吟道："你俩白面斯文，不像，可是这个拿长刀的汉子像！"

杨爱赶紧拉了拉许都的衣服，劝道："许大哥，你别这么凶巴巴的嘛，吓着老爷爷了。"

许都闻言，也敛了戒备，黑色的脸一笑，牙齿显得很洁白，他对老者拱拱手，说道："老人家，许某也是秀才，不信你让村里的先生考考我，会不会背'子曰诗云'？"

一边说着，他还真背起《论语》来了，背的是《阳货篇》里的一段：

子曰：古者民有三疾，今也或是之亡也。古之狂也肆，今之狂也荡；古之矜也廉，今之矜也忿戾；古之愚也直，今之愚也诈而已矣。

老者听了这才放心，挥了挥手，示意身后的汉子们让路。

只有陈子龙、杨爱听懂许都是变着法儿骂他们又蠢又笨又奸诈呢，杨爱忍不住"扑哧"一声笑了，陈子龙摇摇头，心里怪许都怎么这么刻薄。

听老者介绍，才知道这个村子叫曾家庄，一村子人都姓曾，他是族长，年轻的时候在辽东当过兵。现在因为四处起盗贼，曾老汉就组织族里的壮丁昼夜轮流守卫村子。今早听蹲在大树上观察情况的人报告说，有三个骑马的男子在黄河边晃来晃去，可能是盗贼的探子，于是就埋伏在村口，等着三个人过来。

一听说是江南的读书人，曾老汉便非常热情，非得把他们请到村里的学堂去。正赶上学生们吃午饭，大多数都是十二三岁的孩子，最小的才七八岁。

杨爱看到他们，忽然就想起小时候在学堂里的情景，仿佛看到父亲摇头晃脑讲授诗书的样子，而她依然是个扎着垂髫小髻的小姑娘，在父亲慈祥的目光里无忧无虑，和那些男孩们一起认真聆听。忆及此处，她的眼泪瞬间就落下来了。她疼爱地抚摸着学堂里孩子们的头，像一个温柔成熟的大姐姐，拿出陈子龙在扬州给她买的、自己一直舍不得吃的糕点，分给孩子们吃，孩子们欢天喜地地接过来。

这时，陈子龙他们才注意到孩子们的饭碗里只有清澈见底的稀粥，几乎没有什么米。

陈子龙问道："这样的粥，孩子们如何能吃饱？"

曾老汉叹了一口气，答道："官人们有所不知，这已是全村最好的饭食了，不怕客人笑话，老汉我都两天没吃一粒米了。"

"灾荒竟严重至此？"

"不只是灾荒，还有官府数不清的杂税杂饷。没办法，只能卖了粮食，换了银子交，否则就会被关到大牢里去。"

许都拔出刀来，用力朝空气砍了一刀。

陈子龙转头问杨爱："柳弟，我们还有多少干粮？"

杨爱赶紧从马背上取下干粮袋。

陈子龙点了点头，道：“都分给乡亲们吧，我们过了黄河再买。”

曾老汉赶紧阻止道：“使不得，使不得啊！”

杨爱紧紧握住他的手，宽慰道：“老爷爷，没事的，快招呼乡亲们吧。”

曾老汉老泪纵横，颤声念着：“姑娘……”

杨爱“啊”了一声，问：“您看出来了？”

曾老汉答道：“老头子活了七十多年，这要看不出来，真是白活了。”

杨爱脸红了一下，转移话题道：“您赶紧招呼乡亲们吃干粮吧。”

曾老汉连声回答道：“好好好。”

不一会儿，学堂聚集了一百多人，个个衣衫褴褛、面有菜色。

杨爱把干粮都分给了大家，却没有一个人张嘴。

曾老汉叹了口气：“大家都舍不得吃，还是留着给孩子们熬粥吧，我们再挺两天，进山挖野菜的年轻人们应该就回来了。”

村民们交口称是。

杨爱眼含泪光。她第一次知道，在这个世界上，还有这么多和她一样苦命的人。

陈子龙、许都也都握紧拳头，一言不发。

当天晚上，三人就在学堂住下。

半夜，忽然听到几声狗叫、马叫。

许都第一个醒来，看到外面火光冲天，赶紧招呼陈子龙、杨爱起来。

大家冲出学堂，看到一群村民正在四处乱跑，口中呼喊道："贼来了！快跑！"后面跟着骑着马的人，脸上都蒙着黑布，为首的脸上有一条长长的刀疤。

刀疤脸正带头拿刀砍杀村民。

许都猛地拔出长刀来，一刀斩断了刀疤脸的马头，刀疤脸顺势滚落在地，许都正要挥刀杀他，就有一群蒙面人聚拢而来，许都要保护陈子龙、杨爱，只好护着二人边打边撤。

好不容易杀出重围，逃到黄河边上。

三人望了望曾家庄，已然一片火海。

杨爱痛哭起来，喊着："卧子兄，许大哥！我们快回去救他们！"

陈子龙握紧了她的手，那双手此刻如此冰凉，就像寒风吹在滔滔黄河水上。

许都摇摇头道："来不及了！"

黄河上面黑漆漆的，没有一点光，更没有一只船。

三人徒步逃出，也没有马匹，许都带着二人沿着黄河岸边向西走了半夜。

直到天亮，才走到了一个市镇。

陈子龙赶紧去镇上找驻扎此处的官军，一个胖乎乎的镇将接待了他们。

陈子龙着急地喊道："大人，有贼寇昨夜在曾家庄烧杀抢掠！”

胖镇将“喔”了一声，问道：“你是何人？”

“在下松江陈子龙，我等皆是江南书生。”

“书生？”胖镇将揉了揉肥大的鼻子，看着三人狼狈的样子。

杨爱拼命点头，急言：“您快带兵去剿灭他们吧，晚了就来不及了！”

胖镇将扭头问陈子龙：“你刚才说哪儿？”

“曾家庄。”

“好，知道了。”

“且请大人快去吧！”

胖镇将摆了摆手，沉着道：“马上便去，放心，本将自有定夺。”

三人赶路要紧，只好离开了。

杨爱很想回曾家庄看看，但是又担心陈子龙会遭遇不测，只好继续赶路。陈子龙其实也想回去看看，但又怕杨爱落在贼寇手中，所以也不敢提出回去。许都则依旧冷冰冰地扛着长刀前行。

于是，三人就继续北上，很快便到达了淮安府城。

这时夜色已经很深了，三人匆忙找了家客栈住下，洗了澡，昏睡了一夜。第二天一大早，换了衣服，走到大街上，去采购一些干粮，猛然听到街上传来一阵急促的马蹄声。

原来是一队官军骑兵路过，为首的举着一面令旗，喊道：“贼寇已剿灭！百姓安居乐业！”

杨爱高兴地问陈子龙："呀，是不是昨晚那股贼寇被抓住了？不知道曾爷爷和孩子们怎么样了，我们快跟过去看看。"

陈子龙还没回答，突然眼睛的余光看到许都的表情煞是狰狞。

"贤弟，怎么了？"

杨爱也看了一眼许都，他的脸从来没有如此可怕。

"许大哥，你怎么了？"

"没事，柳弟。"许都也跟着陈子龙叫杨爱"柳弟"了，"你且先回客栈，我和子龙兄去办点事。"

陈子龙也大惑不解。杨爱更是缠着不放道："我不敢自己待在客栈，我要跟你们在一起。"

许都叹了口气，说道："好吧。"

三人远远跟着那队骑兵往前走，一路上有络绎不绝的百姓跟着，大家都在欢呼。

不一会儿便到了衙门，上面写着"钦差治理漕运巡抚衙门"几个大字。

杨爱问道："这里还有巡抚衙门啊？"

陈子龙点点头，解释道："是的，漕运巡抚专管运河、黄河、淮河的治理，以及漕运事务。"

衙门口聚集了黑压压的人群。

三人费劲挤到前面去，杨爱问身边的人发生了什么事，旁边的人兴高采烈地回答："这是官军来漕运衙门请赏呢，刚剿灭了一股黄河上的悍匪，巡抚史大人要论功行赏了。"

“史大人？可是史可法大人？”陈子龙问道。

“正是。”

杨爱问陈子龙：“卧子兄，你认得这位史大人？”

陈子龙摇摇头，答道：“不认识，只是听说他是东林左光斗的弟子，为官很是正直，一直在部队带兵，倒不知他已升任漕运巡抚。”

正说话间，衙门里的广场上走出一位四十余岁的中年人，头戴纱帽，身着大红官袍，目光如炬，神色从容，眉宇之间一股久经沙场的英气蓬勃而发，举手投足的仪态甚是威严。

广场上的骑兵见到他，纷纷下马，齐声呼喊：“巡抚大人安好！”

来人正是史可法。

史可法微笑着点点头回道：“弟兄们剿贼辛苦，快快请起！”

众人起身，为首一人呈上一个大铁盒，口称：“请大人过目！”

史可法只看了一眼，笑道：“不错，不错。”

杨爱好奇地问：“里面装的是什么？”

许都冷冷地回答：“耳朵。”

“什么？”杨爱还是不解。

陈子龙解释道：“官军打完仗，要缴纳首级给长官，因为首级不容易携带，就割下敌人的耳朵，来验证杀敌数量，论功行赏。”

杨爱闻言“啊”了一声。

陈子龙以为她看到了血腥之物心下不适，赶忙用手蒙住她的眼睛。

杨爱挣脱了陈子龙的手，指着前方，惊恐地看着陈子龙。

陈子龙奇怪地顺着她手指的方向看了一眼，也惊呆了。

为首的那个人，竟然就是那个胖镇将，在他身边，赫然站立着一个刀疤脸！就是昨晚那个带队杀人放火的刀疤脸！

那群人竟然都是官军！

许都一把拉住二人，就往外面走。

杨爱挣脱着叫道：“放开我，放开我！”

周围人群好奇地看着三人。

许都一把拦腰提起杨爱，捂住她的嘴，飞奔至客栈。到了房间才把她放下。

杨爱挣扎着爬起来，就要出门。

陈子龙赶紧拉住她。

杨爱抬头看着子龙直言：“卧子兄，我要去巡抚衙门告状，你敢不敢去？”

陈子龙答道：“我当然敢，可是……”

“可是什么？”

“我们没有证据啊。”

“都是我们亲眼所见啊！”

这时，许都插嘴道：“如果这事真要管，我先去看看。

子龙兄，你看住她。”

说完不等二人回答，许都便闪出门去。

杨爱握住陈子龙的手，轻声道：“卧子兄，你是读圣贤书的，不该怕死啊。”

陈子龙答道：“死自然不怕，只是……”

“只是什么？”

“我怕你有危险。”

杨爱听罢心中一热，随即坚定道：“弟与卧子兄誓同生死，能死得其所，又何憾之有？”

陈子龙昂然道：“既然如此，我们一起去，赴汤蹈火，在所不辞！”

二人正要出门，却撞上一个身影，抬头一看，却是许都回来了。

许都附在陈子龙耳边说了几句。

陈子龙点点头，答道：“明白了。”他转身冲杨爱招招手，“这次我们可以一起去了。”

三人说话间再次回到巡抚衙门。

此时门口的人群已经散了。

陈子龙向衙门口的卫兵递上帖子，上面写着“愚晚生松江陈子龙等拜上抚台大人”几个字。

不一会儿，卫兵便走出来，客气地招呼道：“陈先生，几位相公，抚台大人有请。”

刚进衙门内宅门口，就听到一声亲切的声音：“卧子兄，久仰大名，幸会幸会！”

却是史可法亲自出来迎接了，这时他已换了便服，浑然一个中年书生的样子，看起来还有几分学究气，没有多少杀伐之象。

杨爱对其平添了几分好感。

陈子龙三人赶紧对史可法拜了一拜。

史可法扶起三人，请教了杨爱、许都的名字，也是客客气气地说了声“久仰”。

杨爱心里笑道：柳隐这个名字怎么会是“久仰”呢？

她心里正觉得有趣，忽然又想起那些惨死的村民，又感到非常难过。

陈子龙与史可法谈论了一些国家大事、经义文章，越谈越投机。

杨爱心里着急，怎么还不提告状的事情呢。许都却仍然是神色漠然。

忽然，史可法问道：“先生路过治下，不知有何见闻？请多指教。”

于是，陈子龙答道：“请大人身边人暂且退下才好。”

史可法倒没有露出吃惊的神色，只是冲身边的人们挥了一下手，大家就都退下了。

厅堂里只剩下史可法、陈子龙、杨爱和许都。

于是陈子龙就趁机讲了昨晚发生的事情。

史可法的脸色瞬间变了，刚才如菩萨低眉，现下如金刚怒目。

杨爱插言道：“大人，陈先生说的句句属实啊，我们都是亲眼所见。”

史可法转身问陈子龙：“先生可有证据？”

“请功之耳尚在否？”

“尚在府库。”

“可否一观？”

“好！”史可法爽快道，“但有一点，先生如所言非实，可是污蔑官军啊。”

陈子龙正色道：“愿受军法！”

杨爱也郑重地点点头。

史可法吩咐属下把那个铁箱子抬了过来，只见里面全是血淋淋的耳朵，大概有几百个之多。

杨爱忍不住要呕吐出来。

史可法、陈子龙平静地望着那些耳朵。

许都却快速俯身下去，从里面抓住几只，双手呈给史可法。

史可法一看脸色就僵住了。

许都冷冷地问道：“大人，贼寇也是戴耳环的吗？”

杨爱也贴身过来看，果然这几个耳朵都有耳洞，是戴过耳环的痕迹，白嫩细润，一看就是女人的耳朵。

许都又从里面挑出来十几个，这些明显是小孩子的耳朵。

杨爱想起学堂里那些只喝点稀粥还在拼命读书的孩子，忍不住悲从心来，“哇”的一声哭了出来。

她哭着对史可法喊道：“抚台大人，这些孩子我都见过！他们很乖，没有饭吃，还在拼命读书……”

此时，她看到史可法的泪水竟也溢了出来。

然后却听到史可法在狂笑，连说了几个“好”，脸上的肌肉也变得狰狞起来。

史可法随即吩咐内宅连夜设宴，传下军令，要犒赏剿贼有功的人员，让他们一起出席酒宴。

那个胖镇将、刀疤脸等几十人大摇大摆地来了，衙门门口的卫兵都客客气气地嚷道：“恭喜大人，头一次见到抚台大人亲自宴请有功之将呢。”

胖镇将“哈哈”大笑，却远远望见史可法已经坐在了宴席上，赶紧一溜儿小跑，喘着粗气跑到内宅门口，扑通跪倒在地，道：“抚台大人恩重如山，末将赴汤蹈火，也要报答大人的恩典！”

史可法笑了笑，道：“是朝廷的恩典。”

胖镇将边磕头，边答道：“末将是个粗人，在末将眼里，朝廷远在天边，大人近在眼前，抚台大人就是朝廷！”

史可法亦是“哈哈”一笑，道：“你本是归兵马司管的，不归我漕运衙门，可不算我的兵将。”

胖镇将立即回答道：“大人栽培！末将愿鞍前马后，侍奉大人！”

史可法挥挥手，高声道：“快和你的弟兄们入座吧，今晚不醉不归。”

胖镇将、刀疤脸和他们的骑兵们都拜倒在地，呼喊道：“谢大人。”

酒过三巡，这些人都醉醺醺的了。

这时，史可法拍了拍手。

只见陈子龙、杨爱、许都三人快步走到宴席之上。

史可法面色陡变，厉声喝问群人道：“尔等仔细看看，可认得他们吗？”

胖镇将突然听了这句，酒都吓醒了，定睛一看杨爱他们，赶紧回答：“启禀、启禀抚台大人，不认得。”

“确定吗？”

“确定。”

“军前无戏言。”

“好像，好像在哪里见过……噢，末将想起来了，这三个秀才去过我那儿，告知我有贼寇……”

“然后呢？”

“然后末将就火速带兵剿灭了贼寇！”

“是吗？”

“是的、是的，大人白天不是看见那些贼寇的耳朵了吗？”

“哼。抬上来！”

史可法亲手抓起几只耳朵，掷到胖镇将脸上，他脸上顿时多了几道血印。

胖镇将拾起来一看，也是目瞪口呆，他扭头瞪着刀疤脸。

刀疤脸赶紧磕头如捣蒜，哭喊道：“抚台大人冤枉啊！都是镇将大人指使小人去杀百姓的！还给小人定了额数，必须拿到三百首级，小人完不成数目，才会杀女人和孩子的！不信，您可以去问弟兄们。”

几十个骑兵也都哭天抢地般求饶。

胖镇将脸色苍白，浑身发抖。

史可法恶狠狠地咬着牙，恨道：“杀良冒功，该当何罪？”

胖镇将站起身来，一边往后退，一边答道：“抚台大人，我们是归兵马司管的，不归漕运衙门管。”

史可法冷笑了一声，拔出剑来道：“这是皇上赐的尚方剑，就是要整治你们这些混蛋！”走上前去，一剑斩掉了胖镇将的头颅，那个肥胖的身躯晃了几下，重重倒在地上。

史可法冷冷地对刀疤脸和骑兵们道：“念在你们也有过军功，给你们留一点行伍尊严，自行了断吧。本官会跟你们的家人说，你们是战死在沙场的。”

这些骑兵纷纷抱头痛哭，拔出短剑互相刺杀，纷纷倒在了血泊之中。

杨爱第一次这么近距离看到如此血腥的场面，一下子晕倒在了陈子龙怀里。

次日，陈子龙一行离开淮安的时候，史可法微服送到大道之上。

史可法拱拱手，朗声道：“先生大才大勇，一定能金榜题名，报效朝廷，将来如再过淮安，还请再来相聚为快。”

陈子龙感叹道：“大人敢作敢为，军纪严明，实乃国家之栋梁，若我大明疆土之臣都像大人一样，天下何愁不太平？”

史可法笑道：“不瞒先生，幕府里面真的缺少几位这样的人才，希望各位将来可以与史某携手做一番事业。”

杨爱忍不住问：“大人，我一直有个问题想问，但不敢问。”

“但问不妨。”

“您一个文官，动手杀人，不害怕吗？”

“害怕。”

“那您……”

“可我更怕会有更多百姓再遭劫难。”

十八 生别离

终于快等到放榜的日子了。

“崇祯十年丁丑科第三甲第二百五十八名松江陈子龙，赐同进士出身。”

听着学官没有丝毫感情色彩的陈述，陈子龙终于长长吐了一口气。更令他感到高兴是，他的朋友、夏完淳的父亲夏允彝也同榜考中，与其同在第三甲。

他看完榜文，回到客栈，却面露苦涩的神情。

杨爱很担心地望着他，等他一进门便握住他的手，低声道：“卧子兄……”

陈子龙摇了摇头。

杨爱伸出手，摸了摸陈子龙的鬓发，宽慰道：“卧子兄，我们一起回乡编书，或者一起去史可法大人的幕府，都是极好的，强过在这里，你说好不好？再或者，我们一起去关外看一看，看看那里的山川形势、风土人物，将来或许有用。好不好？无论是去哪里我都跟着你……”

陈子龙感动地望着她，笑了笑道：“柳弟，我中了。”

几日后，吏部的任命文书下来了，陈子龙外放出任广东惠州府司理，夏允彝则担任福建长乐县知县。

这时，许都留下一封信，大意是“子龙兄，祝贺得志，南归已是官身，谅无危险，小弟就此别过。山高水长，后会有期。”

陈子龙把信拿给杨爱看。二人唏嘘不已，北上京师的路途，三人已然结成生死之交，就这么匆匆告别，皆甚觉伤感。下次见面又不知何时。

陈子龙勉强笑了笑，道：“这个许都，真是神龙见首不见尾！不知道他会去哪里。”

杨爱仰首道：“许大哥乃英雄豪杰，定能做一番大事业的。”

陈子龙眼神里闪过一丝不易觉察的醋意，嘟囔了一句：“是啊，肯定比我这个书呆子强。”

杨爱“扑哧”一声笑了，恭敬道：“卧子兄啊，不，陈大人，您这一当官，小弟说话可要小心了。”

二人正兴高采烈地聊着，突然松江会馆的伙计跑了过来，因为之前刚到北京的时候，陈子龙一行在松江会馆借住过几日，所以互相认识。

会馆伙计拱了拱手道：“贺喜陈大人金榜题名。”

陈子龙笑道：“小兄弟客气。”

会馆伙计扭捏了一下，欲言又止的样子。

杨爱赶紧问："小兄弟这是怎么了。"

"陈大人，您松江老家的客商今日来了会馆，说是陈大人的府上捎来口信。"

陈子龙惊道："老家出了什么事情吗？"

"令祖母大人病危，请陈大人火速回乡，可能还赶得及见上一面……"

陈子龙听了顿感五内俱焚，当下便颓倒在了地上。

杨爱赶紧扶子龙到榻上休息，又拿出一吊钱谢了伙计来报信。

杨爱给子龙灌了一碗清水，他才慢慢回过神来，继而轻声念叨："我们快回去吧。"

杨爱答道："好。我们现在就走。"

陈子龙忽然想到一件事，道："不对，我现在算是官身了，回乡须得向吏部告假方可。"

于是，他爬起来写了一封告假的呈文，在呈文里他深情地回忆了自己和祖母的感情，特别是在父亲和生母去世之后，祖母高氏是他唯一的具有直接血缘关系的亲人，由于祖父曾经捐官得到朝奉郎的六品官衔，按照大明制度，六品官员之妻可得到受封"安人"的诰命，所以家族里面都是尊称陈子龙的老祖母为"高安人"。他感叹道"臣无祖母，无以至今日，祖母无臣，无以终余年"，希望朝廷允许他尽快回乡探病。

杨爱却仍然在心里回味卧子兄刚才的话，我没听错吧，他说的是“我们”，是我们一起回去，是要带我去拜见他家中的长辈吗？

想到这一层，她顿觉温暖，同时却又感到一丝羞涩，忽而又担忧起卧子兄常常提起的老祖母，那是卧子兄最敬爱的长辈。希望她能够康复，看到子龙能够意气风发地衣锦还乡，杨爱在心里默默为他二人的未来祈祷着。

自此，二人风餐露宿，星夜兼程，以最快的速度骑马而行，一月之后，终于回到了松江。

待陈子龙带着杨爱到达家门口的时候，看到门上并未贴着白纸之类字符，心里终于松了一口气，“砰砰砰”敲了几声大门。

“谁呀？”一个老仆推门出来，“呀，少爷回来了。快放鞭炮！”

陈子龙皱了下眉头，问道：“放什么鞭炮？”

“庆贺少爷金榜题名啊！松江城都传遍啦！”

“太夫人呢？”

“在内宅。”

“快！我要去拜见太夫人。”

“这位公子是？”

陈子龙答道：“是我的朋友柳公子。老何，你今天怎么这么多话！”

“老了，老了，见到少爷高兴得啥规矩都忘了。”那老何不好意思地挠了挠头，“少爷、柳公子快请进。”

老何一边开门，一边冲着里面喊：“少爷回来了！”

陈子龙拉着杨爱的手，快步往院子里面走。

这是杨爱第一次来到陈子龙的家，心里充满了复杂的情绪，不知是感动、兴奋，还是忐忑不安，总之她手心全是汗水。

陈子龙觉察到了，拍了拍她的手，说道："家里人都待人极好，放心吧。"

杨爱羞涩地点了点头。

这是一个典型的江南士大夫的小宅，虽然不大，但很精致。门内的楹联写着：

小有园亭山水，种树养鱼，得少佳趣；
虽无管弦丝竹，论文把酒，足叙幽情。

杨爱由衷赞叹道："看这对联，便知主人不俗，没有挂什么'忠厚传家、诗书继世'的文字。"再往里走，穿过悠长的通道，便是内宅。

陈子龙方欲应她，却与迎面急急走出来的两个人撞了个满怀。他正要责怪是谁这么冒冒失失，抬头一看，原是自己的夫人张氏带着贴身丫鬟匆匆往外走。张氏是陈子龙父亲的一位同年的女儿，自幼订了婚约，陈子龙游学在外的时候，都是她在侍奉长辈、管理家务。

陈子龙忙问："祖母大人可安好？"

张氏答道："还好，听说官人回来了，让我赶紧去迎接。"

杨爱一见便明白了，她之前听卧子兄提到过张氏，这次遇到，看她举手投足果然是大家风范，赶忙拱手道："嫂夫人好。"

张氏看了看这个俊俏的少年书生，笑着问陈子龙："这位相公是？"

陈子龙答道："是柳、柳公子。"

张氏冲着杨爱道了一个万福："请柳公子在客堂奉茶。"

陈子龙忙道："柳贤弟不是外人，一起进内宅拜见祖母便是。"

张氏笑了笑，答道："柳公子，实在抱歉，陈家的规矩如此，内宅是府里女眷的住处。外间男子一律不得进入内宅，就连在陈家二十多年的老何都没有进过内宅一步。"

陈子龙答道："可她不是……"

杨爱打断他道："好，柳某自当从命。卧子兄，赶紧探视祖母要紧！弟就去客堂饮茶相候。"

张氏转过头，嘱咐老何："送柳公子到客堂，好生伺候着。"

陈子龙无奈地苦笑了一下，对杨爱叮嘱道："那你好生歇息，我先去看祖母大人，禀明祖母，再请你过来。"

杨爱拱了拱手答道："兄且快去吧，替我给祖母大人请安。嫂夫人慢走。"

张氏施礼之后，携着陈子龙的手往内宅走去。

杨爱目送他们走远，心里忽然有点失落。

老何恭敬地立在旁边，等杨爱回过神来，才客客气气地带她去了客堂。

陈子龙忧心如焚，赶紧往内宅里祖母的屋子走去。

进门之后，看到祖母高安人正悠闲地躺在榻上晒太阳，旁边贴身丫头正在给她捶腿。

“孙儿给祖母大人请安。”陈子龙拜倒在地。

“啊，龙儿，你回来了!”高安人充满慈爱地望着陈子龙，挣扎着要从榻上起来。

陈子龙赶紧起来，快步走到榻前，紧紧握住祖母的手，问：“祖母身体如何？孙儿在京得到了家里的口信，一刻都不敢耽搁，火速赶来了。”

高安人用手指了指陈子龙的额头，又指了指张氏，笑道：“龙儿啊，知道你中了进士，祖母呀起码得多活十年!身体康健得很。”

“那怎么……”

“你不要怪你媳妇，是我让她这么传的口信，就是想让你赶紧回家来。”

陈子龙大惑不解。

高安人挥了挥手，让所有人都出去，就只留陈子龙一个人在屋里。

“龙儿，祖母听说，你和一个女子形影不离，这次进京赶考还把她带上了?”

陈子龙沉吟了一下，答道：“祖母，确有此事，但不是我带着她，而是她一路舍命相送，没有她，恐怕就没有孙儿了。”

于是，陈子龙跟祖母讲述了在路上的历险经历。

高安人听了，直念“南无阿弥陀佛”。

陈子龙还在继续讲述杨爱的侠肝义胆，突然高安人打断他道：“可我听说她是个流妓!”

“祖母！您听谁在嚼舌头?”

“龙儿，听谁说的无足轻重，可此事已经是满城风雨了!”

“孙儿问心无愧。”

“你就告诉我她到底是不是流妓?”

“当然不是，虽然她曾经被人陷害到教坊司……”

“教坊司？果然是个风尘女子!”

“她不是那样的女子!”

“龙儿啊，你还年轻，这样的青楼女子，以前逢场作戏倒也罢了，但你现下中了进士，就要留神了。否则，有多少人会借此攻击你。”

“孙儿问心无愧，与此女誓不分离。”

“可是，龙儿，你把一个青楼女子带回家，有辱门风啊！将来祖母阖了眼，又怎么跟陈家的列祖列宗交代?”

陈子龙满眼含泪悲戚道：“她是这个世界上除了祖母之外，最爱孙儿的人。祖母见到她，一定会喜欢她的……”

高安人叹息道：“我怎么不早早去死啊！这样就不用烦恼了！眼不见为净，你们爱怎么闹腾就怎么闹腾去吧。”

陈子龙慌忙跪下，重重磕了几个头，顿时被地上的青砖磕破了头皮，痛苦道：“祖母大人这么说，是孙儿太不孝了！”

高安人赶紧一把搂住他，呼道：“龙儿啊，你想气死祖母啊！快起来、快起来！”

祖孙二人各自神伤。

过了半晌，高安人幽幽叹了口气：“她在哪里？带她来见我。”

“她就在客堂。”

“你竟已带她进了陈家？”

陈子龙认真地点点头。

高安人拄着拐杖，对陈子龙道：“扶我去客堂。”

陈子龙忙道：“祖母您安坐，我带她来拜见您。”

高安人摇摇头道：“陈家的内宅，几百年都是干干净净、清清白白的。”

出了门，只见张氏和府里的几个丫鬟皆在走廊候着。

高安人摆摆手命道：“你们就别去了。”

话说杨爱正坐在客堂里喝茶，她看着客堂里摆满了陈子龙的书，闻着那些书香，感觉如此亲切和踏实。客堂墙上也有个对子，写着：

长剑倚崆峒，谁向空中弄明月；
大江流日夜，坐看奔湍绕石楼。

这幅字是陈子龙自己一次喝醉的时候写的狂草，也是他唯一的一张草书。杨爱越看越喜欢，忍不住反复吟诵。

就在这时，门“吱呀”一声开了。

一个仪态威严的老妇人出现在门口。她回头说了句：“龙儿你也别进去了。”只听陈子龙还要说些什么，门已然被关上。

杨爱意识到这肯定是卧子兄的祖母，赶紧跪下请安。

高安人看到客堂里坐着一个俊俏干练的少年书生，也不觉愣了一下。

杨爱摘掉自己的儒冠，露出长发，恭恭敬敬地敛衽下拜。

高安人点点头，心中已然不像之前那么恼怒。

她询问了杨爱几个问题，家乡、家人和经历，杨爱都是如实说了。

高安人也为这个女孩子的遭遇感到惋惜，不断数着自己手中的佛珠。

杨爱开始非常紧张，慢慢地就感觉这个老妇人更像自己的老祖母，虽然自己的老祖母在她很小的时候就离开了人世。

两个人足足交谈了半个时辰。

高安人站起身来，和气道：“在客堂吃过饭，再走吧。龙儿那里，多谢你了。”

杨爱动容地望着高安人离去的背影。

高安人一走，陈子龙便闪身进来，问道：“柳弟，如何？”

杨爱答道：“祖母大人对我很好。”

陈子龙松了口气，刮了一下她的鼻子，温言道："我就知道柳弟肯定会让祖母大人喜欢的。"

二人在客堂美美用了一餐饭。每吃一道菜，陈子龙就会讲起小时候吃这菜的故事，逗得杨爱哈哈大笑。

饭后，陈子龙送杨爱回到南楼。

到了楼下，杨爱拉着陈子龙的手，劝道："卧子兄刚刚还乡，这几日少不得有许多地方缙绅拜见，就不要来看我了，专心应酬吧。另外，兄过阵子就要去外地赴任，这几日多陪陪祖母大人和嫂夫人为好。我在这里继续编书，把卧子兄的《皇明经世文编》的书稿整理完。"

陈子龙激动地握着她的手，温柔地耳语道："你就是事事顾念着别人，不考虑自己，你看你瘦成什么样子了？"

事实正如杨爱所言，回到宅子后，果有一批同乡士大夫、当地父母官、族中亲眷等人纷纷过府拜访，来客络绎不绝，陈府众人皆提着精神应酬了好几日。

突然有一日，高安人把陈子龙叫到房里，道："龙儿，祖母不反对你和那个杨爱来往。"

"孙儿谢过祖母大人！"陈子龙欣喜过望。

"但是，我有一个条件。"

"祖母请讲。"

"她不能进陈家的门，不能有名分，连侍妾、丫鬟都不能算，你只能在外面跟她见面，终生不能娶她进门。"

"这……"陈子龙痛苦道，"这怎么可以？"

他一夜都辗转反侧，无法入睡，他要给杨爱一生的幸福，却不能正大光明地给她一个家，这算什么？不、不，要再找祖母求情。

次日清晨，等到祖母起床，他便进去请安，却发现张氏也在。

只听得祖母问："你刚才说的，都是真的？"

"孙媳岂敢欺骗祖母大人！"

"好、好！便答应了你。"

高安人见陈子龙过来，兴高采烈地对他笑道："龙儿啊，如今真是双喜临门！"

陈子龙笑道："祖母大人，又有何喜事？"

高安人指了指陈氏道："我们陈家啊，有后了。"

陈子龙胸口一震，大吃一惊，直问："怎么可能？"

张氏端庄地点点头，小声嘀咕道："那天你深夜回屋，喝醉了酒……"

陈子龙使劲儿回忆，却没有什么印象了。

"我的好孙儿啊，就是糊里糊涂！可就是命好！"高安人笑不拢嘴。

她摆了摆手，让张氏先出去，随即拉住陈子龙的手正色道："龙儿，现下祖母改变主意了，你和那个杨爱必须断绝来往。"

陈子龙惊道："祖母何出此言？"

"如你一意孤行，我便到官府告你忤逆不孝！不只是你要坐牢，那杨爱也会被捕幽闭。"

"祖母！"

“你不要再说了，出去吧。”

陈子龙不明白为什么祖母一夜之间变化如此之大，他走出房门，回到自己房间，看张氏正坐在榻上刺绣。

他走过去，一把抓住张氏的手腕道：“你对祖母说了什么？”

张氏否认道：“没说什么。”

陈子龙喝问：“是不是你说你有喜了，拿这个威胁祖母？”

张氏忽然笑了，道：“相公，您要是想纳妾，回头我给您在松江府好好寻个好人家的姑娘，好不好？”

陈子龙无奈地摇了摇头，摇晃着身子大踏步走了出去。

不日，他要去浙江绍兴上任的日子很快就到了。

他出了府，乘一只小船穿过湖面，到南楼去见杨爱。他二人的南楼本是一位朋友的屋室，距离陈府并不很远。

十几日不见，杨爱的样子依然清秀动人。

“卧子兄，你来了。”

“是。”

“你快看。”杨爱指着案头的书稿。

“啊？竟然这么多了！”

“兄心里可喜欢？”

“喜欢。”

“不是指书，我是说……我……”杨爱娇羞地低着头轻声道。

“自然。你是子龙心中的洛神。”

他一边说，一边紧紧揽过杨爱，她的乌亮轻柔的发丝拂到他的眼睛上，让他感到一瞬的意乱情迷。

“柳弟。不，杨君。”

“嗯？”

“我要与你一起，死也不相离。”

“卧子兄……”

“唤我子龙。”

“子龙，子龙……”

陈子龙“啊”的一声，汗水湿透了他的衣服，竟然是一场梦，如此真实的梦境让陈子龙坐在清晨的阳光下，感到人生的恍然。

他赶紧叫老何备马，飞快朝着南楼的方向奔去。

“那不是梦，杨君。”

快到熟悉的南楼的时候，他仿佛看到杨爱正在妆楼颙望，于凭栏处微笑地望着他。

陈子龙快马加鞭。

到了楼下，发现竟然锁着门。

他惊讶之至，慌忙掏出钥匙，开了锁奔上楼去。上面已是人去楼空，那个熟悉的、美好的、瘦弱的身影，竟然不见了。

“柳弟！”

“杨爱！”

“你在哪里？”

空荡荡的楼阁里只能听到自己声音的回声。

他走近那张梨木书案，这段时间来短暂的零零碎碎的日夜时光，两人一起伏案写字、编书、作诗、绘画、弹琴，他抚摸着这张书案，看到书案上整整齐齐的书稿，跟梦境中见到的情景一模一样。

“未及看她的这两日，她真的一直在全力整理书稿啊。”

案上还有一张纸，上面写着几行字。

陈子龙颤抖着拿起来看，只见墨迹如血：

年年跃马长安市，客舍似家家似寄。
青钱换酒日无何，红烛呼卢宵不寐。
易挑锦妇机中字，难得玉人心下事。
男儿西北有神州，莫滴水西桥畔泪！

“她是让我放下儿女情长，专心国事？为什么……”

陈子龙带着满身失落和疑惑，跌跌撞撞下了楼，回到房中，自己关起门来喝了很多酒。

张氏也没有问什么，只是吩咐丫鬟去熬醒酒汤。

不知道喝了多久，恍惚中看到祖母进来了，陈子龙挣扎着要站起来，已然玉山颓倒，无法站立，祖母心疼地望着他道：“你不要怪谁，是我让人去南楼跟杨爱说的，她是个明事理的姑娘，不会让你为了她断送一生前程的。”

陈子龙满面抽痛地应了一声，复又醉倒于榻。

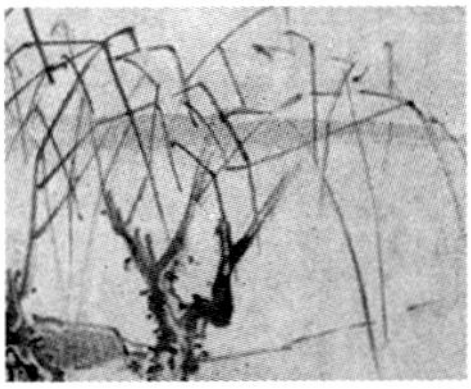

十九 岳王庙

数月后，改任绍兴府司理的陈子龙接到了上方的一纸命令，他感到目瞪口呆。这个任务是浙江巡抚衙门直接发给他的，派他去招抚一个人。

那个人竟是许都。

其实许都在京师也接到了口信，是母亲去世的消息，他在陈子龙金榜题名的时候，不忍告知噩耗，选择了独自忍痛回乡。由于他在家乡声望非常高，母亲在山间发丧的时候，竟然远近万人相送。故乡东阳的知县孙裴贪酷成性，平时向许都索贿，没有得逞，这次趁机诬陷许都聚众万人谋反，派兵搜杀。

许都不得已真的就反了，用孝布包头，号“白头兵”，以“诛贪吏”为号召，旬日之间，众至数万，连下兰溪、东阳、义乌、武义、浦江，进而围困金华，全浙大震。

由于之前陈子龙举荐过许都，有人就建议派遣陈子龙去招抚许都，浙江巡抚董象恒同意了，所以才会有巡抚衙门的那纸命令。

时隔良久，当陈子龙再次见到许都的时候，许都身着白色孝服，上面满是血迹，坐在一个山洞里，手中却依然紧紧握着长刀。

陈子龙身上穿着青色的官服，正气凛然，补子却又绣着滑稽的飞鸟。

在这样的场合见面，两个人都未尝预料，倍感世事变化无常。

“贤弟。”

“子龙兄，你要是来做说客的话，就不必说了。如果是来见我最后一面，就喝碗酒吧。”

“好，就喝酒。”

“对了，杨姑娘呢？”

“你知道柳弟是女子？”

“哈，我又不傻，只是不愿说破罢了，怕她不自在。”

“原来如此。”

“她对你一片真心，甚至不惜生命护你周全，你一定好好待她。”

“我……唉。”陈子龙长叹一声，“不说这个了，贤弟啊，你刚才说‘最后一面’是何意？”

“子龙兄，四面都是官军，我已突围无望，但也不愿落在他们手里，宁可战死，或者自己给自己一个痛快。”

“糊涂！你这么好的武艺胆略，难道要死在这些无名小卒手上吗？”

“那又能如何？官逼民反，唯死而已！”

“枉我敬你许子口是个英雄，谁知是个莽夫！”

“子龙兄不必激我。”

“岂不闻太史公之言：人固有一死，或重于泰山，或轻于鸿毛。贤弟死在这山里，于天下有何益？现在四海鼎沸，内外交困，建州铁骑虎视眈眈，中原闯军又横行秦楚诸省，你我读圣贤书之人，难道就袖手旁观吗？浙江巡抚衙门已有明令，只要是你肯归顺朝廷，免去你和你的部下的罪名，许你们北上戴罪立功！如何？如何？”

许都问道：“衙门的话能信吗？这可关系到几百人的身家性命啊！”

陈子龙拍了拍自己的胸口道：“我陈卧子的为人你不信吗？”

许都沉吟了片刻，答道：“容我和弟兄们商量。”

“好，我且在山下等你。”

数日后，绍兴府的差役们突然拥入陈子龙的官署，陈子龙惊问何事，他们都说是来贺喜陈大人的，说是因陈大人平叛立了头功，朝廷下旨，要提拔陈大人当兵科给事中，那可是个位高权重的位置啊。

陈子龙惊喜地问：“许都归顺朝廷了？”

“正是。”

“太好了！备马，我要去见他。”

差役们面面相觑。

“怎么?”

“大人不知道？贼首许都及其部下三百人投降之后，均被当场砍头了！这都是巡抚大人的诱降之策……”

“什么?”陈子龙口中直喷出一口鲜血，全身像遭了雷击，气力全无。

就在许都被杀的时候，杨爱已经南下去了杭州。

其实，在陈子龙得知外放绍兴之后，二人便有杭州之约，可是，现在她只能是孤身前来了。

她还是一身书生装束，独自在杭州西湖之畔散步，只见白堤宽阔而敞亮，靠湖边密植垂柳，外层是各色的桃花，回望群山含翠，湖水涂碧，如在画中游。

杨爱看着柳枝在湖风中婆娑起舞，望着印在湖面上的青山，忽然忆及辛弃疾的那首《贺新郎》：

怅平生、交游零落，只今余几！
白发空垂三千丈，一笑人间万事。
问何物、能令公喜?
我见青山多妩媚，料青山见我应如是。

“如是，如是……从此之后，我便叫柳如是，这个世上再没有杨爱和柳隐了。”她在心中默默道：卧子兄，忘了我吧。

正当此时，西湖之上一片烟雨迷离。

柳如是望着雨中夕照山上的雷峰塔。

这座塔是七百年前吴越国王钱俶为祈求国泰民安而建，嘉靖年间被围困杭州城的倭寇纵火焚烧，灾后古塔仅剩砖砌塔身，通体赤红，一派苍凉凝重，与北山的保俶塔，一南一北，隔湖相对，在细雨之中，雷峰如老衲，稳重慈悲，保俶如美人，端丽雅致。

“可惜不能和卧子兄一起欣赏这番美景了。”

行走在白堤上，杨爱……不，应该说柳如是喃喃地默念着白居易的《忆江南》：

江南忆，
最忆是杭州；
山寺月中寻桂子，
郡亭枕上看潮头。
何日更重游？
江南忆，
其次忆吴宫；
吴酒一杯春竹叶，
吴娃双舞醉芙蓉。
早晚复相逢！

是啊，“何日更重游”？虽然我们可以熟练背诵关于这里的几百首诗词，在纸上熟悉这里的一草一木、一湖一山，可惜我们从未携手来过！“早晚复相逢”，迷失的人已然迷失在烟雨之中，难觅归途，相逢的人会再重逢吗？如果重逢，又会是何时何地？十年生死两茫茫，即使重逢，又能如何？早已物是人非事事休！

人世间的悲哀往往如此。

当杨爱成为柳隐的时候，她成长为一个英姿勃发、才华横溢的少女“书生”；而当她变成柳如是的时候，她已不再是少女，而是备尝了青春和理想在现实之中碰撞纠缠的滋味，而逐渐成熟起来的年轻女子。

这场西湖边上的细雨，让柳如是放肆地流下满脸的泪水。

擦干泪水之后，她徒步向西湖西北角的岳王庙走去。那是她的卧子兄曾多次提起的圣地。

雨中的岳王庙冷冷清清，门口只有三三两两的小贩在庙檐下一边避雨，一边售卖莲子、松果之类的小干果。庙门两侧悬挂着“三十功名尘与土，八千里路云和月”的对联，匾额上高悬着“忠烈”两个大字，是本朝英宗皇帝复辟之后御赐的。

柳如是恭敬地朝着庙门拜了一拜，才踱步进去。

其实关于岳飞的历史，她并没有太深入的了解，只是听陈子龙讲过一些，她了解更多的是梁红玉，那个和夫君韩世忠一起血战沙场，以八千子弟兵遏制十万金军的青楼女子，卧子兄知道她仰慕梁红玉，还专门为梁红玉的祠堂写过一副对联，柳如是至今还记得清清楚楚：

青眼识英雄，寒素何嫌？
忆当年北虏鸱张，桴鼓亲操，半壁山河延宋祚；
红颜摧大敌，须眉有愧！
看此日东风浩荡，崇祠重整，千秋令誉仰淮壖。

“青眼识英雄，寒素何嫌”，当时柳如是听到这句话，心里想着，这话是卧子兄说给我听的。

她慢慢走进岳王庙，那肃穆的氛围一下子就让她沉静了下来，她撑着伞，读墙壁上那些诗文，其中本朝画家文徵明的一首《满江红》让她沉思良久：

慨当初，倚飞何重，后来何酷！
果是功成身合死，可怜事去言难赎。
最无辜堪恨堪怜，风波狱！
岂不念，中原蹙！岂不惜，徽钦辱？
但徽钦既返，此身何属！
千古休夸南渡错，当时自怕中原复。
笑区区一桧亦何能，逢其欲。

这首词让她感到惊异，从来都是说奸臣秦桧害死了岳飞，而文徵明却大胆地指斥宋高宗是元凶：“不知道他说得对不对？卧子兄若在就好了，他肯定能给我解释清楚。”柳如是想到这一点，心中更加难过，继续向前走去。

走近岳王墓的时候，看到那块古朴的“宋岳鄂王之墓”

的墓碑屹立在风雨之中，墓道两旁陈列的石虎、石羊、石马和石翁仲默默守护着，让柳如是大为感动，这是她第一次来到一个人的墓地，她自幼离开父母和家乡，从来没有机会为亲人扫墓。

她刚擦干的眼泪一下子又落下来了，沉吟片刻，口占一诗云：

钱塘曾作帝王州，武穆遗坟在此丘。
游月旌旗伤豹尾，重湖风雨隔髦头。
当年宫馆连胡骑，此夜苍茫接戍楼。
海内如今传战斗，田横墓下益堪愁。

就在柳如是默默望着岳王墓的时候，忽听得背后传来一阵哭声，回头一看，是一个衣衫褴褛的老汉，没有打伞，浑身都湿透了，正在雨中哭喊，却紧紧抱着一堆东西，好像是生怕它被淋湿。

柳如是赶紧冲过去，给老汉撑着伞，问道："老伯，敢问有何伤心之事？"

老汉道了声谢，没有多说，只是跪在地上，哆哆嗦嗦地掏出来一件旧衣服，放在雨水淋不到的祭炉下面，用火折子点着，一点微弱的火光在寒雨之中更觉渺小。

柳如是接着问道："老伯，您是岳王爷的什么人啊？"

老汉摇摇头。

"那您这是？"

“我这是烧给我家老爷的。”老汉一口浓重的北方口音。

“您不是本地人?”

这时候，围观的人也多了起来，大家都好奇地看着这个举止怪异的老汉。

老汉一边用手挡着风，生怕火被吹灭，一边回答道：“老头子本是山东人，自家老爷是山东济南府历城知县韩承宣韩老爷，他战死在济南城了。我等府上旧人却找不到他的遗骨，就想着把他的衣服送回浙江老家建个衣冠冢，谁知到了杭州，盘缠也没有了，只得把衣服在岳王爷墓前烧化了，也算安慰了老爷的在天之灵了!”

说完，他埋头在地，继续痛哭起来。

四周的人也都跟着唏嘘不已。

柳如是想起卧子兄跟她讲过：在半年之前，建州睿亲王多尔衮率军入关，深入两千里，在山东、河北掳掠，攻占一府、三州、五十五县，二关，就连济南城都被攻陷了，杀总督二人、守备以上将吏百余人，俘获人口四十六万余、黄金四千余两、白银九十七万余两。

人群里一个穿着寒酸的书生愤怒道：“建州八旗军民加起来才十万人，我大明光军队就有百万之众，怎么就能让他们长驱直入呢?”

一个中年汉子答道：“我在辽东待过，咱们的兵不中用！建州兵抢来的东西都归自己的，咱们的兵连饭都吃不饱，哪有力气打仗!”

“老百姓年年纳这么多粮饷，怎么能没饭吃?”有人插嘴道。

中年汉子笑了笑道："当官的有几个不克扣军饷的？不光扣军饷，还吃空饷，我在的卫所编制两千，实际上才八百人，但报给朝廷还是按两千报，剩下的一千二百人的份例早都被卫所长官和监军太监私吞了！"

书生"哈哈"一笑，他的笑声跟老汉的哭声混杂在一起，让人毛骨悚然，他大声说道："怪不得岳王爷说，文官不爱钱，武官不惜死，则天下太平！"

"嘿，要是有岳王爷，不早就把建州兵赶走了嘛，不早就收复辽东了嘛！"

有人插嘴道："那可不一定，就算岳王爷活到今日，说不定也会被害死。你没看到西湖边上的于少保墓嘛，于少保粉身碎骨全不怕，赤胆忠心，不还是落得个杀头的下场！"

"倒也是。"中年汉子赞同道，"十年之前的辽东经略熊廷弼，打败了建州老王努尔哈赤，结果呢？最后还不是跟岳王爷一样，下了死牢，砍了脑袋，传首九边，我还亲眼见过他的脑袋！杀他的时候，建州的人摆酒庆祝了好几天呢！"

"呀，别胡说八道！"旁边一个年纪大点的人惊恐道，"咱们就一起拜拜岳王爷，请他老人家保佑大明吧！"

于是，众人都纷纷在雨里跪下，嘴里都是念念有词。

就在这时候，一个少年突然仰天大笑。

谁都不知道他是什么时候到了的，大家都吃惊地望着他，像看一个疯子。

柳如是看他也就十五岁上下的样子，脸色很苍白，穿了一身很奇怪的衣服。

有人问他为何发笑，少年笑道："你们，求鬼，不如自己的刀。"

他的话说得似乎不太流利。

一个老人忽然恐惧地指着他喊道："倭寇！倭寇！"

人群立马散开了。

少年怒道："我不是。"

老人颤抖着身子，道："不会错的，我年轻的时候听到过倭寇讲大明的话，一辈子都忘不掉。"

那少年还要说什么，几个汉子便大吼一声："啰嗦什么，绑了这个小倭寇去见官！"

少年却丝毫不惧。

这时，柳如是不知道从哪里来的勇气，一下子挡在了少年面前，她恳切地对众人拱手道："各位父老，这是我的亲弟弟，他自幼在南洋长大，口齿不清，讲咱们中原的话讲不利索，但当真不是倭寇。"

为首的汉子喝问道："此话当真？"

柳如是点点头。

"好吧，这位小相公倒也像是读书人，姑且信你——都散了吧。"

于是，人群散去。柳如是对众人拱手称谢，然后给还跪在地上烧衣服的老汉塞了一吊钱，温柔地安慰道："老人家，可怜你一片心，好好保重。”随即转身离开。

这时，那个少年突然一把拉住柳如是，笑喊：“兄台，莫走。”

柳如是赶紧挣脱了他的手，慌道：“快放开。”

少年一愣，随即问道：“兄台，我，郑森，你叫什么？”

柳如是脱口而出：“柳如是。”说完自己也愣了一下，这是她第一次告诉别人这个名字。

“柳兄，你好。”

“嗯。”

“你是朋友，我要请你，喝酒。”郑森一字一顿道。

柳如是在杭州也没有朋友，忽然觉得眼前这个少年很是亲切，于是点点头道：“柳某请你。”

二人一起去了孤山脚下的楼外楼，这是杭州的老菜馆，店名取自南宋诗人林升的一首名诗：

山外青山楼外楼，西湖歌舞几时休。
暖风熏得游人醉，直把杭州作汴州。

店里一道西湖醋鱼最是有名气。

柳如是、郑森坐在窗外一个可以观赏湖景的座位，柳如是点了西湖醋鱼，又叫了几个特色小菜，一坛子花雕酒。

很快酒菜便端上来了。

郑森没有客气，一筷子夹起来便吃了一块儿鱼肉，刚入口便赞叹道：“好吃，比生鱼片好吃。”

柳如是警觉地问道：“你真是倭寇？”

郑森边吃鱼边使劲摇头，解释道：“不不，我娘亲是东洋人，我父亲是大明的海客(海盗)。”

柳如是答道：“那还是倭寇啊。”

郑森笑了笑，道：“你怕我？”

柳如是摇摇头。

“为什么不怕？”

“生亦何欢，倭又何惧？”

“兄台说什么，听不懂。”

“你是倭寇也罢，不是也罢，跟我没什么关系，吃鱼吧。”

“好，柳兄爽快。”郑森又大口喝了一口酒，“你也喝。”

柳如是端起酒碗，也一饮而尽。

不知不觉，二人已喝光了一坛子酒。

郑森问：“柳兄，你来杭州做什么？”

柳如是想了想，回答道：“为了一个约定。”

“什么约定？”

“不说这个了。你呢？”

“来找我老师！”郑森兴奋道。

“你老师在杭州？”

“是的，他……”

郑森没说完，突然就从窗户上跳出去了。

柳如是吓了一跳，赶紧探头一看。

却看到郑森轻飘飘地落在地上，飞快地向湖边跑去，直跑到湖岸，对着一个长衫人物磕了个头，随后郑森又冲柳如是的窗户挥了挥手，示意她下来。

柳如是摇摇头，继续喝酒。

过了一会儿，郑森自己飞身上楼，回到座位。

“柳兄，你怎么不下来？”

“你这轻功不错啊。”

“不只轻功，我所有武功都很好的。”

“倒不谦虚。”不知为什么，柳如是在这个说话不流利的“小弟弟”面前非常轻松，可以畅所欲言，“那你刚才在岳王庙怎么没露出武功？”

“那些都是百姓，我怕伤了他们，老师骂我，”郑森挠挠头说道，“兄台，快随我下去拜见老师。”

“为什么？你老师又不是我老师。”

“快点，他想见你。”

“他想见就见？”

“因为我跟他说，你是我在大明的第一个朋友。”

柳如是听了这句话，迎着郑森真诚的目光，未再拒绝。

郑森开心地抓住她的手，就往楼下跑去。

柳如是一边喊“慢点儿”，一边匆匆把饭钱甩给柜台。

到了湖边，一个五十多岁的男子正安静地望着湖水。

郑森喊道：“老师！”

男子蓦然回首，那是一张相貌端正的脸，略显沧桑和疲惫，眼神却是炯炯有神，挺拔的鼻梁，微翘着的嘴角，一脸半白的胡须修饰得整整齐齐，俨然大儒气象。

柳如是瞬间被他的气度震慑住了，对其恭敬地一揖。

男子笑了笑，问道：“这位兄台就是森儿的朋友？”

柳如是正要回答，郑森抢先答道：“是，他叫柳如是！”

男子拱了拱手：“柳公子，幸会。老夫常熟钱谦益。”

柳如是惊异地望着他，道：“您是钱牧斋先生？”

男子客气地回答：“正是老朽。”

柳如是发自内心地拱了拱手，道了一声“久仰”。

这个男子竟然就是名震天下的东林领袖钱谦益，经常听陈子龙说起此人，说他道德人品文章俱是本朝第一人。没想到竟然会在这里偶遇。

钱谦益又与她寒暄了两句，便告辞而去。

郑森临别，回头冲柳如是喊：“柳兄，一定记得到常熟半野堂来找我们呀！”

二十 钱牧斋

那一日，大雪接连下了多天，西湖中平日熙熙攘攘的客船、游人和飞鸟的声音都消失了。

柳如是在杭州流连数月，不知不觉已是秋去冬来。她换上女子装扮，披上大氅，撑着一叶小舟，带着火炉，独自前往湖心亭看雪。湖面上雪花一片弥漫，天和云，山和水，融为一体，天光湖色全是一片白皑皑。湖上的影子，只有一道长堤的痕迹，以及远处一点湖心亭的轮廓而已，整个世界就像一幅精妙的宋元山水雪景图。

湖心亭所在小岛名为“蓬莱”，湖中另有瀛洲、方丈两个小岛，三岛之名均为远古时代的神山，此刻白雪茫茫，她站在湖心亭上极目四眺，湖光皆收眼底，群山如列翠屏，当真恍若仙境。

柳如是正在享受这静谧孤独的雪景，忽然看到一只小船飘然而来。

“竟然也有人冒雪而来，可见清净之难。”柳如是叹息道。

来人登岸之后，也发现了柳如是。

柳如是感到这个人正目不转睛地盯着她看，很是无礼，不由得又恼又怒，甚至有点恐惧。

她扭头看了一下来人，是个瘦弱书生。

瘦书生忽而笑了。

柳如是更觉这人真是无礼至极，正欲拂袖而去。

“请问阁下可是杨君否？”

柳如是吃惊地望着他道：“您是？”

“吾乃绍兴张岱，在眉公寿宴上有一面之缘。”

柳如是想起来了，是那个最喜欢插科打诨的张岱，非得让她演奏什么《凤求凰》的，没想到竟然在这里遇到。

张岱笑了笑，才道：“杨君当日是男子装束，今日换了女装，差点儿没认出来。”

柳如是道了一个万福：“张相公好，不意在此得遇故人。”

张岱热情地招呼道：“天气寒冷，张某带了茶具，且烹壶热茶。”

于是二人在亭子里铺好毡子，相对而坐。

张岱问起别后情景，柳如是讲了大概情节，只是略去了和陈子龙感情纠葛的细节。

张岱问起今后打算，柳如是只是说寓居杭城，暂无他求。

张岱看了看周围飘舞的雪花，道："如今天下大乱，杭州也恐怕难当避难之所。"

柳如是答道："俯仰之间，已为陈迹，相公不必挂怀，且惜眼前风物。"

张岱点点头，笑道："杨君，不，柳君，你我皆非凡俗之辈，我有一言，望君勿怪唐突。"

柳如是拱手道："相公但讲不妨。"

"君如此才貌，岂可孤独终老？我愿做媒，为你在江南士子中间找一个如意郎君如何？"

柳如是低下头，沉吟不语，她心中充满了纠结，自己还没有放下子龙，心里怎能装下他人？但在如此乱世，自己孤身一人又如何安身立命？

张岱果然是个热心肠。

数日之后，就带着好几个江南读书人去拜访柳如是，要么是才思敏捷的才子词人，要么是相貌英俊的官宦子弟，要么是刚入仕途的青年官员，但柳如是见了他们，都只是客客气气倒杯茶，似乎均无兴趣。

这些人虽然也是出类拔萃，可惜在她心里，终都比不上卧子兄。

柳如是沉思了数日之后，告诉张岱，她绝不做妾，如若娶她，需按正妻之礼，八抬大轿、明媒正娶。这个条件一出，所有前来碰运气的人都放弃了。在大明朝，文人与名妓可以诗词唱和，可以缠绵悱恻，这都算是风流雅事，但如果把妓女娶回家做妾，就要冒着家族和礼法的压力，至于按照正妻之礼迎娶一个青楼女子，那就是冒天下之大不韪，是谁都不敢的。

柳如是得以重新清净，她继续流连于西湖之上，写诗、画画，她的诗被一些文人收集整理成《湖上草》，广为流传。

千里之外，半野堂。

钱谦益坐在自己的半野堂，感到孤独而寂寥。

自从他罢官闲居，这个曾经门前车水马龙的半野堂，真的有半成荒野的感觉，除了黄宗羲等少数老友之外，再也无人造访。

“是啊，他们都害怕我，什么‘东林领袖’，唯恐避之不及。”钱谦益在心里苦笑道。

自从万历三十八年考取一甲三名进士，授翰林院编修，那一年他才二十八岁，青春得志的翩翩翰林、探花郎。如今在仕途已然三十年，回忆往事，他依然感到有太多遗憾。

在他刚入翰林的那一年，父亲钱世杨去世，他只能回乡丁忧守制，没想到一待就是十年。在这十年间，他磨炼意志，结交名流，加入东林，逐渐成为一个名扬四海的诗人、文章大家、东林领袖。

然而，他还有一个更大的梦想，那就是“入阁”，成为内阁大学士，像当年的张居正一样，改变这个王朝的命运。

直到天启元年，他才获得一个机会，出任浙江乡试主考官。这是一个可以招揽弟子、建立班底的大好机会，特别是在人文鼎盛的浙江，他接到这个任务的时候心中是狂喜的。

谁知道恰恰正是这个所谓的大好机会毁了他的仕途。当时一个叫钱千秋的考生科考作弊，将“一朝平步上青云”几个字分别写在每段末尾作为暗号，与考场官员金保元、徐时敏勾结，事发后钱谦益受牵连被罚俸。这事本已过去多年，谁知又被温体仁、周延儒翻出来，追论钱谦益受贿，崇祯帝在文华殿亲自召见对质，钱谦益引咎撤职，甚至被当众杖罚。

从此，他的入阁梦毁掉了。好不容易起复担任礼部侍郎，后来又被诬告，差点儿命都保不住，幸亏他早年曾经为一个叫王安的太监写过碑文，而王安又是时人司礼太监曹化淳的老师，他硬着头皮去求曹化淳，才得以削籍归乡。

于是，他历经九死一生，还是回到早年修建的半野堂，在这里安心著述，教授弟子读书。

其中一个心爱的弟子就是郑森，他的父亲郑芝龙原本是个福建大海盗，娶了一个东瀛女子，生了郑森，郑森从小在东瀛长大，直到父亲被明朝招安，才复又回到大明，因此汉语不流利，却在日本学得了一身好武艺。郑芝龙把他送到南京国子监读书，但郑森性格调皮，国子监管不了他，只好重金来求钱谦益，希望他收留这个孩子做弟子。

钱谦益原本是要拒绝这个曾经的海盗头子的，但看到郑森天资聪颖、为人正派、武艺高强，觉得在乱世有这样的弟子或许是好事，于是就答应了。在相处过程中，他越来越喜欢这个漂洋过海而来的弟子，给他取了一个号，叫

“大木”，取自《庄子》，希望其能够具有无用之大用，在这个乱世力挽狂澜。

这一日，钱谦益正在读一本诗集，读到一首诗：

钱塘曾作帝王州，武穆遗坟在此丘。
游月旌旗伤豹尾，重湖风雨隔髦头。
当年宫馆连胡骑，此夜苍茫接戍楼。
海内如今传战斗，田横墓下益堪愁。

他念了好几遍这首诗，特别是最后一句“海内如今传战斗”，反复吟诵，连郑森都快记住了。

郑森突然想起来什么，赶紧问：“老师，这是谁的诗？”

钱谦益给他看了眼书名。

“《湖上草》？”

“不错。”

“作者是？”

“杭州一名女子。”

“女子能写出这么好的诗？”

“大木，你不要小瞧了女子，才女多矣，文姬、易安……个个胜过须眉男儿！”

“老师所言极是，她叫什么？”

“柳如是。”

“什么？柳兄就叫柳如是！”

“柳兄？噢，就是在杭州遇到的那个书生？许是重名吧。”

“可是这首诗不是写岳王庙的吗？哪儿有这么巧的事情？”

“天下事，无巧不成书。”

钱谦益虽然说可能是巧合，但也在回忆那天遇到那个书生的情景，的确是相貌秀美，也许是女扮男装？

他使劲思索着，不得要领，于是继续去读那本诗集。

他读到一首赞颂于谦的诗：

少保绝世人，功名寄辽廓。
方其用兵时，战守何精确。
意气吞龙荒，事业高云阁。
坐见大驾回，左贤死绝幕。
……
松柏暗丘陇，枯桑喧鸟雀。
洒泪空夕阳，英风竟安托。
自公替凌后，几人称荦卓。
所以徒步客，恸哭霸王略。

钱谦益连声感叹道：“如此大气悲壮，实难想象出自女子之手。”

说话间又翻到一首《西湖采莼》，诗云 ：

空川日暮夜云层，烟景无心问武陵。

为有春风轻鹤浦，缘寻秋味暗鱼罾。
江篱自爱陶彭泽，樽酒探思张季鹰。
更忆故人峰泖曲，相思何处寄莼冰？

“唷，好一个‘烟景无心问武陵’，点到了老夫的心事啊。”钱谦益沉吟道，“最后一句，似乎是她有相思的故人在峰泖，峰泖不是在松江？不知她挂念的那个人是松江何者？”

钱谦益胡思乱想了一会儿，自己也笑了：“竟真的是老了，怎么会花费心思去琢磨这些无聊的小儿女之事。”

又过得几日，他带着郑森出门拜访朋友，原也是想让他多结交一些江南的名士。归来后，发现自己的书斋里放了一张纸，上面隐约几行字：

垂杨小院秀帘东，莺阁残枝未相逢。
大抵西泠寒食路，桃花得气美人中。

他忍不住击节赞赏：“好一个‘桃花得气美人中’！”

钱谦益拿起那张纸，忙问仆人是何人所留。仆人说是今天上午一个青年书生前来拜访时留下的。

钱谦益赶紧命人快马加鞭追赶寻访，在桃花涧下停泊的小舟上找到了这个书生。钱谦益得知之后，亲自前往一见，那人果然便是柳如是。

二人相视一笑。

柳如是拱手道："看到了牧斋先生桌上的诗集，很是惭愧。"

钱谦益笑道："枉活红尘数十载，不知木兰是女郎。"

柳如是嫣然一笑，面如桃花。

钱谦益霎时无言。

后来，柳如是为了纪念这次的拜访，写下了《庚辰仲冬访牧斋于半野堂奉赠长句》：

声名真似汉扶风，妙理玄规更不同。
一室茶香开淡黯，千行墨妙破溟濛。
竺西瓶拂因缘在，江左风流物论雄。
今日沾沾诚御李，东山葱岭莫辞从。

这首诗把钱谦益比作汉代著名学者马融，既有千行墨妙的高超文字，又有江左风流的王佐之才。当时钱谦益听罢，大为感怀，因世人都把他看作一介文人、诗人，不想这名红颜女子独具青目。

作为和诗，钱谦益写下了《庚辰仲冬河东君至半野堂有长句之赠次韵奉答》：

文君放诞想流风，脸际眉间讶许同。
枉自梦刀思燕婉，还将抟土问鸿蒙。
沾花丈室何曾染？折柳章台也自雄。
但似王昌消息好，履箱擎了便相从。

他把柳如是比作汉朝文学家司马相如的妻子卓文君，并且近乎直白地表达“枉自梦刀思燕婉”的相思之意。

这样的一个成熟稳重的文坛领袖，竟然如此坦率地表达自己的爱意，让她始料未及、不知所措。

钱谦益终用行动挽留了她。他在半野堂的旁边，修筑了一间窗明几净的屋室，取名“我闻室”，借用佛经里“如是我闻”之意境。他对柳如是待之以礼，尊称其为“河东君”（柳姓郡望河东），毫无亵渎行为，逐渐赢得了柳如是的敬重。故慢慢地二人常徜徉于湖光山水，诗酒做伴。

柳如是将在这里度过她一生之中最安乐的几年时光。

崇祯十四年的一天，钱谦益突然对她说道：“河东君，老夫暮年，切不可再误你芳华。”

柳如是望着眼前白发苍苍的老诗人，突然心中涌起了一股冲动，轻言道：“牧斋先生，且让如是陪您度过余生吧。”

钱谦益一时喜出望外，却又黯然神伤道：“我生君未生，君生我已老，如果早上二十年，老夫必定娶君为妻。然……”

“牧斋先生，”柳如是认真道，“实不相瞒，如是心底确曾一直装着一名男子。可是过了这些年才发现，自己真正需要的，是一位成熟甫重的长者、一个安定闲适的家。”

“长者？”

“才德并懋，如父如兄。”

钱谦益苦笑道：“谦益老矣。”

“不，如是像对待父亲一样尊重您、爱戴您。”

“是爱戴而非爱?”

“如是……不知。”

“好，钱某明白了。”

“您不明白。我只需要这样陪着您便好。”

“河东君，如果是继续这样，老夫宁可不再见你。如你决定陪我度过余生，就定要给你名分。”

“名分?”

“老夫要八抬大轿娶你进门，循正妻礼节。”

“不不，牧斋先生，这会毁了您！您的名节、荣誉和前程……您还要再度出山……您本是东林首领啊。”

“为你，老夫不在乎。”

菰叶流霜，世事无常。

当柳如是嫁给钱谦益的时候，常熟城轰动了，甚至整个儿江南都目瞪口呆。

在大明朝的历史上，第一位用正妻的礼节娶一个妓女的人出现了，而且还是闻名天下的钱牧斋！

柳如是的花轿路过的时候，围观的人们陷入惊奇、吃惊、艳羡、妒忌、鄙夷等各种情绪之中，终于有一个人往花轿上扔了石头，其他人也都纷纷扔鸡蛋、瓦砾等物。

在前面骑着马的钱谦益立即掉转马头，只身挡在花轿之前。

二一 白头翁

当春风吹拂着半野堂的柳枝的时候，柳如是正坐在柳树下安静地喝茶。

这是她一生中最恬适的时候。

自从二人成亲之后，钱谦益就命人在半野堂的周围种满柳树，树下还种了紫色的兰花。每到春日，“满街杨柳绿如烟，划出清明三月天”的诗意便降临于半野堂前。

柳如是小口抿了一口茶，这茶是钱谦益从杭州寄来的明前龙井。龙井共分八级，莲心、雀舌、极品、明前、雨前、头春、二春、长大，其中狮峰山明前龙井最为珍贵，每年产量不过十七八斤，除了进贡到京城的，剩下的不过三五斤。

杭州知府是钱谦益的学生，特意邀请钱谦益到杭州去喝茶，钱谦益本想带柳如是同去，不意柳如是近几日染了小病，只好自己前往，这是十几日前的事情了，也是他们夫妇第一次分离这么久。

钱谦益到了杭州，刚喝到知府送来的新采龙井茶，便命人快马加鞭送往半野堂。随茶叶寄来的还有一张信笺，上面只写了一首诗：

清樽细雨不知愁，鹤引遥空凤下楼。
红烛恍如花月夜，绿窗还似木兰舟。
曲中杨柳齐舒眼，诗里芙蓉亦并头。
今夕梅魂共谁语，任他疏影蘸寒流。

当日，柳如是展信读后一笑，“木兰舟”既用了南朝刘孝威《采莲曲》“金桨木兰船，戏采江南莲”的典故，又隐含了“不知木兰是女郎”的趣闻，随即和诗一首，交来人带回给钱谦益：

谁家乐府唱无愁，望断浮云西北楼。
汉珮敢同神女赠，越歌聊感鄂君舟。
春前柳欲窥青眼，雪里山应想白头。
莫为卢家怨银汉，年年河水向东流。

写完这首诗，柳如是便每日泡壶龙井，坐在柳树下读书、看风景，阳光温暖而无私地洒在半野堂的每一棵草木之上。

她手里还拿着刚刚写给钱谦益的书信：

鹃声雨梦，遂若与先生为隔世游矣。至归途黯瑟，惟有轻浪萍花与断魂杨柳耳。回想先生种种深情，应如铜台高揭，汉水西流，岂止桃花千尺也。但离别微茫，非若麻姑方平，则为刘阮重来耳。秋间之约，尚怀渺渺，所望于先生维持之矣。便羽即当续及。昔人相思字每付之断鸿声里。弟于先生，亦正如是。书次惘然。

在颠沛流离的岁月里，她曾经无数次幻想过这个场景，柳如是闭上双眼，感受着当下的轻松与安宁。

忽然，她心里有一个声音在喊：你至爱之人，究竟是牧斋，还是子龙？

她的心不由颤抖了一下。

子龙，这个永远没有再提起的名字。听说他已经辞官回乡闲居，不知道是为了什么。难道他放弃了治国平天下的理想了吗？他现在心情如何？他的书是否编好？诸多问题忽然涌上心头，唉，知道了又能怎么样？

牧斋，他和子龙完全不同，虽然都是江南首屈一指的文人名士，但却毫无相似之处。子龙慷慨激昂、潇洒不羁；牧斋却是温文尔雅、不动声色。然而慷慨如子龙却无法反抗礼法的藩篱，反倒是拘谨的牧斋做出一鸣惊人之举……

柳如是好久才从思绪中走出来，定了定神，望着眼前的杨柳依依，玉手触到茶杯。

“茶凉了。”

身后一个熟悉的声音传来。

柳如是回头一看，竟是钱谦益，正微笑着望着自己。

“牧斋?”柳如是惊问，“你不是要在杭州待一个月吗?”成婚后，她渐渐改用了如同龄人一般的称呼唤他。

“‘雪里山应想白头’,”钱谦益一边说，一边给柳如是的茶壶里续了热水，“虑及河东君，索性就回来了。一刻也难再停留。”

“真是任性。”柳如是嗔怪道。

“‘老夫聊发少年狂’,”钱谦益大笑之后，随即认真地看着柳如是，“河东君，不曾想，你会愿意与我白头。”

“我才不愿意呢，你的头现在就白了，我还早呢。”柳如是笑言。

在牧斋面前，她才能像个孩子，在陈子龙面前，她却要成熟很多，有时甚至比陈子龙还要成熟。

开完这句玩笑，柳如是忽然有点后悔，看了一眼牧斋，表情并无变化，这才又放下心来。因为她知道钱谦益常常会感念一首古诗：

我生君未生，君生我已老。
来世愿同生，永作比翼鸟。
和鸣相伴飞，天涯复海角。

每当他念诵这首古诗的时候，柳如是总是打断他，说他陷入了“我执”，其实今生来生，都是一场大梦，如梦幻泡影，又何必过于执着于年龄呢？虽然柳如是这样宽慰钱谦益，但她也知道牧斋心里是有这个心结的，毕竟他们的年龄相差了三十六岁，所以她很少提起年龄这个话题。这次因为谈起“雪里山应想白头”，才忍不住开了个玩笑。

钱谦益缓缓伸手抚摸着柳如是暮云般的鬓发，轻声道：“正是如此，我愿河东君永似‘黑发吹春风’。”

“‘黑发吹春风’？这是梅尧臣的诗句呢。”

“这么冷僻的句子，河东君竟都记得。”

霜前江水磨碧铜，岸背菱叶翘赤虫。
吴郎鬓丝生几缕，不羞月上扶桑东。
羞见清波照人影，去时黑发吹春风。
五年归来妇应喜，从此不问西飞鸿。

柳如是边用手指敲打茶杯，边吟诵了这首宋人梅尧臣的《送吴照邻都官还江南》。

当她念到最后一句的时候，钱谦益也一起吟诵起来。

“‘五年归来妇应喜，从此不问西飞鸿’，”钱谦益喃喃道，“是啊，我与河东君隐居于半野堂，此生足矣！何必管飞鸿向东还是向西？不过是飞鸿雪泥，过眼烟云罢了！”

“牧斋”，柳如是目色闪动，“梅尧臣的朋友辞官回到江南，他写诗相送，自己很向往这种生活，却终究没有辞官，只是不登权门罢了。”

“河东君，我自明白。”钱谦益握住柳如是的手，重重点了点头。

他这次去杭州，不仅仅是为了喝茶，而是为了见一个人。

杭州知府张印立是他的学生，十几天前写了一封紧急信笺给钱谦益，说有重要的客人要在杭州见钱，心中却只字不提此人姓名，只说是十万火急。

钱谦益想了想还是去了。张印立的为人他了解，是个稳重谨慎的人，不到万不得已，不会写这样莫名其妙的信。

这个人会是谁呢？

难道是浙省大名士黄宗羲？

黄宗羲是钱谦益的老朋友，杭州知府一直想请他到杭州担任府学教授，一直未能如愿，莫非是张印立想请他说项，促成此事？不对，这种事张印立直言相告便是，不必如此遮遮掩掩。

难道是浙江巡按朱方？

朱方是钱谦益的同年进士，听说他刚刚履新浙江巡按一职，莫非张印立有什么贪腐之事，想请钱谦益代为求情？钱谦益想了想，摇摇头，张印立了解我，知道我不会做这种事的。

那是谁呢？

钱谦益百思不得其解，于是充满好奇地赶赴杭州。

张印立安排喝茶的地方在狮峰山的独乐禅院，这是一个在山顶之上的古寺，香火稀少，人迹罕至。

钱谦益在张印立贴身管家的陪同下，进了禅院大门，刚进去便听到有人大声吟诵：

向夜江烟定，春星次第开。
沙明潮月吐，风善树香来。
炊击渔航火，酤安野市醅。
闲心兼静侣，鸥鸟尔何猜。

钱谦益听了，忍不住拍手称赞："好一个'沙明潮月吐，风善树香来'！"

"虞山先生过奖了。"话音未落，一个高大魁梧、满脸髭须的中年书生走了出来，杭州知府张印立紧随其后。

张印立对钱谦益施了师生之礼，然后引荐道："恩师，这位是阮圆海先生。"

阮圆海？钱谦益愣了一下，随即想起此人姓阮名大铖，字集之，号圆海，外号"阮胡子"，本是安徽怀宁人，进士及第后，先依东林党，后依阉党，崇祯皇帝登极后，以附逆罪罢官为民。不过，张印立怎么跟阉党的人搞在了一起？钱谦益在心里皱了皱眉头，嘴里却客客气气地寒暄道："原来是阮兄，久仰久仰。"

阮大铖一把握住钱谦益的手，叹道："在下一个附逆的罪臣，虞山先生能赐见，已是感恩戴德了！"

张印立打了个哈哈，赔笑道："两位都是本朝文章大家，今日不谈政事，只谈诗文，且进去奉茶，新上的狮峰明前，给宫里进贡了十斤，只留了两斤，给两位才高八斗的老先生留下啦，哈哈！且请移步。”

三人穿过禅院，绕来绕去，才走进一间幽静素雅的密室，相对品茗。

阮大铖刚闻到茶香，便盛赞不已，钱谦益却满腹疑问，对平时喜欢的茶也觉索然无味。

阮大铖似乎是看出来钱谦益的疑问，于是开门见山道：“虞山先生一定很奇怪，大铖一介阉党余孽……”

“说好了只谈风月，不谈这些的。”张印立一边看钱谦益的脸色，一边打断阮大铖。

钱谦益也笑了笑，道：“阮兄，钱某不也是个东林‘废物’么，咱们都身在草野，不知有汉、何论魏晋？”

“妙！”阮大铖拍了拍手，他盯着钱谦益的眼睛，目光阴沉而专注，“可在下还是要说，虞山先生，阮某想请教你一个问题，不知当讲不当讲？”

“不敢，直言无妨。”

“如今天下已大乱，即使诸葛孔明再世，亦无力回天。”

张印立急忙再次打断他道：“圆海先生，当今虽然外有建州，内有流寇，然而大明根基仍在，不足为虑。”

阮大铖仰天大笑，在寂静的禅房茶室，他的尖锐笑声似乎像一只猫头鹰在嘶鸣，里面有苦涩有冷嘲。

“不足为虑？你可知道洪亨九吗？”阮大铖一边问张印立，一边用锐利的眼神盯着钱谦益。

钱谦益心里闪过一丝恼怒，但仍然若无其事地回答："当然，洪承畴洪先生号亨九，乃本朝第一能臣，皇上亲自赏赐尚方宝剑，官拜三边总督，松山兵败，洪承畴先生战死沙场，举朝大震，皇上痛悼，辍朝三日，以王侯之礼祭祀洪先生，如此忠臣烈士，天下谁人不知？"

张知府也频频点头称是。

"哈哈哈哈！"阮大铖竟发出一阵狂笑。

饶是钱谦益修养再好，也忍不住站起身来，准备告辞拂袖而去。

阮大铖一把拉住了钱谦益的长袖，劝道："牧斋兄留步，且听小弟一言。"

阮大铖收住笑容，郑重道："洪承畴已经投降建州了。"

"此话当真？"钱谦益和张知府都大吃一惊。

"在下的学生也在松山被俘，千辛万苦逃出来，亲眼看到洪承畴剃了头发，穿了清朝官服，亲自训练建州士兵。"

钱谦益顿足长叹一声："完了！我大明最能打仗的大臣投降了！"

张知府也愤愤不平，恨恨道："皇上给他的祭坛，真是白费了！"

"祭坛？洪大人到了那边，官拜大学士，俨然内阁首辅，谁愿意吃这冷猪肉！"阮大铖得意扬扬地望着惊诧沮丧的钱谦益。

钱谦益站起身来，在茶室里踱步，忽然喃喃自语："本朝的山川形势、兵马分布，洪承畴了如指掌，他要是真投降了，大明江山那真是危在旦夕了!”

“牧斋兄，我们都是江湖闲散人，且看风月，小弟新写了一部传奇，名唤《燕子笺》，请兄指点一二……”

“此话是何言也!”钱谦益打断了他，“我辈读圣贤书，所为何事？不过忠君爱民四字而已！建州入寇，一次便掳走我大明百姓三十万人，杀戮无算，我辈上不能解君父卧薪之忧，下不能救黎民倒悬之苦，何以报答三百年养士之朝？何以见太祖高皇帝于九泉之下？”

钱谦益越说越激动，竟然忍不住痛哭起来，仿佛他积压了十几年的委屈在这一瞬间被激发出来，酣畅淋漓地发泄着。

张知府也是头一次见到恩师这么动情，平时稳重严谨、喜怒不形于色的老师忽然一把鼻涕一把泪，他也有点不知所措。

这时，阮大铖猛拍了一下桌子，大声叫道：“牧斋兄，虞山先生，我的钱大人！果然愚弟未曾错看于先生，这就是我今天来找你的原因。”

钱谦益疑惑地用泪眼望着阮大铖。

阮大铖拍案而起，肃然道：“牧斋兄，你认为如何才能抵抗洪承畴？”

钱谦益沉吟片刻，答道：“必须有良将奋不顾身于外，贤相运筹帷幄于内，方才有五成胜算。”

阮大铖击掌道：“然也！如今大明虽残破，猛将依旧如云，左良玉、吴三桂、史可法、高杰等等，不下数十人，只可惜无一贤相耳!”

钱谦益深以为然，口中却道：“当今内阁诸公，个个有管乐之才，怎么可以说没有贤相呢？”

阮大铖狂笑一声，掰着指头评价道：“周延儒不过是冢中枯骨，只知唯唯诺诺，张四知、陈演都是书呆子，蒋德璟贪财，魏藻德狂躁，都是成事不足败事有余之辈！”

钱谦益心头一惊，这个阮胡子看人看得倒很准。

“‘今天下英雄，唯使君与操耳’！”阮大铖忽地说了句青梅煮酒论英雄时曹操对刘备讲的话。

钱谦益和张知府都吓了一跳，钱谦益赶紧谦虚道：“阮兄谬赞，钱某已荒废快二十年了，岂敢自大！”

阮大铖握住钱谦益的手，恳切地劝他：“牧斋兄，你难道甘心天天吟诗作赋只做个诗人吗？不、不！这绝非先生本心。”

“何以见得？”

“先生之眼神，”阮大铖点点头，“内有天下。”

钱谦益摇摇头，否定道：“钱某已老。”

“不，弟会帮先生找回荒废的二十年、会帮你实现纵横天下之梦！”

钱谦益依然摇头。

张知府也跟着劝道：“恩师，阮大人在宫里还是有根基的，有他相助，一定成事。”

阮大铖忽然拍了拍大腿，喊道：“罢了罢了，老兄，我给你交个底，只要你让你的东林子孙们，不再跟我作对，让我也入了社，我阮胡子就帮你入阁！一言为定。咋样，这买卖不亏吧？”

钱谦益沉默不语。

他必须要去见一个人，才能做决定。

他从杭州快马加鞭奔走二百里，到达余姚，去见那个人。

他的老朋友黄宗羲。

忆及黄宗羲，自也是位传奇人物。他的父亲黄尊素也为东林党人，在做监察御史的时候，得罪了大太监魏忠贤。天启六年，被魏忠贤指使锦衣卫指挥崔应元诬告贪污，抓捕至京师，随后被拷打至死，年仅四十二岁。那时，黄尊素的长子黄宗羲年方十六岁，复仇的种子在他少年的心中扎下，只是苦于没有机会。

两年后，机会终于来了，崇祯皇帝清除了魏忠贤，开始为东林党人昭雪。黄宗羲闻讯立刻从余姚启程，日夜赶路，进京讼冤，他向刑部状告锦衣卫指挥崔应元，这时阉党虽然失势，但崔应元依然左右逢源，没有下台，崔应元大摇大摆地来到刑部大堂，看都不看无权无势的穷书生黄宗羲。刑部的官员也有心庇护崔应元。

就在这时，看似手无缚鸡之力的黄宗羲突然从袖子里拿出一根铁锥，扑上去刺死了崔应元，自己昂然走入死牢。

这时很多惨死忠臣的子弟，齐集于大牢门前，为父母的亡魂设祭，众子弟悲痛哀号，哭声传到皇宫里，崇祯皇帝听到了，叹息曰："忠臣孤子，甚恻朕怀。"特意下旨免去黄宗羲的罪名，并追封黄尊素为太仆寺卿。

这件事让少年黄宗羲名动天下，钱谦益也是在这时便与他订交，黄宗羲的侠骨豪气，让钱谦益心向往之，从此二人作为东林党的骨干，结为莫逆之交，二人常常彻夜长谈，所谈几乎无一私事，都是治国平天下的抱负与策论。

钱谦益骑在奔赴余姚的马上，想起这些往事，不禁感慨一入江湖岁月催。

到了黄宗羲的院子门口，已是夜色深沉，在一片银色月光之下，钱谦益远远听到他挚友的朗诵声：

> 锋镝牢囚取决过，依然不废我弦歌。
> 死犹未肯输心去，贫亦岂能奈我何！
> 廿两棉花装破被，三根松木煮空锅。
> 一冬也是堂堂地，岂信人间胜著多。

默默听毕，钱谦益敲门的手指垂在了半空中，久久也没有落下，他在黄宗羲门口悄悄悬挂了一个布袋，里面放了十两银子，然后对着破败的大门鞠了一躬，转身而去。

他知道他不必再问黄宗羲了。

是啊，“锋镝牢囚取决过，依然不废我弦歌”，比起朋友的艰苦卓绝、安贫乐道，我自己的仕途不得志又算得了什么？他甚至为今天打算和黄宗羲聊聊阮大铖的提议而感到羞愧，同时又有一丝庆幸，幸亏没有张口去问。

好吧，回半野堂吧。

钱谦益想起柳如是正在灯下写字的情景，猛抽了一鞭子，踏上了回府的路。

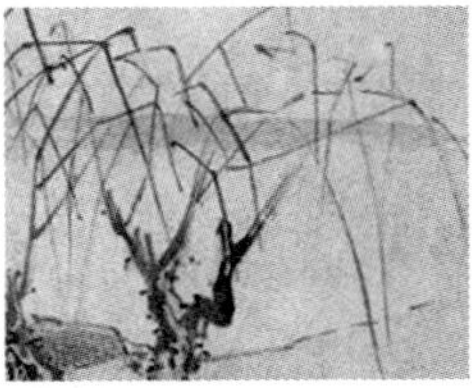

二二 亡国恨

三年过去了。

半野堂里，柳如是和钱谦益依旧过着平静的生活，只是偶尔有一些老朋友，以及慕名而来的客人来访。

柳如是的诗集已经在大江南北刊行，《湖上草》《戊寅草》……一时洛阳纸贵，诗坛不少名士写信给柳如是，赠给她自己写的诗，以得到河东君的和诗为荣。甚至有嫉妒她诗名的人造谣说柳如是的诗都是钱谦益捉刀代笔。柳如是与钱谦益听说了，只是相视一笑，不以为意。

乱世之中，难得快意，又何必计较旁人说三道四呢？

她的诗词，往往有种淡淡的哀愁。

如《江城子・忆梦》：

梦中本是伤心路。

芙蓉泪，樱桃语。
满帘花片，都受人心误。
遮莫今宵风雨话，
要他来，来得么？
安排无限销魂事。
砑红笺，青绫被。
留他无计，去便随他去。
算来还有许多时，
人近也，愁回处。

面对半野堂的杨柳成林，她也常自写下哀伤的诗句，如那首《杨白花》：

杨花飞去泪沾臆，杨花飞来意还息。
可怜杨柳花，忍思入南家。
杨花去时心不难，南家结子何时还？
杨白花还恨，飞去入闺闼，
但恨杨花初拾时，不抱杨花凤巢里。
却爱含情多结子，愿得有力知春风。
杨花朝去暮复离。

最出名的自然还是那首传唱一时的《杨花》：

轻风淡丽绣帘垂，婀娜帘开花亦随。

春草先笼红芍药，雕栏多分白棠梨。
黄鹂梦化原无晓，杜宇声消不上枝。
杨柳杨花皆可恨，相思无奈雨丝丝。

每当钱谦益读到这些哀愁满纸的诗词时，他总会尽力讲一些好笑的故事来逗柳如是开心。

有一次，他讲了一个“鹅鸭谏议”的故事：

南宋高宗赵构朝见下官，有个叫董门的谏议官向高宗建议道：“近来禁止杀猪羊，这很符合圣德，但对鹅鸭也宜禁宰。”刚说完，忽有人报：“金兵南侵，有一号‘龙虎大王’的人，特别勇猛，很难抵挡。”高宗一时沉思不语。在旁的胡侍郎上奏道：“大王不必忧虑，这里正有‘鹅鸭谏议’，足以对等‘龙虎大王’的了。”

柳如是听了掩袖大笑，问道：“好一个鹅鸭谏议，这是宋时的故事，本朝有没有这样的人物？”

“有啊，”钱谦益沉吟了片刻，接着说道，“我给你讲个头发御史的笑话。”

“头发御史？”

“是。”钱谦益笑着讲道，“本朝成祖之时，勤于政事，任御史的人如百日之内不能对朝廷提出批评，就属不称职，要被罢免。有个韩御史，到了百日，仍未提出任何批评。同僚看他很镇静，有些吃惊。有一人道：‘老韩闷声不响，定有大事在胸。’过了几天，同僚听说韩御史向朝廷进言抨击了，就去偷偷打听，哪知打探半天才得悉，韩御史上言弹劾御膳中夹进了一根头发。从此韩御史就得到了头发御史的外号。”

还没讲完，柳如是就摇摇头道：“这个笑话冷得很。”

钱谦益尴尬地笑了笑，挠了挠脑袋，说道：“当年初次听闻这个笑话的时候，还是万历朝在京里考进士的时候，当时笑得我们是前仰后合。”

柳如是问道：“讲讲钱牧斋自己的笑话，可好？”

钱谦益捋了捋胡子，忽道：“钱牧斋这三个字就是一个笑话，我这一生就是一个笑话。”

柳如是轻轻握了握他的手，柔声道：“别这么说，钱牧斋，在我心中，是大明第一才子。”

“河东君，你可知我平生最得意的一首诗是哪首？”

柳如是张口吟诵道：

潋滟西湖水一方，吴根越角两茫茫。
孤山鹤云花如雪，葛岭鹃啼月似霜。
油壁轻车来北里，梨园小部奏西厢。
而今纵会空王法，知是前尘也断肠。

钱谦益笑着否定道：“这首诗雅则雅矣，尚不算佳。”

她又吟道：

小兰花外市朝新，梦里华胥自好春。
夹岸曲尘三月柳，疏窗金粉六朝人。

小姑溪水为邻并，邀笛风流是后身。
白首吴钩仍借客，看囊一笑岂长贫。

“这首诗中的‘夹岸曲尘三月柳，疏窗金粉六朝人’的确是我平生得意之句。”

柳如是得意地噘了噘嘴。

钱谦益却又摆摆手道：“可惜还不是我最得意的一首。”

柳如是复又“啊”了一声，笑道：“钱大人别卖关子了，快告诉我。”

钱谦益微笑念道：

刚踏船头忽摆开，天公为我洗尘埃。
时人只道归东海，一跃龙门便转来。

柳如是“扑哧”一笑，道：“这是几时写的？怎么我从未读过？”

钱谦益站起身来，仰望着天空上飘来飘去的云，悠悠道：“就是我进京赶考的那一年，二十多岁的时候，和同乡喝醉了酒，不小心从船头掉到大运河里去了。”

“什么？”

“幸亏被同乡救起来了。”

柳如是松了一口气。

钱谦益笑道：“傻丫头，那次当然没事了，否则你哪里还会遇见我这个糟老头子？”

柳如是颔首道："关心则乱。"

钱谦益用欣慰的目光望着她，接着讲道："同乡们把我从水中救起，我一上岸就口占了这首歪诗。"

"他们肯定笑话你疯癫呢。"柳如是笑颜娇绽。

"可不是，他们都拿我当疯子。"

"'时人只道归东海，一跃龙门便转来'，霸气！"

"嗯，当时真有辛稼轩'不恨古人吾不见，恨古人不见吾狂耳'的意气风发之感。"

"多好，正是如是心目中的钱牧斋。"

"河东君，可是……"

"不许说，"柳如是用手指按住钱谦益的嘴唇，"就知道你要说什么，什么'可是吾年已老'之类的。这可不是我喜欢的钱牧斋。"

"好吧，"钱谦益爽朗又笑，"那我就做一个河东君'喜欢'的钱牧斋吧。"

二人正在你侬我侬之际，管家钱二慌慌张张地跑了进来，论辈分，钱二是钱谦益的族侄，年龄却只比钱谦益小两岁，从小陪钱谦益读书，钱谦益出去做官，带上他作为心腹之人，罢官之后，就把他带回常熟，在半野堂当管家。

看他进来，钱谦益怒道："不懂规矩！"

钱二尴尬地退了出去，然后立在门外，恭敬地叫："老爷。"

钱谦益"嗯"了一声。

"常熟知县曹元芳曹老爷来拜。"

“这有什么着急的？”

“曹老爷哭着来的。”钱二一脸无奈。

“他没说何事？”

钱二摇摇头。

钱谦益正要发火，柳如是赶紧拉住他的袖子，柔声道：“牧斋，曹知县必有十万火急之事，才会如此失态，你且出去会他。”

钱谦益颔首称是，正要出门，曹知县已经冲了进来。

柳如是欲闪身回避，钱谦益拉住她，示意她坐下来一起听一听。

钱二给曹知县倒了茶，便退了出去。

钱谦益看到曹知县脸色惨白、眼睛红肿的样子，于是安慰道：“曹父母，不知有何遭遇？千万保重啊。”

曹知县摇摇头。

钱谦益以为他或是遭遇丁忧，正要再安慰几句，只听到曹知县声音发颤地说道：“牧老，可知京师已陷？”

钱谦益手中的茶杯顿时掉在了地上摔得粉碎，柳如是也大吃一惊。

钱谦益站起身来，抓住曹知县的手，连声问道：“怎么可能？怎么可能？”

曹知县点了点头，答道：“消息准确，学生的兄长在南京兵部衙门做郎官，现在南京也乱成一团糟了。”

“皇上呢？皇上怎么样？”钱谦益赶紧问。

“听说皇上突围而出，渡海南来了。”

钱谦益才松了一口气。

曹知县接着道：“听家兄讲，去年冬天李自成、刘宗敏统率十万精兵，东渡黄河，进入山西，攻取太原、宁武、大同、宣府、居庸关，于今春进抵京师，另一路由刘芳亮率领，沿黄河北岸进军，先占领河南北部三府，而后由南而北推进，攻取保定，与李自成会师，合围北京。”

钱谦益认真听完，忍不住问：“如此大事，为何我辈无人知晓？”

曹知县叹了口气，道：“李自成势如破竹，每破一县，便用县官官印向朝廷报上平安文书，即使有逃出的官军，也怕被官府问罪，都四散而去，很多甚至主动投身李军，所以一直到三月初一，大同被围，朝廷才知如此势大，急调驻扎山海关的关宁铁骑去解大同之围，谁知诏书还没出京，大同就被攻破了，只好改派援军去宣府，宣府可是京师门户啊。”

钱谦益沉声，悲言：“大明的要害就是大同宣府两处，宣大若失，京师必亡。”

“是，没等援军开拔，三天之后，宣府监军太监杜勋便打开宣府城门，主动迎降。”

“又是太监！皇上即位之初，诛杀魏忠贤，除灭阉党，谁知后来又重用太监，竟然恢复太监监军之制，信宦官而不信士大夫！”钱谦益恨恨道。

说这句话的时候，他想起自己在山野之中被荒废掉的十六年岁月。是啊，这十六年到底发生了多少事？

柳如是知他在想什么，温言道："牧斋，且听曹知县接着讲。"

曹知县喝了口茶，清了清嗓子说道："牧老所言极是，您知道最后守卫京师的是什么部队吗？"

"京营？吴三桂的关宁铁骑？还是左良玉、刘泽清的勤王之师？"

曹知县摇头，回道："京营早已不堪使用，左良玉远在荆州，远水难救近火，距离最近的只有山东的刘泽清和山海关的吴三桂，刘泽清借口自己骑马受伤，迟迟按兵不动，皇上紧急加封吴三桂为平西伯，飞檄三桂入卫京师，起用其父吴襄提督京营，然而还没来得及回师，京师便被攻破。"

"那是什么部队在守卫京城？"钱谦益诧异地问。

"净军。"

"什么？"

"就是由宫中两千名太监组成的军队。"

钱谦益闻言，扼腕长叹："如此，京师怎能守得住！"

"太监曹化淳统领净军，竟然放宣府的杜勋进城门，还带他进宫面圣，杜勋称只要皇上同意册封李自成为秦王，割西北诸省为封地，并赐犒军银百万，李自成愿立即退兵，且为朝廷攻打清军，只是不奉旨入觐。"

“皇上没答应?”钱谦益捋了捋胡须问道。

“是啊，即使皇上答应，朝廷里的那些大臣怎么会答应!”

“唉，也是。记得当年杨嗣昌还没死，他提出先与清方议和，以集中兵力围堵李自成、张献忠，结果被卢象升等人骂为秦桧。其实现在回头想想，他的提议未尝不可啊!可是钱某当年竟也没有支持他!”

“牧老不必自责，这也是运数使然。统领净军的太监曹化淳假传圣旨，把守城武将都逮捕了，自己开城门放外面的敌军进来，还扬言如果魏忠贤还活着，国事一定不会至此。”

“那，皇上是怎么逃出来的?”

“皇上趁着夜色，亲自手持三眼火铳率大内侍卫，从朝阳门突围而去，一路到天津卫，乘船南渡，算算日子，这几日也快到南京了。”

钱谦益点点头，道:“真是天佑大明，如果皇上陷在城里，就真是无力回天了。”

柳如是突然插言问道:“太子、永王、定王是否也随了皇上突围?”

钱谦益回道:“不错，这个问题很重要，如果皇子特别是太子被李自成抓住，再搞出一个小朝廷，就麻烦了。”

曹知县继续摇头，叹道:“这个，学生就不清楚了。”

正在三人交谈之际，钱二忽然又在门外低声说了一句:

“老爷，门口有位老爷来拜，没拿名帖，只说姓阮。”

“姓阮?”钱谦益沉吟了一下，“莫不是阮大铖?”

曹知县见有客来，匆忙告辞：“学生今日来，告知京师之事，就是想请牧老早日到南京，迎接皇上，大明中兴，仰仗老先生了!”

钱谦益端肃地看着他，深深一揖。

曹知县刚走，门外的不速之客便走进来了。

二三 扬州梦

果然是满脸大胡子的阮大铖。

钱谦益很是诧异，自从三年前在杭州拒绝阮大铖的提议之后，二人再无往来，不知今日为何到此。

阮大铖快步走进来，就跟来到自己家似的，柳如是赶忙走出门去回避。

阮大铖盯着柳如是的背影，赞叹道：“‘桃花得气美人中’！名不虚传啊，如果没有猜错的话，这位佳人便是牧斋兄的河东君吧？”

钱谦益没有回答，冷淡地说了句：“国破之际，无心谈诗。”

阮大铖用手摸了一下大胡子，点了点头道：“牧斋兄果然消息灵通。”

“不敢，弟钱某乃草野之人，处江湖之远，则忧其君。”

“唉，先帝也真是命薄。”

“熹庙(天启皇帝)英年早逝，可是待你不薄啊。”钱谦益忍不住讥讽道。

阮大铖“哼”了一声：“我是说崇祯先帝爷。”

钱谦益站起身来，又惊又怒地指着阮大铖，喝问：“你说什么?”

这回轮到阮大铖吃惊了：“怎么?牧兄还不知道先帝驾崩的事情?”

钱谦益脸色白了，喃喃自语道：“不可能，一定是谣传。”

阮大铖冷笑了一下：“谣传?牧斋兄，你没见我穿的如此素净，如我这么爱红爱紫的人，何日穿过这种服色?”

钱谦益沉默不语。

“先帝可真是壮烈，他亲手砍了长平、昭仁两位公主，让周皇后自尽，自己也在煤山缢亡了。”

钱谦益浑身颤抖，问道：“此言当真?”

“这可是灭族之罪，阮某哪敢胡说！牧斋兄若不信，容弟给兄讲讲先帝遗诏!”阮大铖平静道，“先帝遗诏说，‘朕自登基十七年，虽朕薄德匪躬，上干天怒，然皆诸臣误朕，致逆贼直逼京师。朕死，无面目见祖宗于地下，自去冠冕，以发覆面。任贼分裂朕尸，文武百官皆可杀，勿伤百姓一人’，你看，先帝到最后，还是厌恶咱们这些士大夫啊。”

没等阮大铖说完，钱谦益便猛地跪倒在地，以头抢地，痛哭道：“皇上！皇上！臣不能救驾！罪该万死!”

阮大铖摇摇头，伸手去扶他，却看他晕倒在地，嘴里呕出一口血来。

柳如是听到钱谦益的哭喊，也慌忙走了进来，把钱谦益扶到榻上，问阮大铖发生了什么事。

阮大铖说了缘由。

柳如是也是惊诧莫名，五味杂陈。

待钱谦益喝下一碗清水，慢慢苏醒，睁开眼睛看到神情焦急的柳如是，心下才稍觉安慰，抓住她的手，扭头问阮大铖："太子如今何在?"

"太子被李自成抓了，封了宋王。"

"永、定二王呢?"

"永王也被抓了，定王不知去向。"

钱谦益捂住胸口，咬紧嘴唇，良久才缓缓地感叹道："天亡大明啊!"

阮大铖冷笑一声："我的牧斋兄，我的钱大人，大明亡不了！你看你，还不如河东君稳重!"他一边摇着头说，一边眯着眼睛瞄着柳如是。

柳如是对其施礼，不卑不亢地答道："阮大人，外子急火攻心，身体不适，恕不能待客，待外子恢复，再去回拜大人。"

阮大铖还要说什么，柳如是喊了一声："钱二，送客。"

这时，钱谦益拦住了她，问阮大铖道："阮兄刚才说大明亡不了，是什么意思?"

阮大铖赶紧回答："小弟这番来，就是要请牧斋兄出山，共襄大明中兴大业。”

钱谦益摇摇头道：“自古君辱臣死。”

柳如是听了这话，立即插言道：“牧斋，且听听阮大人有何高见。”

阮大铖拂须赞叹：“河东君果然女中豪杰！”

柳如是皱了皱眉头，淡淡道：“大人速言。”

“好、好，河东君有命，阮某赴汤蹈火在所不辞！”阮大铖望了望柳如是，又看了看钱谦益，问，“先帝驾崩，皇子或被羁押，或无踪迹，当今当务之急，是什么？”

钱谦益默然无语。

阮大铖停顿了下，接着说道：“当务之急就是‘立君’，国不可一日无君啊，牧斋兄，当今天下，是谁之天下？”

“当然是大明之天下、太祖高皇帝之天下。”

“这是自然，然而更是神宗显皇帝之天下，神宗皇帝在位四十八年，恩泽深入人心，光宗、熹宗、先帝皆其子孙，如今要立新君，必须立神宗子孙，才可名正言顺！”

钱谦益微微点点头。

阮大铖似乎受到鼓励，接着说道：“如今神宗子孙尚有福王朱由崧、惠王朱常润、桂王朱常瀛三人在世。”

“瑞王呢？”

“瑞王朱常浩从封地汉中逃至重庆，已被张献忠处死。”阮大铖清了清嗓子，续道，“福、惠、桂三亲藩中，福藩居长，死去的老福王朱常洵是哥哥，此乃其一；桂、惠二藩都是先帝的叔叔辈，不如福藩援引兄终弟及继统更为适宜，此乃其二；桂、惠二藩远在广西，福藩却近在淮安，淮安巡抚路振飞不日便可护送福王来南京。此可谓天时地利人和也！”

钱谦益还没听他说完，便打断他道：“此等大事，非我这草野之民所宜闻，请兄勿要再言。”

“草野之民？”阮大铖故作吃惊，“牧斋兄，天下滔滔，正是我辈用命之时，实不相瞒，弟这次就是送一个大功劳给老兄的！”

他俯身凑近钱谦益，耳语道：“只要老兄肯带头起草一个劝进表，迎立福王，你这就是定策之功！开国元勋！可以做大明朝的礼部尚书！这不是小弟的意思，而是凤阳巡抚马士英大人的意思，南京现在可是他的防区啊。他的意见举足轻重啊。”

钱谦益沉吟了一下，方道：“事关重大，且容某三思。”

“好，只要兄愿意考虑就好。小弟告辞，三日之后，再来叨扰。”阮大铖告辞时倒是干脆利落，他回头对柳如是拱了拱手，出门去了。

柳如是问钱谦益：“牧斋，你要答应他吗？”

钱谦益摇摇头。

“为何？”

“河东君，你可知道三十年前的一场血雨腥风？”

钱谦益的思绪回到了过去。

那是万历末年发生的事情，一个手拿枣木棒子的汉子，闯进了皇太子朱常洛居住的慈庆宫，还用棒子打伤守卫，被称为“梃击案”。等朱常洛成为皇帝，也就是明光宗，即位一个月之后，吃了大臣进贡的红丸，竟然一命呜呼，被称为“红丸案”。光宗死后，其妃李选侍与太监魏忠贤密谋，欲居乾清宫，企图挟皇长子自重，都给事中杨涟、御史左光斗等大臣为防其干预朝事，逼迫李选侍移到仁寿宫，被称为“移宫案”，梃击案、红丸案、移宫案常被百姓们合称为皇宫“三大疑案”。

钱谦益讲述着这些往事，虽然三案已过去多年，但回忆起来，依然感受到一股血腥的气味。多少人为此人头落地、家破人亡？

柳如是听完，问道：“这跟阮大铖说的事情有什么关系？”

“三案几乎都牵扯到一个女人。”

“女人？”

“郑贵妃，万历皇帝最宠爱的妃子，她的儿子便是老福王朱常洵。万历皇帝一度想废掉太子，改立福王，在东林前辈杨涟、左光斗等人的拼死抗争下，没有实现。”

“竟是如此？”

“但东林与福藩的这个梁子是彻底结下了。”

“所以，牧斋以为……”

“所以福藩断不可立！”钱谦益忽然一跃而起，就要出门。

“牧斋，你去哪里？”

“我要去找史可法，联络东林诸君子，决不能让马士英、阮大铖得逞！”

“妾便随你同去。”

“河东君，你？”

“如是与夫君，生死相随。”

钱谦益几乎双目涕零地握住她的手，久久不曾松开。

当柳如是再次在扬州城见到史可法的时候，不禁感慨世态万千。

首先是感慨上次见到史可法，还是与陈子龙、许都同行，如今已物是人非；其次是感慨这才过去几年，史可法竟然老成这样子。他穿着孝服，背驼了，腰弯了，满头白发如雪，唯一不变的是炯炯有神的目光。

当钱谦益向史可法介绍柳如是的时候，史可法似乎已经记不得曾经见过她了，甚至没怎么看她一眼，只是拱手施礼，然后就请夫人带柳如是去内院吃茶点。

等到钱谦益和史可法密谈完，已是两个时辰之后。

柳如是等到钱谦益回到客房，看他神采飞扬，方才放心。

“定了。”钱谦益神秘地小声说道。

柳如是没有多问，她知道，自己不该问的不要问。

过了一会儿，钱谦益忍不住嘀咕道：“史可法也是东林骨干，他还是左光斗的得意门生，当然不想让福王上台。我俩已商定了。”

“桂藩还是惠藩？”

钱谦益笑了笑，摇首道：“都不是。”

“那是谁?”

“潞藩!”

“潞藩?”

“对，潞藩、潞佛子,”钱谦益站起身来，摇晃着手中扇子，“如此乱世，立贤不立长！潞藩朱常淓是神宗皇帝的亲侄子，贤冠诸藩，为人乐善好施，人称潞佛子。如今中兴大业，必立贤王，才可担当大任。对了，我已派人去请潞王到扬州来，三日后便到。”

柳如是想了想，问道：“这位潞王可是制作中和琴的那位?”

“正是，河东君果然博学，潞王风尚高雅，造琴三千张，号为‘潞琴’，连先帝都非常喜爱。”

“如是曾有幸弹过他亲制的琴。”柳如是忽然皱了下眉头，“可如今国难当头，一个素爱造琴、弹琴的人，能够担当中兴大任吗?”

“河东君多虑了,”钱谦益笑了笑，“只要不立福王，就够了，其实桂藩、惠藩也未尝不可立，只是他们远在广西，远水解不了近火，只好立这位潞佛子了!”

柳如是大惊失色道：“牧斋！此乃天下大事，岂可如此儿戏？史可法大人也作如是说吗?”

钱谦益见柳如是认真起来，连忙回答：“河东君所言甚是，是我失言了。史可法与我所见略同，他已经给马士英写了信，说明福王不可立的七大理由，就是贪、淫、酗酒、不孝、虐下、不读书、干预有司。马士英回信表示赞同。

如此，天下事定矣！从此我们东林可以扬眉吐气，正人君子聚于一堂，共谋大业！”

“总之，牧斋，此事非同小可，还是慎重为好。”

“河东君教训的是，学生谨记在心。”钱谦益摇头晃脑地笑道。

自从国变之后，柳如是还没见到钱谦益露过笑容，所以也随之一起提了提唇角。

三日后，潞王朱常淓到了史可法的衙门，史可法、钱谦益以及东林的几位在朝在野官员，一起设宴为潞王接风洗尘。

只见潞王身着锦衣常服，温文尔雅，言辞客气，对史可法、钱谦益都是尊称“老先生”，众人均是心头一热，钱谦益更是高兴地敬了好几次酒。

酒酣耳热之际，潞王忽然问钱谦益：“老先生，小王想请教一个问题，不知当讲否？”

钱谦益早就料到会有此问，提前就准备好了答词，他觉得对李自成的余部还是要招抚，让他们牵制清军。要把兵力集中在淮河一线，随时准备从山东北上……

于是，他胸有成竹地回答：“王爷但问无妨，臣一定知无不言、言无不尽。”

潞王笑了笑，缓缓问道：“久闻河东君琴艺高超，可否请小王一见？”

钱谦益大吃一惊，只好答道：“当然、当然。”

柳如是从内宅出来，拜见潞王，抬头便看到了潞王的手，他留着长长的指甲，用细细的竹筒精心保护起来。

这确是一双适合弹琴的手。柳如是在心里叹了一句。见到神采飞扬的柳如是，潞王大喜，连命“赐座”，扭头对钱谦益耳语道：“河东君一见便如神仙中人，名不虚传，小王还有个不情之请。”

钱谦益答道：“请王爷吩咐。”

“小王新谱了一个琴曲，一直找不到满意的乐师，自己弹也找不到门路，今日有幸见到河东君，想请河东君赐教一下。”

钱谦益勉强笑了笑，道：“这个，臣……”

柳如是爽快地答道：“久闻王爷所制潞琴名扬天下，能为王爷演奏一曲，实属幸事，只是王爷曲谱高明，恐难不辱清耳。”

潞王拍手道：“如此甚妙!”他冲着自己的家丁挥挥手，立即有十几个汉子走来，每人扛着一个精美的长包裹，打开都是古琴，通体都是朱褐色大漆，漆胎肥厚，其间夹杂黄金、松绿石、朱砂等各色粉末，古琴通身斑驳陆离，珠光宝气，华贵异常。

众人都是目瞪口呆，心里都想：逃命之际，还能带着这么多沉重的古琴，这位潞佛子真是爱琴如命。

潞王盯着柳如是，笑道：“请河东君任意挑选。”

柳如是落落大方地走过去，选了其中一把看似最不起眼的焦尾琴。

潞王点点头，命身边的贴身太监把琴谱递给柳如是。

柳如是只看了一遍，便弹奏起来。

这个曲子开头便不同寻常，毫无铺垫，直接便是大开大合，气势非凡，随后又渐趋平淡，结尾却出乎意料地波澜壮阔。

在柳如是弹奏的过程中，这群身在扬州梦幻之地的人们似乎忘却了一切，都沉浸于曲中，连经常听柳如是弹琴的钱谦益也惊呆了，他觉得这似乎是柳如是弹奏得最好的一次。

一曲奏罢，潞王站起身来，捧着酒杯，冲柳如是拜了一拜，众人赶紧拦住他。

他把酒杯中的酒一饮而尽，然后道："河东君，你的琴技犹胜本王。你可知这首曲子的名字？"

柳如是摇摇头。

潞王端起酒杯，自问自答道：

夜饮东坡醒复醉，归来仿佛三更。
家童鼻息已雷鸣。
敲门都不应，倚杖听江声。
长恨此身非我有，何时忘却营营？
夜阑风静縠纹平。
小舟从此逝，江海寄余生。

"东坡先生的《临江仙》。"

"正是，小王用的就是它的词境，开头又加入了苏学士名篇《赤壁赋》的气度，便形成了刚在赤壁泛舟的东坡归来这样的意境。河东君才貌双全，真国士也！”

那场宴会，潞王喝得酩酊大醉，他兴致颇高，甚至还亲自“粉墨登场”，为大家唱了一段昆曲：

……
朝飞暮卷，
云霞翠轩，
雨丝风片，
烟波画船，
锦屏人忒看的这韶光贱。
……
那牡丹虽好，
他春归怎占的先，
闲凝眄，
听生生燕语明如翦，
听呖呖莺声溜的圆。
……

钱谦益也醉了，他忽然感到无比迷茫。

柳如是扶他回去的路上，拍了拍他的背，让他尽情呕吐，她知道，他要吐出自己胸中所有的块垒。

二四 萧墙祸

就在钱谦益兴致勃勃地动员东林诸人拥立潞藩之际，几股势力的潜流正在围绕淮河南岸一个名叫凤阳的小城暗自涌动。

凤阳，元朝的濠州，明太祖朱元璋的桑梓之地和龙兴之野，早在朱元璋尚未平定天下的洪武二年，这座荒凉的小城便被作为大明朝的中都营建，朱元璋秉承西楚霸王“富贵不还故乡，如衣锦夜行”的遗风，试图将都城设立在故乡，因在凤凰山之阳，故被赐名“凤阳府”，虽然最终在大臣们的阻拦下未能如愿，但因为这里拥有明朝的祖陵，后来又建成了禁闭犯罪宗室的高墙，所以此地一直被朝廷派重兵驻守。

纵然如此，到了明末天崩地裂之际，固若金汤的中都凤阳也如同风雨飘摇的孤舟，崇祯八年，张献忠率部乘雾围攻明中都凤阳。镇守凤阳的明将朱国相领兵迎战。伪装入城的农民军将士乘势四处燃火，与城外农民军主力密切配合。官军遭内外夹击，阵势大乱，朱国相自杀，四千守城士卒全军覆没。张献忠焚毁皇陵楼殿，大张旗帜，自称“古元真龙皇帝”。朝野大震，崇祯皇帝闻讯下罪己诏，亲自去太庙谢罪。随后为加强对凤阳明祖陵的防卫，设立凤阳总督职位，坐镇凤阳，总督江北及河南、湖广军务，从此成为大江南北举足轻重的一方雄镇。

最后一任凤阳总督是马士英，他是贵阳人，万历四十四年与阮大铖同中会试，做过几任地方官，辗转多年，奔走乱世，历经无数腥风血雨，才坐上了凤阳总督这个位置。

此刻，他手捧着史可法的亲笔书信，陷入了人生最大的一场纠结之中，上面的文字语气非常客气，然而意思却是无比明确，历数了福王不可立的诸多理由。

这张薄如蝉翼的宣纸信笺压在马士英的心头，似有千钧之重。

其实，从马士英的宦途经历来看，他与东林更为亲近，崇祯五年，他以御史的身份巡抚宣府，却私自挪用了宣府的库银数千两，赠送给朝廷中的权贵，此事被宣府的镇守太监王坤告发，因此被罢官遣戍。然而，因为马士英所为其实是明末官场惯例，因此此事便被视为阉党的构陷排挤，从此，马士英被东林视为自己人。东林领袖张溥亲自与马士英交接，马士英感激涕零，在张溥死后徒步千里，步行一个月去吊祭他。

因为上述原因，史可法在信中近乎直白地表明了自己的心迹。

然而，久在官场沉浮的马士英知道此事关系到身家性命，所以迟迟未作回复。

正在计算利害、权衡得失之际，忽听管家禀告有客来拜，马士英不耐烦地皱着眉头，摆摆手道："不见、不见！"又一眼瞥见管家手里拿了一件什么物件，续又随口问道，"这是何物？"

管家回答道："这是那位客人给的，说是交给老爷过目。"

马士英好奇地接过来，原来是一把扇子，打开之后，看到扇面上画着几只正在水中挣扎的鲤鱼，远处则画着一座龙门，一个渔翁则在舟中静静垂钓。

马士英看了之后若有所思，道："传语辕门兵丁，放来人进来。"

不多时，便听到一声狂笑。

"瑶草兄，真乃名将风度，你这辕门堪比汉时周亚夫的细柳营啊！"

马士英抬头一看，便也笑了，道了声："原来是阮年兄。"

来人正是他的同榜进士阮大铖。

阮大铖一进来，没有寒暄，便低声道："瑶草兄，我这次来给你送一份大礼。"

马士英摇摇头道："你我兄弟，还讲究什么礼不礼的。

对了，你等等，我这正巧刚有五百两的一张银票入账，你且拿去喝茶。”说着便从袖中掏出一张银票放在桌上。

阮大铖见马士英把自己当作来“打秋风”的，顿时面色一寒，怒道：“马瑶草，阮某以为你是豪杰，才来见你，谁知你不过如此！罢了罢了，我去扬州找老史去了。”

一听提到史可法，马士英似乎被道中心事，赶紧拉住他，赔笑道：“阮兄，小弟失言啦，快请安坐。”

阮大铖“哼”了一声，勉强坐下。

马士英拱手道：“阮兄，远道而来，必有所指教。”

阮大铖笑了笑，道：“指教不敢，瑶草是一方诸侯，麾下六万雄兵……”

马士英一惊，问道：“凤阳总督所辖兵丁数目是机密，你如何得知？”

阮大铖哈哈大笑，拿起桌上的银票，用嘴吹了吹道：“它告诉我的。”

马士英知道是手下人收了银子泄露了机密，只好无奈自嘲道：“我这哪里是细柳营，分明是花柳巷，有钱就能来……阮兄，别打哑谜了，快点儿告诉我，你还知道什么？”

“我还知道，你要做皇帝了。”

马士英闻言，一下子从椅子摔下来，看看四周无人，才颤声道：“这是灭族的话，你是想害死我啊！”

阮大铖不以为意，继续道：“某是说，你要做出一个皇帝来。”

“小弟愚昧，不知何意？”

“当今天下无主，人心惶惶，就在等瑶草兄一句话。”

“什么话？”

阮大铖没回答，而是走到书桌旁，挥笔写下了一个字。

马士英凑过头去看，是一个潦草的“福”字，他叹了口气：“事到如今，不瞒老兄，这个字恐怕很难实现啊。”

阮大铖问道：“为何？”

马士英掏出史可法的信，甩给阮。

阮大铖看了一遍，便狂笑不止。

马士英大惑不解。

阮大铖点头道：“你我兄弟的富贵，就在这张纸上了。”说着便附耳对马士英说了一番话。

马士英听完，盯着阮大铖看了一会儿，用手拍拍大腿，喊了一声：“罢！罢！老马这条命，就交给阮兄了！”

过了几天，史可法收到马士英同意拥立潞王的回信之后，拿给钱谦益看，于是东林诸人均放心了，有了江南最有实力的将领支持，加上东林在南京的威望，潞王登上大宝已经没有悬念了，于是大家就开始紧锣密鼓地为新的内阁成员的名单争论不休了。

而此时，马士英在稳住了史可法、钱谦益之后，联络黄得功、刘良佐、高杰、刘泽清等江北镇将，阮大铖则联络凤阳镇守太监卢九德，迅速派兵去淮安迎接福王朱由崧，然后亲自率领五万精兵浩浩荡荡拥着福王进军南京。

直到大军到了南京附近的时候，史可法才知道此事，闻讯大惊，但也无可奈何，他手下的部队无力与诸镇抗衡，只好前往见驾。

正在常熟书斋之中等待新君召见的钱谦益闻讯也是如同晴天霹雳，他一度惊慌失措，柳如是倒是淡定，安慰他道：“国事为重。”

钱谦益了解她的苦心，强打精神前往南京。

没想到，新君弘光皇帝不仅没有追究他拥立潞藩的罪名，反而任命他为礼部尚书，在朝堂上，他大喜过望，回头就看到新任兵部尚书阮大铖冲他眨了眨眼睛，他只好回以友好的微笑。

弘光小朝廷建立之时，以为是吴三桂借清兵击败了李自成，有功于朝廷，迅速下旨“封山海关总兵、平西伯吴三桂为蓟国公，给诰券、禄米，发银五万两、漕米十万石，差官赍送”，希望能够通过吴三桂的渠道接洽清朝，一起联合对付李自成，即所谓“联清灭寇”之策，却不知道吴三桂早已投降清朝，被封为平西王，更不知道清军一路继续追击李自成，一路已迅速南下山东，转眼便要饮马淮河。

此时，陈子龙由于平定浙东之乱的才能，被视为“知兵”，擢升为兵科给事中，负责监督兵部，他意识到朝廷把希望寄托在吴三桂和清朝非常危险，上书朝廷，希望吸取宋人借金以灭辽、借元以灭金的历史教训，发奋自强，趁清朝和李自成在山西、陕西纠缠之际，果断出兵山东、河南，经略中原。朝廷没有采纳。

紧接着，刚刚由福王摇身一变成为大明天子的弘光皇帝就以“大婚”为名，派出内官在南京、苏杭等地挑选淑女，太监们乘机作威作福，百姓四散逃亡。兵科给事中陈子龙大胆地上疏云：

昨忽闻有收选宫人之举，中使四出，搜门索苍，凡有女之家不问愿否，黄纸贴额即舁之而去，以致闾井骚然，人情惶骇，甚非细故也。今未见明旨，未经有司，而中使私自搜采，不论名家下户，有夫无夫，畀以微价，挟持登舆，宜小民之汹汹也。

而弘光皇帝与马士英、阮大铖等人终日饮酒作乐，置之不理，马、阮等人自恃有拥立皇帝的定策之功，公开卖官鬻爵，一时人心大为失望。南京民间纷纷传唱一首《西江月》：

弓箭不如私荐，人才怎比钱财？
吏兵两部挂招牌，文武官员出卖。
四镇按兵不举，东奴西寇齐来。
虚传阁部过江淮，天子烧刀醉坏。

这首词里面的“虚传阁部过江淮”，说的便是史可法，弘光即位之后，原来担任南京兵部尚书的史可法则被排挤回到扬州，在江北督师防止清军南下，人称“史阁部”，东林党人气得怒骂“秦桧在内，李纲在外”，但也无济于事。而高杰、黄得功、刘良佐、刘泽清等败军之将则坐收“定策”之功，高杰封兴平伯，镇守徐州、泗州，刘良佐封广昌伯，镇守凤阳、寿州，刘泽清封东平伯，镇守淮安、扬州；黄得功加封靖南侯，镇守滁州、和州。

史可法虽然在名义上“节制四镇”，但实际上根本指挥不动这些爵爷，也无力出名渡过淮河，收复中原。山东、河南的百姓，听说弘光皇帝登基、史可法督师北方，大多翘首以盼，准备箪食壶浆以迎王师，然而等来等去只等到了挥舞大刀而来的辫子兵。

陈子龙对朝政失望之极，同时由于直言上书触犯了马士英、阮大铖等人，受到排挤，因此便辞职回乡，回到了当年与柳如是一起居住的南楼，继续编纂那套《皇明经世文编》。临行之际，他写了一首《秋日杂感》以表明心迹：

行吟坐啸独悲秋，海雾江云引暮愁。
不信有天常似醉，最怜无地可埋忧。
荒荒葵井多新鬼，寂寂瓜田识故侯。
见说五湖供饮马，沧浪何处着渔舟？

而经历了人生与仕途起起伏伏的钱谦益，这时也陷入了尴尬的境地，由于在福王即位之后，他被委以高官，因此被不少东林党人怀疑是“叛徒”，特别是他与阮大铖的密切交往，更是让很多人为之侧目。

一天夜里，柳如是正在灯下习字，钱谦益冒雨归来，刚进屋还未更衣便连声叹气。

柳如是放下笔，问他缘由。

钱谦益摇着头沉吟道："河东君，你还没听说太子南来的事情吧？"

柳如是奇道："当今圣上还没立太子啊！"

"不是今上，是先帝的太子。"

"是太子朱慈烺？"

钱谦益点头，接着讲述了此事过程。

原来，鸿胪寺少卿高梦箕的奴仆穆虎从北方南下，途中遇到一位少年，结伴而行，晚上就寝时发现少年内衣织有龙纹，惊问其身份，少年自称是皇太子，到达南京后，高梦箕难辨真假，急忙送往苏杭一带隐蔽。可是此事已然传到外边，江南士民议论纷纷，高梦箕只好上奏弘光皇帝。弘光帝派人将这名少年接到南京，正在派人鉴别真假，钱谦益也被召见，折腾到了半夜还没结果，这才散朝。

柳如是蹙眉道："不论太子是真是假，恐怕江南都要大乱了。"

"是啊，如今南京城里的官僚们分成两派，有些人认为太子是真的，因为一些在北京宫里伺候过太子爷的太监，一见少年便跪下痛哭流涕，还有些人，比如大学士王铎担任过太子讲师，坚持说那少年是假的。"

"那牧斋看来，太子可是真的？"

"这倒也看不出来，这少年确是有几分富贵气象，有人说他是故驸马都尉王昺的侄孙王之明，他立马说'何不说我是明之王'？"钱谦益学着少年的口气，"对了，那个卢九德，就是拥立今上的大太监卢九德，上来就说是假太子，没想到少年怒斥他说‘你不是卢九德吗？在南都好生享受，不数月便肥胖至此？’平时耀武扬威的卢太监听了这话，立马跪在地上汗流浃背，半天爬不起来。”

“唉，牧斋，如是看来，无论太子真假，恐怕江南都会大乱一场了。”

正说话间，忽然管家钱二敲门，说是阮大人来拜。

钱谦益惊问：“这么晚了，阮胡子过来作甚？”

钱二还没回答，柳如是还没来得及回避，阮大铖已经跌跌撞撞跑进来了，也顾不上擦脸上的雨水，便高声叫着：“老钱，老钱！”直接闯进钱谦益的内室。

钱谦益心里恼怒他粗俗，但也无可奈何。

阮大铖一进门就丢过来一张纸，匆匆道：“快，兄且看看这个！”

钱谦益接过来一看，只见上面开头写着：

> 臣左良玉谨奏，请保全东宫，以安臣民之心。满朝诸臣，但知逢君，不惜大体。前者李贼逆乱，尚锡王封，不忍遽加刑害；何至一家，反视为仇？明知穷究并无别情，必欲辗转诛求，遂使皇上忘屋乌之德、臣下绝委裘之义！普天同怨，皇上独与二三奸臣保守天下，无是理也！

钱谦益还没看完，面色就白了。

阮大铖跺脚道："这个左良玉，镇守武昌，雄踞上游，坐拥二十万精锐，连先帝都称其为当今第一骁将，看他奏疏这意思，是要造反了！"

钱谦益答道："赶紧禀告圣上，降旨安抚啊。"

"钱兄，阮某也是此意啊，只是马士英已经下令调高杰、黄得功率军南下，防止左兵东来。"

"清兵万一趁机南下，怎么办？"

"老马说了，宁可亡于清，不可亡于左！"

"那皇上的意思呢？"

"皇上也没主意，口谕只说是'上游急，则赴上游，北虏急，则御虏'！"阮大铖埋怨着，"这不等于是句废话嘛！所以我来找你讨个主意。"

钱谦益无言以对，站起身来，看着窗外大雨倾盆。

阮大铖告辞后，柳如是没等钱谦益说话，便说道："牧斋，你我夫妻一场，这次怕要同赴国难了。"

钱谦益问道："河东君有何良策？"

柳如是答道："如是有一个姐妹，名唤李香君，她与侯方域侯公子交好，这位侯公子是前户部尚书侯恂之子，与左良玉有知遇之恩，如是即刻修书一封给香君，请她劝侯公子前往武昌劝左良玉罢兵，请夫君与侯公子一同前往。"

钱谦益点点头。

"我且与郑森一起……"柳如是继续道。

"大木不是去福建了吗？"

"他上个月来信，说已启程来南京贺新帝登基，恐怕这几日应该就到南京了。牧斋事务繁忙，我便替你给他回信了。”

“河东君要与大木何往？”

柳如是深情地看着钱谦益的眼睛，答道：“我要让他陪我去扬州，支援史大人守城。”

“看这情形，扬州城怕是守不住啊！”

“那便玉石俱焚。”

“河东君……”

柳如是秀眉一扬，快言道：“你我夫妻，一西一北，同赴国难，不是最好的归宿吗？”

钱谦益执起她的手，叹息摇头。

寒风吹散了柳如是的长发，只听到她在风雨声中吟诵一首古老的诗歌：

西北有高楼，上与浮云齐。
交疏结绮窗，阿阁三重阶。
上有弦歌声，音响一何悲！
谁能为此曲？无乃杞梁妻。
清商随风发，中曲正徘徊。
一弹再三叹，慷慨有余哀。
不惜歌者苦，但伤知音稀。
愿为双鸿鹄，奋翅起高飞。

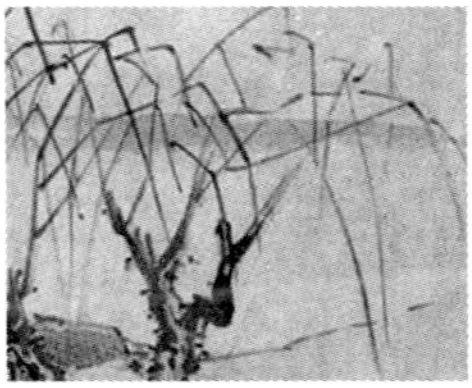

二五 故人心

当柳如是等来郑森，一起率领他的船队赶到扬州城外的时候，扬州已成铁桶围城之势。

清军果然趁江北四镇被调去防守左良玉的千载良机，倾巢而出，兵分三路，南下江南。豫亲王多铎率八旗主力沿运河水陆并进，接连攻陷徐州、宿迁、淮安、兴化、南通、如皋，几万大军把江北第一重镇扬州城团团围住。

困守城中的史可法手中兵力只有数千人，接连调集各路军马来解围，却无一至者，原来除了被马士英调去南下的兵马之外，江北四镇的其他军队大部分已经投降，甚至“四镇”中的广昌伯刘良佐、东平伯刘泽清自己便率先降清。

柳如是站在战船上，望着扬州城上的烽火，回头对郑森道：“大木，看样子扬州城是守不住了，我想进城救史大人出来，你可愿陪我同去？”

郑森昂然道："师娘，能与你同死，弟子心甘情愿。"

柳如是听了这句话，泪水忍不住滚落腮边。

郑森慌忙掏出袖子里的手巾，为她拭去眼泪，他自幼生长于东瀛，对男女大防的礼数并不在意。

柳如是勉强笑了一下，道："我哭不是因为怕死，而是感谢你。"

郑森摇头道："冲锋陷阵是我们男人的事情，怎么能让师娘以身犯险？大木自己率手下勇士杀进去便是。"

柳如是坚持道："我已与你老师诀别，已抱必死之志，只要能救史大人出城，再谋恢复，大明还有希望。"

郑森反复劝说，见柳如是仍然坚持，只好沉吟道："那我们再想想办法。"

二人商议了一番。

郑森派手下悄悄捉来几名清兵，剥去他们的盔甲，挑选了几名精干的手下，一起扮成清兵的样子，划着一艘快艇，打着清朝的旗帜，奔着扬州城而去。沿途有清军询问，只说是广昌伯刘良佐部下投诚的水兵，给豫亲王送紧急文书。

一行人历经艰险到达扬州城门的时候，城上乱箭齐射。

郑森大喊："来者礼部尚书夫人柳如是！"

城墙上一名校官仔细辨认了片刻，点点头，由于柳如是曾在扬州史阁部府中做客，因此许多军官认识她。城墙上扔下几条绳索，柳如是等人奋力攀爬上去，身后清兵的箭也飞射而来，好几人惨叫一声掉了下去。

柳如是、郑森等人被带到史可法的帅府之中。

短短一年而已，再次来到这里，柳如是心内五味杂陈、百感交集。去年与潞王等人在此弹琴高会，满心都是中兴大业的热情与憧憬，现在已然是白云苍狗、沧海桑田。

虽然心里已有准备，但看到史可法模样的时候，柳如是还是大吃一惊，史可法已经憔悴得不成样子，全然没有一点当初的风采，眼神里也没有一点精神了。

柳如是欠身道："大人，钱门柳氏拜上。"

史可法回礼，问道："牧斋先生可好？怎么夫人只身到此围城之中？"

柳如是述说了来意。

史可法道："夫人不顾自身安危前来，史某感激不尽，然而身负守土之责，岂能弃军民而去？"

郑森忍不住劝道："大人，胜败乃兵家常事，怎么能这么书生之见啊？"

史可法问道："这位是？"

柳如是满含歉意道："他叫郑森，字大木，是外子的学生，其父是福建总兵郑芝龙大人，从小在东瀛长大，不懂我大明的礼数，大人不要怪罪他才好。"

史可法赞叹道："原来是郑公子，将门虎子，一表人才，失敬失敬！"

柳如是接着劝道："大人，大木说得虽然粗鄙，但也有几分道理，恕我直言，先帝如肯渡至江南来，恐怕局面不至于如此不堪。"

史可法默然。

“如果大人渡江，协同江南士民固守南京，大事尚有可为，如果大人不渡江，南京城马士英、阮大铖之流，恐怕清兵未至，便做鸟兽散了!”

史可法沉吟片刻，答道：“夫人是巾帼英雄、女中豪杰，岂不闻易安居士所言‘至今思项羽，不肯过江东’?”

柳如是还要再劝，史可法摆摆手，道：“我会选一支精兵，护送夫人出城，请夫人寄语牧斋先生，可法去矣。请他与东林诸君子勉力报国！死是易事，生是难事，可法愚昧，选其易者，请先生选其难吧!”

柳如是一行含泪告别史可法。

护送她们出城的兵丁，刚刚出城门便遇上一队清兵，正要挥刀作战，忽然对面发了一声喊，原来都是高杰的旧部兵马。

对面喊道：“兄弟，归顺大清吧，扬州城里的银子和女人，都是咱们的!”

“哈哈，不只扬州城，整个江南都任咱们兄弟享用啊!”

“只要你们剃了头，留个辫子，咱们就同是大清兵，还是一个战壕的亲兄弟!”

这边的兵丁们脸上已有犹豫之色。

郑森见状，赶紧弯弓朝对面射去几箭，护送柳如是飞骑而去。

身后追兵听说礼部尚书的夫人在里面，更是紧追不舍。

好不容易到了河边，忽然又有一队清兵挡住去路。

郑森回头对柳如是道："师娘，你自投水去吧，弟子今次便战死于此。"

柳如是笑了笑，释然如三月春柳，浅浅道："大木，多谢。"她说这句话是发自内心的，没想到这个年轻的大木在最后关头竟然没有什么多余的废话。

忽然河边清兵队伍里一个官员高声喊道："杨爱！"

柳如是一惊之下循声望去，只见一个身着清朝官服的中年官员飞骑而来，郑森正要射他，柳如是阻止了郑森，等那官员走近，仔细看了看，此人竟是位故人。

宋征舆。

没错，就是宋征舆，那个曾经的云间三子之一、复社的少年郎，如今已在北京降了清，中了举人，并且从军南来，在豫亲王帐下做了书吏。

不曾想会在这里遇见。

宋征舆在马上痴痴望着柳如是，恍惚道："果然是你。"

柳如是也在马上拱了拱手，寒暄道："原来是宋大人，别来无恙。"

宋征舆劝道："如今天命如此，人力岂能挽回？"

这句话是在说明清易代，其实似乎也在感叹二人当年的情感命运。

柳如是当然明白他的意思，回道："各自珍重吧。"

宋征舆脸上一红，道："杨君，你看看扬州城外烧杀掳掠的士兵其实都是大明的官军，他们归顺本朝之前便是欺凌百姓，归顺之后还是欺凌百姓，士兵只知道杀良冒功，军官们只知道吃空饷，靠着这样腐败的军队，大明怎么能不灭亡？如今只要天下安定，老百姓安居乐业，管它大清还是大明?”

郑森仰天大笑，拿马鞭朝空中打去，骂道：“呸，你也配做师娘的故友？读书人的气节哪里去了?”立即便要拔剑刺向宋征舆。

柳如是拦住他，平静道：“宋大人也是身不由己。”

宋征舆一听这句话，眼睛登时湿了，颤声道：“今日一别，恐难再见，马上相逢无纸笔，口占一首送君去。”他即刻吟道：

黄金陌，茫茫十里春云白。
春云白，迷离满眼，江南江北。
来时无奈珠帘隔，去时着尽东风力。
东风力，留他如梦，送他如客。

郑森奇道：“你要放我们走?”

宋征舆点点头，官袖轻挥手，示意河边的清兵放他们过去。

柳如是登岸之前，回头冲宋征舆回道：

玉堂美人何不平，上书北阙苦论兵。
参军新命一朝下，单骑夜出长安城。

宋征舆望着柳如是的背影，恍然泪目。

柳如是还记得他的诗，那是宋征舆当年写的一首长诗《参军行》：

檀州军败济南陷，铁骑西山逼云栈。
九门辛苦坐公卿，按兵不动有高监。
玉堂美人何不平，上书北阙苦论兵。
参军新命一朝下，单骑夜出长安城。
是时主将卢司马，独将西兵兵力寡。
不教国士死黄沙，别遣参军向城下。
参军不行司马嗔，参军既行司马陈。
北向再拜谢至尊，曰臣象升死国恩。
鼓声阗阗军出垒，司马一呼创者起。
三万边儿夜合围，孤军虽胜终斗死。
朝廷颇轻死事功，翻疑讼疏多雷同。
司马精爽久寂寞，参军一官成转蓬。
呜呼！国家赏罚未可测，归耕匡庐隐亦得！

这首长诗是祭奠战死沙场的卢象升，当年的宋征舆还是个愤怒的青年，在听闻卢象升战死的音讯之后，愤慨于监军太监的按兵不动，冒着风险写下这首诗来祭奠英雄。是啊，现在终于成了诗中所说的“参军”，却已身投敌营，真是世事难料。

宋征舆想到柳如是还记得自己的诗，心头顿然一痛，他忽然想起一件事，赶紧单骑飞马追赶柳如是。

郑森见他追来，立即调转马头，持刀相向。

宋征舆按住马辔，拱手道："还有一件要紧的事，要告诉夫人。"

郑森喝道："速速讲来！"

宋征舆犹豫了一下，低声道："此事事关紧要，只能告知夫人一人。"

柳如是示意郑森退下。

于是，宋征舆下马，奔走到柳如是马前，耳语了片刻。

郑森待宋征舆离开后，忙快马加鞭与柳如是逃离了险地。

路上，郑森忍不住问柳如是刚才宋征舆说了什么。

柳如是心里却陷入了回忆之中。

宋征舆悄悄告诉她的是，当年第一次见面，他与陈子龙一起到归家院去，送的是一本紧要的古书，就藏在归家院后院的地窖机关里，这个世上知道这件事的，除了死去的张溥、徐佛，就是陈子龙、宋征舆二人。宋征舆让她转告陈子龙，此事他绝不会告诉清朝官吏，请他放心。希望他早点去取，以免此书落入歹人之手。

柳如是问他为何不亲自写信告诉陈子龙，宋征舆叹了口气："我已无颜面对子龙兄。"

二六 犒三军

陈子龙在接到柳如是寄来的书信之后，心里感慨道，宋征舆虽然降清，却还是心念故国的。其实，陈子龙早已去归家院设法取出了那本《所南兵书》，用心研读。此刻，他预感到自己恐怕无法保存这本书，于是亲自前往常熟，想把它交给柳如是保存。

那时，半野堂已更名红豆馆。

钱谦益迎娶柳如是的那一年，二人曾携手种下一棵红豆。

陈子龙到达红豆馆的时候，钱谦益正独自颓然坐在卧室窗前，望着那棵已然根深叶茂的红豆树，枝丫上的红豆粒粒饱满，晶莹剔透，质感如石，艳色如血。

“树犹如此，人何以堪？”钱谦益摇摇头，感叹道。

家人递进来松江陈子龙的名札，钱谦益赶忙起身，亲自前往门口迎接。

“卧子先生，久仰大名，相见恨晚！”

“尚书大人过誉了。”

“毋要如此称呼，愚兄痴长二十年，卧子不嫌弃的话，就叫我一声‘牧斋兄’如何？”

“如此，晚生失礼了。牧斋兄，弟今日冒昧求见，还望见谅。”

“哪里话，快请进来。”

二人到了书房，柳如是正在研墨写字，钱谦益笑言：“河东君，你看谁来了？”

柳如是蓦然抬头，看到陈子龙那张熟悉而亲切的脸庞，大吃一惊，笔落纸上，晕染了满纸的墨色。

“子龙？”

陈子龙默然无语，长揖施礼。

钱谦益知道二人以前的关系，大度一笑道：“河东君，快去泡茶，容我与卧子贤弟好好聊聊。”

柳如是点了点头，起身离去。

陈子龙忍不住望了一眼她的背影，多年不见，柳如是的样子依然惊艳绝伦、宛若天人。柳如是恰好也回头一望，二人目光相对，满满都是惆怅。

钱谦益招呼陈子龙坐下。

“卧子贤弟，你去年的奏疏，愚兄现在还是倒背如流啊。”

“惭愧。”

陈子龙本以为钱谦益是客套之言，不料随即听到钱谦益随口诵道：

> 密敕诸将奋同仇之气，大整师徒。俟冬春之间，敌骑牵制于三晋，我则移淮泗之师以向俟谷，出全楚之甲以入武关，令川汉之将联络庄浪甘宁之义旅，或攻其胁，或拊其背，使敌当其一面，而我当其三面，不特逆贼可以一举荡灭，而大功不全出于敌，则中国之威灵震而和好可久矣。

陈子龙闻言不由瞠目结舌，竟是背得一字不差！惊讶之余，目露感激之色。

紧接着又听钱谦益连言赞叹道："卧子果乃用兵奇才，趁那清军和李自成在山西纠缠不休，我方借此于淮河、荆楚、西川兵分三路，迅速北上，令敌首尾不能相顾，攻其不备。当真兵法之上计。《孙子兵法》云：'凡用兵之法，将受命于君，合军聚众，交和而舍，莫难于军争。军争之难者，以迂为直，以患为利。'卧子之计，正合此道。"

"牧斋兄深知子龙！闻兄此言，子龙死而无憾矣！可惜时过境迁，瞬息万变，良机一失，再难挽回！"

"可惜愚兄身在礼部，不涉兵事，马、阮那些莽夫又懂什么军机大事！就连史道邻，我看他虽然忠心清正，用兵也是糊涂……"

二人便如此畅谈了一个时辰的国事，时而拊掌大笑，时而击案叹息，不觉已是红日西斜。

谈至杯凉，陈子龙忽道："弟有一事，需告知钱夫人，不知可否？"

钱谦益忙道："有何不可？"挥手叫家人请了柳如是来书房，转而又对陈子龙拱拱手，"愚兄尚余些杂务未及处理，你们且先谈着，还请留下用些晚膳，一起小酌几杯才好。"

陈子龙一时动容，不知答他什么，只良久感激地看着钱谦益。

此刻，书房里只剩下陈、柳二人。

陈子龙倒忽然拘谨起来，踌躇道："柳弟……不，钱夫人……"

柳如是秀眉微蹙，复又凄然一笑，道："卧子兄，还是唤我'如是'吧。'一切有为法，如梦幻泡影，如露亦如电，应作如是观。'"

"这一日终于来了。"

"哪一日？"

"一切都要结束了。"

"卧子兄，你现下归隐乡间，今后有何打算？"

"道不行，乘桴浮于海。"

陈子龙从袖中掏出那卷《所南兵书》，面色郑重地交给柳如是，并讲述了这本书的故事。

"如是，此书赠君，请替子龙善藏之。"

柳如是自知兵书意义深重，含泪接过，重重点了点头。

陈子龙怅然，敛袖在桌上那张溅了墨痕的纸上，提笔写下一诗：

独起凭栏对晓风，满溪春水小桥东。

始知昨夜红楼梦，身在桃花万树中。

是啊，此生如梦，君归何处？桃花万树，人面无觅。

他这几行字写得潦草不堪，搁笔即转身告辞而去。

门外，刹那间风雨大作、电闪雷鸣。

雨声里，柳如是的泪滴落在纸上，粒粒如豆。

不久之后，清军前锋饮马长江，江防告急。

钱谦益这时患病卧床在家已有月余，柳如是在病榻之侧照料他饮食起居，怕他惊惧，影响病情，因此并未将此事告知他。

一个月色清冷的深夜，钱宅的大门忽然“咚咚”急响，门外有声音大喊：“有旨意！钱谦益速接！”

柳如是听到，赶忙命家人开得门去，随之扶了钱谦益起身更衣，沉步走至前厅。

到了前厅，只见一个小太监已在木椅里坐着喝茶，他见到钱谦益，嘴角一咧，赔笑道：“尚书大人，搅扰了。皇上有旨意。”

钱谦益连忙跪下。

小太监清了清嗓子，念道：“圣上有旨，着礼部尚书钱谦益，会同吏部尚书阮大铖火速赶往江防前线，犒劳三军，不得有误。钦此。”

钱谦益愣了一下，问："江防？"

小太监笑了笑，答道："是啊，清兵来了，都能隔着长江看到辫子了。"

钱谦益摇晃了一下身子，一口血毫无征兆地猛吐出来。

柳如是赶紧扶住他。

小太监吓坏了，哆哆嗦嗦地嘟囔了一句："尚书大人还没接旨呢。"

倒在柳如是怀中的钱谦益用微弱的声音答道："臣、臣钱、钱谦益，接旨。"柳如是忙替他接过圣旨。

小太监摇了摇头，扭头问柳如是："钱夫人，咱家如何回宫复命呢？钱大人现下这个样子，还能奉旨犒师吗？"

钱谦益已经说不出话，发间全是淋漓的汗珠，却仍然点了点头。

柳如是突然坚定地回答："请禀告圣上，钱门柳如是，代尚书大人奉旨犒师！"

小太监点点头。

柳如是忽又忆起一事，问道："朝廷犒劳前线将士，可有物资？"

小太监否道："别无长物，唯有圣恩。钱夫人啊，现在宫里也没银子了，早都被江北四镇的爵爷们要光了。"

柳如是望了望钱谦益，钱谦益颔首。

于是，柳如是扶钱谦益回卧房，命家人把宅中所有现银拿出来，还把自己的妆奁珠宝都带上，随后她换上钱谦益的戎装，佩上宝刀，足蹬战靴，身披大氅，登上家人牵过来的白马，出门而去。

不多时，郑森闻讯赶来，带着府中几人，护送柳如是赶往江边。

待到达江边之时，已是清晨时分，但天色仍然一片漆黑。

野径云俱黑，江船火独明。

平时货船络绎不绝的长江，此刻只有几艘巡逻的战船，挂着“江防营”的灯笼，在黑暗之中游走。

寒冷的江风吹来，铁甲冰凉，柳如是不禁打了一个冷战。

郑森立在她马前，忧心忡忡地望着柳如是犹自苍白的脸。

“大木，我没事，你看看阮大人到了没有。”

郑森快步走到江边军营门口。

守门士兵喝问：“来者何人？”

郑森答道：“礼部尚书钱谦益夫人奉圣旨犒劳江防三军！”

“圣旨何在？”

郑森递过去，守门士兵点点头。

“不知阮大铖大人到了没有？”

士兵回答：“未见阮大人；江边风大，还请钱夫人进营。”

柳如是方走进营门，便看到江防营的士兵正在生火做饭，锅里面煮着几根烂白菜，没有什么油水和荤腥，又听闻营房的军官昨晚酒醉，仍未起床。

郑森忍不住愤愤道："南京城里的老爷们个个酒足饭饱，只让兄弟们饿着肚子、光着身子卖命吗？"

周围的士兵听到这话，登时纷纷聚拢了来，二人望着他们单薄褴褛的衣衫，不禁又大为伤感。

柳如是附耳对郑森说道："银子珠宝恐怕会被武将们贪污，不如遣人去买些猪羊棉袄，供将士们吃穿。"

郑森点点头，立即遣人去办，不一会儿便买来很多酒肉衣物。

士兵们一见之下，纷纷鼓掌欢呼起来，立即动手宰猪杀羊。

这欢呼声惊醒了军官们，他们这才知道朝廷来犒师了，慌忙穿戴好官服，赶了过来。不想，第一眼却见到一位明艳照人的戎装美人立在军营高台之上，旁边一位威风凛凛的年轻将领按剑而侍。

约莫等了一个时辰，猪羊已经煮好，军营里飘满了香味，连月来没闻到一星半点肉香的士兵们不自觉咽了咽口水。但柳如是没有发话，他们只能保持肃立着。

柳如是扭头，问郑森："阮大人还没到？"

郑森答道："未到。"

一个士兵在人群里插嘴喊道："尚书夫人，您说的阮大人可是那阮胡子？"

众人听闻哈哈大笑。连将官也喝止不住。

柳如是点头道："正是吏部尚书阮大铖大人。"

是时，遥遥听到远处一个山东口音的士兵粗声喊着："这个阮胡子昨晚就跑了！"

"跑了？"

"正是，昨夜俺们在江里巡逻，就看到一艘船违反宵禁，正要去拿问，只看到船上挂着'吏部阮府'的灯笼……"

一个头发花白的老兵接着说道："刚把船拦下，就看到一个满脸胡子的大人从船舱走出来，穿的是一品服色，只怕就是阮大人吧。"

"哼，什么只怕是，俺见过他，就是阮胡子！"山东口音的兵士高声嚷道。

此言一出，人群骚动。

"阮胡子的船吃水很深，估计拉了一船金银！"

"直娘贼！老子们卖命，当官的先跑了！"

"清兵来了，俺们也逃命吧！"

柳如是在高台之上冲着人群摆摆手，大家望着这个缈若仙子的身影，竟顿时安静了下来。

"兄弟们，先吃饭！"

这句话的力量最大，众人欢呼起来。多日未食荤腥的饥饿兵士们敞开怀来大口吃肉，大碗喝酒。

柳如是也端起一碗酒，清悦的音色朗声道："诸位好汉们、兄弟们，清兵来了，你们怕也不怕？"

大家都不吭声，队伍前列一个身材瘦小、看起来只有十六七岁的小兵甚至在暗自发抖。

柳如是柔声问他："小兄弟，你怕不怕？"

那个少年怯生生地回答："怕……"

柳如是笑了笑，柔声道："姐姐也怕。可是，怕没有用，清兵来了，鸡犬不留，姐姐也只有一死了之。"

少年纯澈的眼眸瞬间起了迷雾，变了脸色喊道："不、不，你不要死！"

"为什么？"

少年捧着破旧的瓷碗，答道："这是我这辈子第一次吃肉，谢谢你。"

甫一说完，便禁不住红了眼眶。

这时，刚才那位山东大汉猛地把碗摔在地上，粗声叫道："哭个鸟！砍头不就碗大个疤！尚书夫人，你长这么俊，心眼又好，不要去死！该死的是俺们！俺本是山东刘泽清的兵，刘总兵投降了清兵，老子不想投降，就一路逃到这里，早该死了！"

周围的士兵闻言，也都猛喝一碗酒，跟道："尚书夫人不要死！"

郑森突然掏出弓箭来，拉满弓，一箭射中百步之外辕门外的灯笼。

众人眼见这般神技，齐声喝彩。

郑森随即拔出腰刀，大喝一声："郑森在此！尔等可愿同我杀贼？"

众人纷纷振臂大呼："愿意！"

柳如是望了望郑森坚毅硬朗的脸庞，又望了望面有菜色却尚有士气的士兵们，深鞠一躬。

“柳如是代天下女子感谢诸位！”

郑森决心带着自己的战船，和江防营一起守卫长江。

他先护送柳如是回去府上。

临别之际，郑森解下腰间的短剑，递给柳如是。

“师娘，这是母亲当年留给大木的，你留下吧。”

二七 凉如水

不日后的一个夜晚，月凉如水。

身体刚刚好转的钱谦益正斜欹着听柳如是宛转弹琴，忽然听到外面大街上人群纷扰，连忙命府仆出门去看。

“清兵来了！”

“皇上跑啦！”

府仆气喘吁吁地跑回来禀告。

“此事当真？”

那府仆点点头回道：“满街人都说，皇上趁夜跑出南京城了！”

钱谦益立时大惊失色。

柳如是却依然宁淡，她走到后厨，亲手做了几个钱谦益最喜欢的小菜，在庭院里摆下一桌小宴，为钱谦益细细斟了一盏去岁年根新酿的雪沫梅花酒。

他们面前是一潭平静的池水。

钱谦益摇首重重叹息："围城之中，势若危卵，河东君还有此心情?"

柳如是腮边漾起一抹好看的靥纹，笑答："牧斋，毋要心烦意乱，且听如是再为你奏支曲子吧。"然后，她不管钱谦益惊异的表情，只自取出春雷琴——那是陈眉公遗言赠送给她的，敛神凝息，幽幽弹了一首《十面埋伏》。

钱谦益坐在这围城之中，越听心越乱，忍不住要离席而去。

柳如是玉臂一横，拦住了他，道："牧斋，容如是敬你三杯酒。"言毕，便端起酒杯，说道："第一杯酒，敬你是个大丈夫。昔日牧斋相娶之时，不顾世俗，如是至今记得你骑马挡在花轿前的模样。"

钱谦益思及往事，情绪缓和些，笑言："还被石头打得头破血流，只是怕伤了你。"说完便一饮而尽。

"第二杯酒，敬你是个大豪杰。牧斋带领东林君子，抵抗阉党，实乃大明士大夫之领袖。"

钱谦益仍是叹息："惭愧之至，廉颇老矣!"又痛快喝了一杯。

"第三杯酒，敬你是个大诗人。'凭仗鞋尖与杖头，浮生腐骨总悠悠。天公尽放狂风雨，不到天都死不休'，如此诗情豪气，直追李杜盛唐之风。"

钱谦益回忆起写这首诗的青春年华，不禁也是豪气顿生，抬手又干了一杯。

三杯酒下肚，钱谦益的心情好了一点儿，望着天空中的一轮明月，依然皎洁明亮，平静地将光辉铺洒在辽阔大地上。

柳如是站起身来，满目笑意，轻声道："牧斋，我们该走了。"

钱谦益带着醉意问道："去哪里？离开南京找皇上吗？听说皇上逃到芜湖去投奔黄得功了。"

柳如是摇了摇头，指指面前的池水。

钱谦益的酒意顿时惊散了，急问："河东君，你、你这是？"

柳如是坚定地点点头，答道："匹夫不可夺其志，何况牧斋你是大丈夫、大豪杰、大诗人，更要为江南士大夫们做个表率。"

钱谦益慌忙道："大事尚有可为，大明还有福建、江西、两广诸多疆土，亲王亦有多位，鲁王、唐王、桂王，等我们再立新君……"

柳如是复又摇摇头，说道："可这南京城，只有一个。"

钱谦益还要说什么，柳如是伸出食指挡在他的唇边，拉着他的袖子往池边走去。

钱谦益忍不住在寒风里打了一个冷战，哆嗦着来到池边，用手触摸了一下池水，抬头道："水太冷了！"

不料，抬眼却见柳如是倩影翩然跃入水中，像一尾回归大江的鱼儿。

钱谦益如经晴天霹雳，惊喊："钱二，快救人！"

那一夜，被救上岸的柳如是，躺在冰冷的地面上，望着深不可测的夜空，两行清泪在秀丽白皙的脸侧落下。

次日一早，钱谦益穿戴好衣冠出门前，叮嘱管家钱二紧紧看管好柳如是，生怕她再寻短见。

他刚走不久，一个浑身是血的人冲进了钱宅。

管家钱二仔细一看，竟是钱谦益的学生郑森。

郑森径直走到柳如是身边。

柳如是大惊，忙问："大木，你怎么了？"

"师娘，我和江防营的兄弟们浴血杀敌，可惜孤军难支。其他部队都逃命了！南京守不住了！"

"先别说话，这么多血？快，我给你包扎伤口。"

郑森摇摇头，咬了咬牙道："师娘，跟我走吧！恩师要做洪承畴了！"

"什么？不可能！"

"他现在就跪在太平门外！是领班大臣！等着迎接清兵入城呢！"

"钱二！"

管家钱二闻言，赶紧走进来。

"老爷去哪里了？你如实回答。"

钱二望了望脸色发白的柳如是，又望了望一脸鲜血的郑森，欲言又止。

"你快告诉我，否则我一头撞死在此处！"

钱二哭喊道："夫人！小的这就告诉您。"

"快说！"

钱二哭丧着脸，小声答道："老爷去迎接豫王爷了。"

"哪个豫王爷？"

"是那清廷的和硕豫亲王多铎！"

柳如是一听，咬紧牙关，张口要说什么，突然便又晕了过去。

醒转之后，只见郑森正焦急关切地望着自己，手中捧着一碗药。

"师娘，你终于醒了。跟我走吧。"

柳如是苦笑道："去哪里？"

"去福建，我父亲在那里有十万兵马，我们一起抗清！"

柳如是摇摇头，道："我去不了了，大木，你过来。"

郑森靠近柳如是。

柳如是从枕头下面，拿出陈子龙交托的那卷《所南兵书》，正色道："大木，这是师娘的性命之物，如今，就交给你了。"

郑森大为动容，双手接过。

"师娘，我们一起走吧！再不走便当真来不及了！"

"不，我要留下。你老师年纪大了。"

"可是，他、他投降了清人啊！"

"所以，我不能让他一错再错了。"

柳如是眼神忽然坚定起来。

郑森只好含泪而去，一路南下，奔至仙霞关。因其父郑芝龙在福建拥立唐王，建号隆武，被唐王赐明朝国姓"朱"，赐名成功，封忠孝伯，在沿海抵抗清军，后来成为名闻天下的“国姓爷”郑成功。

钱谦益回到家的时候，已是次日中午。

那时，风雨散去，阳光明媚。

他悄悄推门而入，却一眼瞥见柳如是端坐在院子里的红豆树下。

“牧斋，你回来了？”

“河东君，我、我……”

“来，喝杯热茶，暖暖身子。”

钱谦益一脸尴尬地望着柳如是微笑的脸庞，看不出其他的表情。

他只好正了一下纱帽，缓缓走过去，坐在柳如是对面的石凳上，端起茶杯，饮茶入腹。

柳如是盯着他。

一阵凉风吹过，钱谦益慌忙又用手稳了稳纱帽。

柳如是站起身来，笑道：“牧斋，我来帮你。”

钱谦益慌忙摆手道：“不必劳烦河东君。”

柳如是犹自不闻，伸手摘了钱谦益的纱帽，露出了帽下光秃秃的脑袋，头顶上还有一条细细的花白辫子，盘在脑袋上。

帽子一摘，风一吹，辫子瞬间落了下来。

清初剃发，是“金钱鼠尾”，便是将头部四周的头发全部剃去，仅留头顶中心的头发，发辫要比小拇指还细，像老鼠尾巴一样，要能穿过铜钱中的方孔才算符合朝廷的标准，故时人称之为“金钱鼠尾”。

柳如是见此发辫，猛地怔住，随之泪落如雨。

钱谦益“扑通”一声跪在地上，喃喃道：“河东君，我……”

柳如是摆摆手，示意他不要说下去。

适时，钱宅的仆役们也纷纷聚拢了过来。

钱二嚎叫了一声：“老爷，您的头发！”也“扑通”一声跪倒在地。

仆役们一时间乌压压地跪倒一地，一阵一阵地痛哭起来。

如同鹤立鸡群的柳如是站在院子里，望着刺眼的阳光，晕眩的温暖与彻骨的寒意交织在一起，直逼心腑。

陈子龙则依然在江南的水泽之中，坚持抗清，他联络当年复社、几社的故友们，秘密招兵买马、组织义军，策反投降清朝的故明官吏。

随着清军广下剃发令，江南民众奋起反抗，不少城邑复为明守。陈子龙的故乡松江府亦本已被清军攻克，这时也重新竖起了大明的旗帜。

陈子龙与徐孚远聚众千人驻扎陈湖，并联络吴淞副总兵吴志葵、总兵官黄蜚等将领，联合起事，发展到舰船千艘，兵士两万，一时军威大振，号称“振武军”。

誓师起义那一日，陈子龙在军营中悬挂了明太祖像，激励众人，要收复南京，祭拜孝陵，并写诗明志：

短衣皂帽依荒草，卖饼吹箫杂佣保，
魍魉相随不识人，豺狼塞道心如捣。

举世茫茫将诉谁？男儿捐身苦不早。

呜呼二歌兮血泪红，煌煌大明生白虹！

当此之际，在陈子龙的老师黄道周、郑森的父亲郑芝龙的拥戴下，从河南南阳逃难到福建的唐王即位于福州，改年号为隆武，与此同时，在陈子龙任职过的绍兴，从山东兖州南逃的鲁王，则在张煌言、钱肃乐拥戴下，也称“监国”，年号监国鲁元年。两个小朝廷都派遣官员到松江，与陈子龙商议恢复之计。鲁王命陈子龙为兵部尚书，节制七省军漕，唐王授其兵部左侍郎、左都御史。

最让陈子龙绝望的，不是清兵的强大，也不是友人的背叛，而是国破家亡、大敌当前之时，这两个小朝廷竟然还在为了争夺“正统”内讧不已，终于被清兵各个击破。

在苏州吴县的深山里，乔装打扮的陈子龙被清兵捕获。

清朝官吏问了他两个问题：

“你担任什么官职？”

“大明兵科给事中。”

“你为何不剃发？”

“死后才有脸去见我大明圣上。”

说完这句话，他拒绝回答其他所有的问题。

在被押往南京的途中，路过松江城西的跨塘桥，他忽然挣脱清兵的捆绑，纵身跳下，落入滚滚东流的松江水中，待被清兵捞起，已然气绝。

愤怒的清兵砍下他的头颅，带回南京复命。

那座桥便是宋代所建的“云间第一桥”。据陈子龙的族谱记载，陈家也是南宋初年从中原南渡到这里的，他的祖先也许见证过这座桥的面世。南宋时的陆游和辛弃疾皆是诗人，却不同于太平盛世的诗人，陆游“此身合是诗人未”的追问，或许流露出并不以诗人自居的某种心态；辛弃疾“醉里挑灯看剑，梦回吹角连营”的豪情，更是心雄万夫。这两个人，本来是要投身于恢复中原的大业之中，然而时代的悲剧，让他们无法实现自己的抱负。而他们诗词又写得太好，只能退做文人了。

陈子龙亦然。他身为一介平民子弟，在明朝做的也是一个区区小官吏。踏平万里河山的铁甲骑兵也许可以征服整个国土，却征服不了一个人的意志。

在路上，他留下一首《念奴娇》：

问天何意，到春深，千里龙山飞雪？
解佩凌波人不见，漫说芷珠宫阙。
楚殿烟微，湘潭月冷，料得都攀折。
嫣然幽谷，只愁又听啼鴂。
当日九畹光风，数茎清露，纤手分花叶。
曾在多情怀袖里，一缕同心千结。
玉腕香销，云鬟雾掩，空赠金跳脱。
洛滨江上，寻芳再望佳节。

因为放弃过柳如是，后而一生痛苦的陈子龙，终于可以解脱了。“曾在多情怀袖里，一缕同心千结”，当年那美好的爱情，依然是无处寻觅。“解佩凌波人不见”，故人何在？烟水茫茫！

在他投水的那一瞬间，他仿佛看到了水中的洛神。在水中，似乎还能看到那个吟唱《洛神赋》的柳如是，那时他们泛舟江湖，行侠仗义，纵谈古今，吟诗作赋，“问天何意，到春深，千里龙山飞雪”，天意高难问，儿女多歧路，二人之聚散，实在是造化弄人，天意人力皆难料。

“洛滨江上，寻芳再望佳节”，只好期待来世再相逢。

他淹没在松江之水里，水花是他生命绽放的最后的一朵花、一首诗。

他的学生夏完淳见证过二人的爱情，也追随老师抗清而死。这个少年写下的一首散曲，似乎可以作为陈子龙一生的注脚：

三千宝剑埋何处？
万里楼船更几人！
英雄恨，泪满巾，
何处三户可亡秦！
想那日束发从军，
想那日霜角辕门，
想那日挟剑惊风，
想那日横槊凌云，
帐前旗，腰后印，

桃花马，衣柳叶，
惊穿胡阵。
两眉颦，
满腔心事向谁论？
可怜天地无家客，
湖海未归魂。

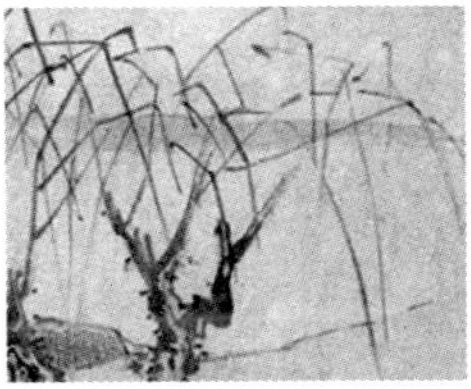

二八 红豆泪

留着辫子的钱谦益，被征召北上，担任礼部右侍郎，兼任《明史》副总裁(职务官称)。

柳如是独自回到红豆馆，这时她已有了身孕。黯然抚摸着日渐隆起的肚子，她的心境复杂无比，难以言说。

一向坚强的她，自从有了身孕，竟也开始变得多愁善感起来。她时而想，也许这个孩子正是来拯救她的，让她在痛苦之中继续活下来；时而又想，如她这般境地，又如何在这个乱世间让孩子平安长大？

红豆馆内，有一座绛云楼，成为柳如是后来隐居时的乐土。绛云楼里积聚了钱谦益一生的藏书，其中有大书柜七十余，存放的多为宋版书卷，还有不少是海内孤本，如整套的宋版《史记》。

小庭如水月明秋，天远窗虚人自愁。
多少深思书不尽，要知都在我心头。

柳如是流连其中，试图用这些古旧的书卷来抚慰心底的忧伤。

半载后，钱谦益也带着满身的风尘，回到了红豆馆。

他从一个万人敬仰的东林领袖，变成一个士林唾弃的叛逃人物，不少故友与其绝交，甚至有老友寄信给他，写道："钱公出处好胸襟，山斗才名天下闻。国破从新朝北阙，官高依旧老东林。"

他越来越思念故乡，思念红豆馆，最思念的还是他的柳如是。

终于，他再次出现在柳如是面前。

"河东君，我回来了。"

柳如是望着这个男人，短短半年，他的辫子全白了，像是老了十岁，似乎从一个精干的中年人瞬间变成了一位风烛残年的老者。

柳如是叹了口气，拥向他，只道："回来就好。"

钱谦益望着她隆起的腹部，轻声道："河东君，我希望是个女儿。"

"为何？"

"像你一样，成为一个奇女子，胜过我们这些污浊男子。"

"牧斋，你实无须自责。"

“河东君……”

“亡羊补牢，为时未晚。”

“可是……”

“牧斋，你不记得施宜生吗？”

钱谦益的眼睛亮了一下，道：“河东君，你是让我做施宜生？”

“是的，就是那位投降金人的宋朝大臣施宜生，身在曹营心在汉，作为副使跟随金人出使南宋，暗示‘今日北风甚劲’，又索要纸笔，说‘笔来，笔来’，暗示金主完颜亮必来南侵。南宋因此有了防备，才免于亡国。”

“可是……”

“牧斋，这是我们最后的机会，你难道想永远在史书上留下骂名吗？”

钱谦益沉吟良久，缓缓抬起头，又重重点了点头。

柳如是决心全力帮助钱谦益洗刷这“耻辱”。

当此之际，恰逢钱谦益的故友黄毓祺在浙江舟山聚众数千，缺少饷银，二人忍痛卖掉了绛云楼的宋版《汉书》等珍贵古书，积攒了五千两银子，倾囊相赠，作为抗清义军的粮草。

柳如是也多次乔装而行，潜往舟山，联络义军，她还写信给南方的郑成功，希望他能够派水师来舟山，协助黄毓祺训练队伍、巩固海防。

可惜，不久之后，黄毓祺的船队在出海作战途中遇到飓风，多半沉没，黄兵败被捕，清廷为了多抓一些江南名士，示意他多多招供同党，如钱谦益等大名士。为此，清廷拘捕了黄的妻子儿女，黄毓祺却仰天大笑，在供状上写下“身犹旧国孤臣，彼实新朝佐命。各为一事，马牛其风”，拒绝供出钱谦益等人。

然而，钱谦益还是被捕入狱，受尽了牢狱之灾。柳如是这时刚刚诞下女儿，不顾自身安危，冒险北上，上书清廷，希望用自己的生命换钱谦益出狱。不少官员被其感动，纷纷上书求情。清廷碍于物议，且原也并未拿到钱谦益谋反的确凿证据，只得将其释放。

在狱中，钱谦益深感妻子柳如是的侠骨铮铮，曾写了一首诗与其诀别。他记录下当时情景，“河东夫人沉痾卧蓐，蹶然而起，冒死从行，誓上书代死，否则从死。慷慨首涂，无剌剌可怜之语。余亦赖以自壮焉。狱急时，次东坡御史台寄妻诗，以当诀别”。正是：

朔气阴森夏亦凄，穹苍四盖觉天低。
青春望断催归鸟，黑狱声沉报晓鸡。
恸哭临江无壮子，徒行赴难有贤妻。
重围不禁还乡梦，却过淮东又浙西。

出狱不久，还没来得及感受劫后余生、夫妻聚首的喜悦，钱、柳二人便迎来了人生中又一次大的绝望。

绛云楼，这座积聚了钱谦益一生心血、见证了钱柳姻缘的藏书楼，被一场莫名的火灾烧毁了。据说，这场火是柳如是女儿的姆娘在楼中不慎烧纸而引发的，然而，更为可靠的说法是，钱谦益的族人知道了楼中存放着钱谦益与南明永历朝廷的往来书信，怕东窗事发之后被牵连，于是索性一把火烧掉了它。

不管原因如何，绛云楼的被烧彻底打击了钱谦益。

他越来越后悔，没有听柳如是的话，在南京城破的时候投水而死。

此刻，柳如是依然在安慰鼓励他。

在妻子的鼓励和支持下，年近八旬、垂垂老矣的钱谦益决心在自己的风烛残年，力挽狂澜。他冒着被灭九族的风险，写信给他的学生瞿式耜。瞿正在南明永历朝担任桂林留守，钱谦益通过他与永历朝廷建立了联系，多次出谋划策，策反可能“反正”的清朝官吏。

柳如是还亲自写信给郑成功，希望能在有生之年看到他的军队重返江南。

果然，到了顺治十六年(1659 年，南明永历十三年)，郑成功率领大军北伐，会同张煌言部队顺利进入长江，势如破竹，接连攻克镇江、瓜洲、镇江等地，包围南京，一时天下皆惊。

在郑成功率军到达南京的时候，钱谦益还曾激动地写下诗句：

龙虎新军旧羽林，八公草木气森森。

楼船荡日三江涌，石马嘶风九域阴。

扫穴金陵还地肺，埋胡紫塞慰天心。
长干女唱平辽曲，万户秋声息捣砧。
杂虏横戈倒载斜，依然南斗是中华。
金银旧识秦淮气，云汉新通博望槎。
黑水游魂啼草地，白山新鬼哭胡笳。
十年老眼重磨洗，坐看江豚蹴浪花。

之后，郑败，他和柳如是想要渡海追随郑成功的船队南下。好不容易到达海边，却已然是“孤帆远影碧空尽”，再也看不到船了。

瘦弱如枯树的钱谦益拄着拐杖，在柳如是的搀扶下，望着无边无垠的大海，久久不忍离去。

但是，时光终会让人离去。

康熙三年(1664 年，南明永历十八年)五月二十四日，钱谦益终于要离开这个让他痛苦不堪的世界了，他已经病了一月有余，时而昏迷时而清醒。

柳如是守在他的身边，紧紧握住他的手，却发现他手里还攥着一粒小小的红豆。

钱谦益忽然睁开眼，用枯瘦的手指轻轻拭去柳如是脸上的泪水。

“河东君，我盼这一日已经盼了许久，我早就该是个死人了……”

“牧斋，不要这样讲，不要这样作践自己！你已经被大家原谅了。你看，你看！”柳如是边说边从案头的夹层里拿出秘藏的信笺，“我念给你听！”

"'身在虏中，未尝须臾不念本朝，而规划形势，了如指掌，绰有成算。'牧斋，信里说的是你啊！这是你的学生瞿式耜写的。"

"瞿式耜？他还好吗？"

柳如是听闻竟是吃了一惊，要知道瞿式耜早已在十四年前便被清人俘杀，钱谦益每年还都会写诗悼念这位弟子。

但她还是点点头安慰他道："他还在广西抗清呢！"

钱谦益微笑道："河东君，你替我告诉他，他是我最好的学生。"

柳如是含泪答应。

钱谦益再次陷入昏迷。

良久，他突然睁开眼，说了一句："河东君，此生无憾。"言讫，驾鹤西去。

柳如是轻轻抚摸着他苍老冰冷的脸颊，喃喃自语道："牧斋，谢谢你。"

数日后，安葬完钱谦益，柳如是随即自尽于红豆馆，即从前的半野堂。

她的最后遗言是："国土沦丧，不要葬我在土中。"

与钱谦益绝交数十年的老友黄宗羲闻讯，写诗哀悼：

四海宗盟五十年，心期末后与谁传？
凭烟引烛烧残话，嘱笔完文抵债钱。
红豆俄飘迷月路，美人欲绝指筝弦。
平生知己谁人是？能不为公一泫然。

也有人说，后来在郑成功的大军之中，见到一个英姿飒爽的戎装女子，相貌很像柳如是，像宋朝的梁红玉一样为本军兵士击鼓助威，甚至亲自上阵杀敌。

还有人说，她只是独自悄然远行，去了一个遥远的地方。在那里，没有征战杀戮，没有家国仇恨，只有暖风细草，杨柳如烟。满树的桃花云下盛开，灼灼其华。

几百年之后，也是一个战火纷飞的年代。

一位名叫陈寅恪的书生，在昆明偶然遇到一个流亡而来的常熟商人。此人随身带了一粒红豆，说是从钱谦益、柳如是故居里的红豆树上采摘下来的。他一听说，便赶紧买了它下来，复又作了首诗以为纪念：

东山葱岭意悠悠，谁访甘陵第一流？
送客筵前花中酒，迎春湖上柳同舟。
纵回杨爱千金笑，终剩归庄万古愁。
灰劫昆明红豆在，相思廿载待今酬。

那粒红豆，漂泊数千里，轮回几百年，宛然依旧带着当年柳如是的清隽气息。

桃花得气美人中。

——全书完——